Walter Schmithals

Die theologische Anthropologie des Paulus

Auslegung von Röm 7,17–8,39

Verlag W. Kohlhammer
Stuttgart Berlin Köln Mainz

CIP-Kurztitelaufnahme der Deutschen Bibliothek

Schmithals, Walter:

Die theologische Anthropologie des Paulus:
Auslegung von Röm 7,17–8,39 / Walter Schmithals.
Stuttgart, Berlin, Köln, Mainz: Kohlhammer, 1980.
(Kohlhammer-Taschenbücher; Bd. 1021)
ISBN 3-17-005559-3

Stuttgart Berlin Köln Mainz
Verlagsort: Stuttgart
Umschlag: hace
Gesamtherstellung: W. Kohlhammer GmbH
Grafischer Großbetrieb Stuttgart
Printed in Germany

Inhalt

Vorwort

> Derjenige, der selbst existierend ist, kann ja nicht jene Abgeschlossenheit außerhalb des Daseins gewinnen, die der Ewigkeit entspricht, in die das Vergangene eingegangen ist.
>
> *Kierkegaard*

Man hat den Römerbrief des Paulus oft als sein ›Testament‹, als ›Rundschreiben‹ oder als ›Kompendium der paulinischen Lehre‹ verstanden. So verfehlt diese Deutungen auch sind, so richtig ist an ihnen, daß Paulus in sein gewichtiges Schreiben an die Christen in Rom formulierte Lehrtexte aufgenommen hat, die er nicht für diesen Brief verfaßte, sondern die aus seinem Schulbetrieb stammen. Diese Lehrtexte sind als solche noch nicht immer hinreichend identifiziert worden.

Röm 7,17-8,39 enthält einen solchen in sich geschlossenen Lehrtext, nämlich eine kleine ›Dogmatik‹ bzw. ein Kompendium paulinischer Theologie, das aus einer relativ frühen Zeit paulinischer Theologiebildung stammen muß und locker in den Römerbrief integriert wurde.

Ein wesentliches Charakteristikum dieses Lehrtextes ist seine theologische Ausrichtung am Menschen. Paulus trägt keine Gotteslehre vor, sondern beschreibt den Menschen, der als Sünder und Glaubender vor Gott steht. Auch entwickelt er keine Christologie und keine Versöhnungslehre, sondern spricht von dem durch Christus mit Gott versöhnten Menschen. Selbst die Eschatologie wird ›existential‹ – vom Seufzen des Menschen aus – entfaltet. Insofern kann man den in Röm 7-8 vorliegenden theologischen Entwurf des Paulus *als theologischen* eine ›theologische *Anthropologie*‹ nennen, die als solche keineswegs überholt ist, sondern allezeit nur eingeholt werden kann, wie je in ihrer Weise Augustin, Luther, Kierkegaard und Bultmann versucht haben.

Einleitung

Das Rätsel des Römerbriefs

Der Römerbrief – zu denken ist vor allem an Röm 1-11 – hat große, den Weg der Kirche bestimmende Stunden gehabt.

Seine unmittelbare Bedeutung für die römischen Christen, die ihn um das Jahr 55 empfingen, können wir nur vermuten. Das apostolische Schreiben dürfte aber seinen von Paulus beabsichtigten Zweck erreicht und in Rom eine Gemeindebildung auf der Basis und im Rahmen des paulinischen Evangeliums herbeigeführt haben[1].

Luther legte den Römerbrief 1515/1516 in Wittenberg vor Studenten der dortigen Landesuniversität aus; diese Auslegung war eine wichtige Etappe auf dem Wege des öffentlichen Durchbruchs seiner reformatorischen Erkenntnis.

1922 läutete Karl Barth mit der zweiten Auflage seines ›Römerbriefs‹ eine Wende der Theologie ein, die bis heute in Kontinuität, in Weiterentwicklung und im Widerspruch das theologische Denken bestimmt.

Die großen Wirkungen des Römerbriefs wurden nicht ›gemacht‹. Sie kamen, als die Zeit dafür gekommen war. Der Römerbrief selbst bewirkte sie. Not und Gunst der Stunde einerseits, Begeisterung und theologische Leidenschaft andererseits brachten den Römerbrief ins Gespräch, und die Wirkung der Worte, die von ihm ausgingen, läßt die Frage zurücktreten, wieweit jeweils wirklich der Römerbrief selbst gesprochen hat oder wieweit er eher seine Ausleger zum Sprechen gebracht hat.

Wer sich abseits von Not und Gunst der Stunde und jenseits zwingender Begeisterung aus Pflicht oder Neigung dem Römerbrief zuwendet, macht auch andere als nur überschwengliche Erfahrungen mit diesem Brief. Dessen Größe und Bedeutung bleibt ihm nicht verborgen. Aber er steht zugleich vor dem Rätsel dieses Schreibens, sobald er die literarische und historische Sonde anlegt und versucht, dem Autor und den Empfängern in Rom gleichzeitig zu werden, Gestalt und Gedankengang des umfangreichen Briefes zu erfassen und dessen Anlaß bzw. seinen Zweck zu ergründen.

Heinrich Julius Holtzmann, der einflußreichste neutestamentliche Fachgelehrte des vorigen Jahrhunderts, hat in rund 50 Jahren intensiver Lehrtätigkeit nie den Römerbrief ausgelegt, weil er ihn, wie er seinen Kollegen erzählte, zwar als biblisch-theologische Quelle, nicht aber als *Brief*, d. h. als historisches Dokument, verstehen konnte[2].

Und ein bedeutender Ausleger unserer Tage, Ernst Käsemann, schreibt im Vorwort zu seinem Kommentar: »Bis zum Erweis des Gegenteils gehe ich von der Annahme aus, daß der Text ein zentrales Anliegen und eine innere, vielleicht merkwürdige und uns nicht mehr recht begreifliche Logik hat« – er geht also offensichtlich von einer Annahme gegen den Augenschein aus.

1. Das literarische Rätsel

Das geringste Problem bildet dabei die ›Doxologie‹ in 16,25-27; denn sie gehört gar nicht zum ursprünglichen Römerbrief, sondern wurde vom Herausgeber der ältesten Sammlung der Paulusbriefe, die mit dem Römerbrief endete, dieser *Sammlung* als Abschlußwendung mitgegeben, verblieb aber beim Römerbrief, als dieser später an den Anfang des Corpus Paulinum rückte[3].

Ein gewichtigeres Problem wirft 16,1-20 auf[4]. 16,1-20 ist, literarisch gesehen, ein selbständiges Schreiben, dem nur der Briefeingang, nämlich das Präskript (und ggf. das Proömium) fehlt, wie zuerst der pietistische Bibelausleger Christoph August Heumann 1755 beobachtete. Die erhaltenen ›brieflichen‹ Stücke von 16,1-20, also die einzelnen Teile des Briefausgangs, haben allesamt eine Dublette im übrigen Schreiben. Dieser Erkenntnis fügten die historischen Erklärer Keggermann und Semler 1767 die Einsicht bei, daß 16,1-20 eine andere Adresse gehabt haben muß, als wir in 1,1-7 lesen: Ist nämlich der Römerbrief selbst nach Ausweis von 1,6-7a unzweifelhaft direkt *an alle Christen* Roms gerichtet, so werden die Empfänger von 16,1-20 im Gegensatz zu dieser Adresse aufgefordert, alle (einzeln aufgezählten) Gemeindeglieder und christlichen Hausgemeinschaften zu grüßen; also können diese Gemeindeglieder nicht selbst die Adressaten von 16,1-20 sein. Zahlreiche andere Argumente kamen im Lauf der Zeit hinzu, und heute läßt sich mit einer an Sicherheit grenzenden Wahrscheinlichkeit sagen, daß wir es in 16,1-20 mit einem formgerechten Empfehlungsbrief für die Hand der ›Diakonisse‹ Phöbe (16,1f) zu tun haben, der an das ›Haus des Onesiphoros‹ in Ephesus (2Tim 1,15-18; 4,19) gerichtet war und mit dem Paulus zugleich die Gemeinde in Ephesus angesichts der von Irrlehrern drohenden Gefahren (16,17-20) erneut an seine apostolische Autorität bzw. an sein Evangelium zu binden versucht[5].

Als im vorigen Jahrhundert die literarische Selbständigkeit von 16, 1-20 erkannt wurde, versuchte man, die Verbindung von Kap 16 mit Kap 1-15 als ein zufälliges Zusammenwachsen zweier Briefe zu erklären. Indessen läßt sich bei näherem Zusehen die Hand eines bewußt arbeitenden Redaktors nicht verkennen, und solche Einsicht führte (neben anderen Beobachtungen) zu der Frage, ob dann nicht auch sonstige literarische Probleme, die sich in 1-15 stellen, auf die Arbeit dieses Redaktors zurückgeführt werden müssen. Ich greife aus den zahlreichen einschlägigen Beobachtungen eine einzelne beispielhaft heraus.

In 1,8-15 beteuert Paulus nicht ohne Feierlichkeit, oft habe er schon nach Rom reisen wollen, und er bedauert, bisher an dieser Reise gehindert worden zu sein. Er versichert die Römer, in allen seinen Gebeten bitte er, sein Wunsch, nach Rom zu reisen, möchte ihm nach Gottes Willen doch noch einmal erfüllt werden. Als Zweck seines erhofften und erbetenen Besuches nennt er unmißverständlich die Predigt seines Evangeliums auch in der Hauptstadt Rom. Aus diesen Angaben des ›Proömiums‹ 1,8-15 erwächst der Brief mit unauffälliger Konsequenz: Die immer noch verhinderte *mündliche* Predigt wird durch die *schriftliche* der gewichtigen Epistel an die Römer vorläufig ersetzt.

Nun ist schon überraschend und ungewöhnlich, daß Paulus überhaupt in 15,14ff *erneut* auf seine persönlichen Beziehungen zur Gemeinde zu sprechen kommt. Ganz unbegreiflich aber erscheint dem Leser, daß er nunmehr von Paulus erfährt, der Apostel sei schon unterwegs nach Rom, wenn auch auf dem Umweg über Jerusalem; die Verhinderung, von welcher in 1,8-15 die Rede war, besteht also nicht mehr. Und die dort geäußerte Absicht, in Rom zu predigen, schließt Paulus jetzt ausdrücklich aus: er will nur durchreisen, die Gemeinden kennenlernen und nach Spanien, seinem eigentlichen Reiseziel, weitergeleitet werden.

Dazu tritt eine Fülle der unterschiedlichsten sonstigen Beobachtungen[6], die unter anderem auch die »merkwürdige und uns nicht mehr recht begreifliche Logik«[7] des vorliegenden Textes von Kap 1-15 betreffen. Sie führen in ihrer Summe zu der Erkenntnis, daß auch Kap 1-15 keine literarische Einheit bilden.

Für den Verfasser des vorliegenden Büchleins stellt sich das literarische Problem von Röm 1-15 folgendermaßen dar[8]:

Ein erster Brief des Paulus nach Rom (Röm A) umfaßt den Hauptteil des jetzigen Briefes, nämlich 1,1-4,25; 5,12-11,36; 15,8-13. Röm A ist eine Epistel, die Paulus zu Anfang der sogenannten dritten Missionsreise von Ephesus aus an die in Rom verstreut lebenden Christen und christlichen Hausgemeinden schreibt, als sich seine Reise nach Rom wider Erwarten erneut und bis auf unbestimmte Zeit verzögert.

Ein zweiter Brief (Röm B) umfaßt 12,1-21; 13,8-10; 14,1-15,4 a.7. 5f; 15,14-32; 16,21-23; 15,33. Paulus schreibt Röm B, als er am Ende der sogenannten dritten Missionsreise das östliche Missionsgebiet definitiv verläßt, um über Jerusalem nach Rom zu reisen. Er meldet sich in Rom an und benutzt die Gelegenheit, die römische Gemeinde wie eine seiner eigenen Gemeinden zum rechten, von der Liebe bestimmten Verhalten gegenüber den ›Schwachen‹ anzuleiten, die sich in ihrem Gewissen noch an bestimmte Regeln der synagogalen Speise- und Feiertagsgesetzgebung gebunden wissen.

Der Redaktor hat nicht nur beide Briefe nach Rom und das Schreiben nach Ephesus (16,1-20) relativ geschickt miteinander verbunden und die Doxologie angehängt[9]. Er fügt auch die Abschnitte 5,1-11; 13,1-7 und 13,11-14, die ursprünglich nicht der Korrespondenz mit Rom angehören, in den Römerbrief ein[10].

2. *Das inhaltliche Rätsel*

Die vorgeschlagene literarische Analyse und Aufgliederung des Römerbriefs ist zwar notwendig und auch geeignet, viele Probleme des vorliegenden Schreibens zu lösen. Sie vermag aber die Lösung des eigentlichen Rätsels des Römerbriefs nur vorzubereiten bzw. zu erleichtern. Dies Rätsel ist nämlich primär nicht literarischer, sondern inhaltlicher Art. Es besteht freilich als solches nur innerhalb von Röm A, womit eine gewisse Bestätigung der vorstehenden literarischen Analyse gegeben ist.

Worin besteht das inhaltliche Rätsel?

Es liegt in dem auffälligen Doppelcharakter von Röm A beschlossen. Einerseits läßt Paulus unmißverständlich erkennen, daß er die römischen Christen als *Heiden*christen ansieht und anredet (z. B. 1,5f.13ff). Andererseits enthält Röm A in der Hauptsache eine Auseinandersetzung mit der *Synagoge*, und zwar den Nachweis der *Universalität* des Heils in Christus: Angesichts der Ablösung der Gerechtigkeit aus dem Gesetz durch die Gerechtigkeit aus dem Glauben gibt es keinen aktuellen Unterschied mehr zwischen Juden und Heiden. Beide haben den gleichen Zugang zum Glauben; in Christus sind beide eines.

In diesem Sinn muß bereits die Themenangabe von Röm A in 1,16f verstanden werden. Zwar konzediert Paulus den Juden einen heilsgeschichtlichen Vorrang (wie in 2,9f), doch wird dieser in der Universalität der Glaubensgerechtigkeit aktuell ›aufgehoben‹. Das

Evangelium dient im Unterschied zu dem nur von Mose bis Christus geltenden Gesetz ›*jedem* zum Heil, sofern er nur glaubt‹. Im ersten Hauptteil von Röm A führt Paulus das Thema ›Universalität‹ in bezug auf die Sünde des Menschen bzw. das über den (alle) Menschen ergehende Gericht durch (1,18-3,20). Gottes Zorn ergeht nicht nur über die Heiden, sondern über die ›Menschen‹ ohne Unterschied (1,18: Angabe des Themas). Allen Menschen ist Gottes Gottheit offenbart (1,19f), alle haben sie mißachtet (1,21-31), alle trifft das Gericht (1,32; 2,2). Dies Gericht macht keinen Unterschied zwischen Juden und Heiden (2,1.3-11). Aber auch das Gesetz setzt keinen Unterschied: Die Heiden kennen es gleichfalls, und übertreten wird es unterschiedslos von Juden und Heiden (2,12-29). Also haben die Juden den Heiden nichts voraus. ›Alle sind unter der Sünde‹ (3,9), wie auch die Schrift sagt (3,10-18). Der ganze Kosmos, alles Fleisch steht in der gleichen Schuld (3,19f).
Der zweite Hauptteil (3,21-4,25) behandelt dasselbe Thema in bezug auf den *Glauben* bzw. die Gerechtigkeit Gottes aus Glauben. Daß Gott aus Glauben und nicht aus den Werken des Gesetzes rechtfertige, behauptet Paulus zunächst in eigener theologischer Sprache (3,21-23; ›Rechtfertigungslehre‹), begründet es sodann mit einer aus der Tradition entnommenen und von ihm interpretierten entsprechenden Formel (3,24-26) und deutet es schließlich im Sinne des Generalthemas von Röm A: Der *Mensch* wird – ohne Unterschied seiner ›Natur‹ – durch den Glauben gerechtfertigt; Gott ist der die Juden und Heiden unterschiedslos durch den Glauben rechtfertigende Gott (3,27-30). Diesen seinen theologischen Grundsatz belegt Paulus des weiteren an Hand der Gestalt Abrahams (4,1-25): Abraham ist primär der Vater aller Glaubenden aus Juden und Heiden und nur sekundär auch der fleischliche Stammvater des beschnittenen Israels; die partikulare Beschneidung ist nur das Siegel der universalen Glaubensgerechtigkeit (4,1-8). Denn Abraham wurde *vor* seiner Beschneidung aus Glauben gerecht gesprochen (4,9-12); die Verheißung an Abraham erging aufgrund seines *Glaubens*, nicht aufgrund seines Gesetzesgehorsams (4,13-18); und sein Glaube ist der exemplarische Weg der Gerechtigkeit für ›uns‹, d. h. für alle Glaubenden aus Juden *und* Heiden (4,19-25).
Im dritten Hauptteil folgt eine Synthese der beiden vorausgehenden (5,12-21): Sowohl in Adam, dem Übertreter, wie in Christus, dem Retter, sind alle Menschen als Sünder und als Gerettete ohne Unterschied beschlossen. 5,18f faßt gleich doppelt den Inhalt des gesamten bisherigen Briefes zusammen: ›Wie also durch eines Sünde die Verurteilung *über alle Menschen* kam, so auch durch

eines Rechtstat die Rechtfertigung zum Leben *zu allen Menschen.* Denn wie durch eines Menschen Ungehorsam *die Vielen* zu Sündern wurden, so werden auch durch eines Gehorsam *die Vielen* zu Gerechten.

Diese drei Hauptteile bilden ein thematisch geschlossenes und in sich abgerundetes Ganzes. Schon innerhalb der drei Durchgänge des Themas ließ Paulus aber bereits erkennen, welche Proteste seine synagogalen Gesprächspartner gegen seine Argumentation zu erheben pflegten. Es handelt sich um vier Einwände.

1. Gibt es also entgegen den Zeugnissen des Alten Testaments keinen Vorzug Israels? (2,9f; 3,1-2).
2. Hat Gott Israel gar zugunsten der Heiden verworfen? (3,3-4).
3. Wenn der Glaube das Gesetz ›tötet‹: Dann ist das Gesetz Gottes ja etwas Böses, und Gott wäre ungerecht, uns unter das Gesetz zu stellen! (3,5-6. 20b.31; 4,15; 5,13f.20f; vgl. auch 3,21b.27).
4. Wenn der Glaube das Gesetz ablöst, wird zum Sündigen geradezu eingeladen! (3,7-8).

In exkursartigen Anhängen oder Nachträgen zu dem dreifachen Hauptteil von Röm A weist Paulus die vier Einwürfe zurück, und zwar in 6,1-23 den zuletzt genannten, in 7,1-16 den dritten und in Kap 9-11 die beiden ersten. Der Aufbau von Röm A ist insofern also chiastisch.

Dabei lenkt Paulus von 11,32 an wieder ganz zum grundsätzlichen Thema zurück: ›Gott hat *alle* unter den Unglauben beschlossen, damit er sich über *alle* erbarme‹. Er läßt dies Thema des Briefes A in 11,32-36+15,8-12 hymnisch ausklingen und lenkt mit der Klimax 15,13[11] unmittelbar zum Briefschluß über, der indessen der Schere des Redaktors, der Röm B anfügt, zum Opfer gefallen ist.

Das wesentliche, Röm A beherrschende und umschließende Thema ist also nicht ›die Sünde‹ oder ›die Gerechtigkeit Gottes‹ oder ›der Glaube‹ usw., sondern die Juden und Heiden umgreifende, einen aktuellen jüdischen Heilsvorrang ausschließende *Universalität des Heils angesichts der Glaubensgerechtigkeit.* Paulus führt dies Thema in einer stellenweise sehr lehrhaften, nicht unmittelbar brieflichen Form durch und läßt dabei immerfort erkennen, daß er im wesentlichen nicht *ad hoc* reflektiert, sondern eine geläufige Argumentation gegenüber der Synagoge aufzeichnet, wie auch die aus derselben ›Quelle‹ geschöpften parallelen Ausführungen in Gal 3-4 belegen. In 1,19-32+2,2 und in 2,3-8 finden sich anscheinend durchgehende Passagen, die eine synagogale Bußpredigt an Heiden aufnehmen und die Paulus gegen die Juden selbst wendet; in 2,17-25 (oder auch in 2,17-29) haben wir es offensichtlich mit einer *synagogalen* Bußpredigt an Juden zu tun, die Paulus für seine

Zwecke zitiert; auch in 2,14f liegt ein *synagogaler* Topos vor; die durchweg *synagogale* Art und Weise des Umgangs mit dem Alten Testament ist den Exegeten schon oft aufgefallen.
Was sollen die *Heidenchristen* in Rom mit diesem Thema und mit der Art seiner Durchführung anfangen? Diese Frage umschließt das oft beobachtete und beschriebene *inhaltliche* Rätsel des Römerbriefs, d. h. das inhaltliche Rätsel von Röm A, das sich als solches auch noch in vielen seiner Lösungsversuche[12] zu erkennen gibt.
Wenn man z. B. den Römerbrief als Irrläufer angesehen hat, dessen ›heimliche‹ Adresse Jerusalem sei, oder wenn man den Römerbrief für ein Rundschreiben gehalten hat, das ohne einen konkreten Anlaß in der römischen Christenheit unter anderem auch nach Rom gesandt worden sei, so wird das Rätsel des Römerbriefes als solches zwar ernst genommen, aber mit einer deutlichen Verlegenheitsauskunft umgangen; denn Röm A gibt sich nirgendwo als Rundschreiben oder als Irrläufer, sondern nur als an die römischen Christen gerichtete Epistel zu erkennen.
Ein früher häufig geübter exegetischer Gewaltakt ist es auch, die Adressaten in Rom entgegen der deutlichen Auskunft des Briefes zu *Judenchristen* zu machen, die man freilich vom Inhalt des Briefes aus erwarten müßte. Demgegenüber wirkt es eleganter, wenn die Mehrzahl der Exegeten bis heute die oben skizzierte konkrete Thematik von Röm A leugnet oder doch zurückdrängt und Paulus ganz allgemein bzw. grundlegend dogmatisch von Sünde, Gesetz, Rechtfertigung, Glaube, Hoffnung usw. reden läßt. Dieser Ausweg scheitert aber am präzise und historisch verstandenen Text. Wer schließlich, dies einräumend, aber die Einheit von Röm 1-15 voraussetzend, den eigentlichen Inhalt des Briefes in Kap 12-15 (Röm B!) sucht, vermag Inhalt und Funktion von Kap 1-11 überhaupt nicht mehr zu erklären.

3. Die Lösung

Die Lösung des Rätsels kann hier nur skizziert werden[13].
Als Paulus Röm A schreibt, hatte eine planmäßige Mission in Rom noch nicht stattgefunden, und die Adresse des Briefes zeigt denn auch, daß Paulus eine organisierte Gemeinde in Rom noch nicht voraussetzt (1,6-7a). Er schreibt an die Heidenchristen bzw. an die heidenchristlichen Hausgemeinden in Rom.
Diese Christen waren aus den heidenchristlichen Gemeinden des Ostens nach Rom übergesiedelt. Unter ihnen werden manche gewesen sein, die durch die paulinische Mission zum Glauben

gefunden hatten. An einen dieser seiner ›Bekannten‹ könnte Paulus Röm A mit einem Begleitschreiben und mit der Bitte übersandt haben, den Brief unter den Christen Roms zirkulieren zu lassen, die in ihrer Mehrzahl von der vor- und nebenpaulinischen Mission des Ostens bekehrt worden waren. Vielleicht haben auch Aquila und Priscilla, die während der Abfassung des Briefes mit Paulus in Ephesus weilen, die Verbindung mit Rom, ihrem früheren Wohnsitz (Apg 18,2), hergestellt.

Wahrscheinlich dünkt mich indessen, daß die Epistel Röm A gar keine besondere Adresse trug und von Paulus einem nach Rom gesandten Mitarbeiter bzw. Mitarbeiterteam mitgegeben wurde – als Grundlage und Unterstützung der gemeindebildenden Tätigkeit dieses bzw. dieser Mitarbeiter. Ich vermute, daß Paulus seinen Helfer Silvanus nach Rom geschickt hat, der dort im Auftrag und im Sinne des Paulus wirkte und zum Begründer jener Gemeinde wurde, die dem Apostel bis nach Forum Appii und Tres Tabernae entgegenging (Apg 28,15). Das erklärte u. a. das ›Verschwinden‹ des Silvanus (Silas) nach Apg 18,5 und wirft ein aufschlußreiches Licht auf 1Petr 5,12f.

Jedenfalls sollte Röm A seine Wirkung mittels begleitender missionarischer Aktivitäten tun; die Epistel diente zur Unterstützung der persönlichen missionarischen Tätigkeit paulinischer Missionare in Rom. Der *Anlaß* von Röm A liegt also in der (indirekten) Aufnahme der paulinischen Wirksamkeit in Rom. Röm A ermöglichte und legitimierte eine paulinische Einflußnahme unter den Christen Roms durch Mitarbeiter des Paulus, solange Paulus verhindert ist, selbst nach Rom zu reisen.

Nun setzten sich die frühen heidenchristlichen Gemeinden durchweg aus ›Gottesfürchtigen‹ zusammen, d. h. aus Heiden, die mit den heidnischen ›Götzen‹ bereits gebrochen hatten, im ›Vorhof‹ der Synagoge lebten und den Gott Israels verehrten, die den Übertritt zum Judentum, d. h. die Beschneidung mit ihren tiefgreifenden sozialen Folgen aber scheuten. Ihnen brachte die christliche Verkündigung und die Taufe auf den Namen Jesu das volle Heil, das Israel erwartete, *ohne* die Beschneidung, also innerhalb ihrer eigenen heidnischen Welt und ohne den Anschluß an die jüdische Nation.

Im Unterschied zu anderen Tendenzen im frühen hellenistischen Christentum legte Paulus größten Wert darauf, die Getauften *außerhalb* der Synagoge in eigenen christlichen Gemeinden (*ekklesia)* zu organisieren, um so die Alternative Gesetz–Glaube zu befestigen und die ›Weltlichkeit‹, d. h. die Universalität des Glaubens unmißverständlich zu dokumentieren, also um der Klarheit

und Wahrheit seines Evangeliums willen. Er schuf damit die Grundlage für die weltweite ›katholische‹ Kirche ohne nationale und kulturelle Begrenztheiten.
Unter der Voraussetzung dieser damaligen Situation löst sich das Rätsel von Röm A, und der Brief wird zwanglos als Schreiben an die römischen Heidenchristen verständlich.
Daß der Apostel Paulus größtes Interesse daran haben mußte, die Christenheit in der Welthauptstadt auf der Basis seines Evangeliums und seines Kirchenverständnisses zu organisieren, liegt am Tage, und er selbst verrät in Röm 1,8-15 dies Interesse deutlich genug. Als er aber auf seiner anscheinend schon vorher mehrfach verzögerten (1,10ff) Reise nach Rom in Ephesus erneut festgehalten wird (Apg 18,20f; 19,10), schreibt er als Ersatz für sein Kommen die Epistel Röm A[14]. Der Brief sollte, von ›Paulinern‹ in Rom entsprechend genutzt, erreichen, was zu erreichen Paulus selbst noch gehindert war: Die Bildung einer Gemeinde nach paulinischem Muster und auf der Basis des paulinischen Evangeliums, nämlich eine heidenchristliche Gemeinde außerhalb der national beschränkten Synagoge und ohne die entsprechende Bindung an die jüdische Tora.
Röm A enthält die wesentlichen theologischen Argumente für die Selbständigkeit der heidenchristlichen Gemeinde, wie sie im Umkreis der Synagoge vorzutragen sind, sei es gegenüber den Juden, sei es – vor allem – im werbenden Gespräch mit den Gottesfürchtigen: Angesichts der Universalität von Sünde und Glauben bzw. angesichts der Aufhebung des Gesetzes durch Christus und der Ablösung der Gesetzesgerechtigkeit durch die Glaubensgerechtigkeit kann das wahre Israel nicht mehr in den Fesseln der Synagoge, sondern nur in der vom Geist gelenkten universalen Gemeinschaft der Glaubenden aus allen Völkern Gestalt gewinnen. Auch die wesentlichen jüdischen Einwände greift Paulus auf und weist sie, die Christen entsprechend instruierend, zurück.
Paulus gab mit Röm A den ›Paulinern‹ in Rom die Motivation und die geistig-geistliche Möglichkeit, sich in seinem Sinn als Gemeinde zu sammeln. Röm B zeigt und Apg 28,15 bestätigt, daß ›seine Leute‹ in Rom von dieser Möglichkeit Gebrauch gemacht haben[15]. Es gab eine paulinische *Ekklesia* in Rom, bevor der Fuß des Apostels die Stadt betrat.

Die kleine Dogmatik Röm 7,17-8,39

Unsere Überlegungen zu Röm A haben jenen Abschnitt unberücksichtigt gelassen, dem unter der Überschrift ›Die Dogmatik des Paulus‹ unsere Aufmerksamkeit gelten soll: 7,17-8,39. Das hatte seinen guten und notwendigen Grund.

Zwar ist 7,17ff auf das engste mit den unmittelbar vorangehenden Ausführungen verbunden und insofern fest in Röm A eingebunden. Das bestimmende Thema von Röm A, die Universalität des Heils, begegnet indessen in 7,17-8,39 überhaupt nicht. *Inhaltlich* bildet der Abschnitt 7,17-8,39 also einen Fremdkörper in Röm A – ähnlich wie der freilich ganz locker und an unglücklichem Ort eingestellte Abschnitt 5, 1-11[16].

Dementsprechend fehlt auch völlig der Hintergrund, auf dem die wesentlichen Ausführungen von 1,18-7,16 zu verstehen sind: Das Streitgespräch des Paulus mit der Synagoge und ihren Anhängern. In 7,17-8,39 redet Paulus dagegen durchgehend, direkt und unvermittelt zu der christlichen Gemeinde.

Darum begegnet ferner in 7,17-8,39 jener dialogische Stil nicht mehr, mit dem Paulus in 1,18-7,16 vor den Augen und Ohren der Empfänger des Briefes wiederholt Argumente der Synagoge aufnimmt und benutzt sowie Einwände seiner jüdischen Gesprächspartner aufgreift und widerlegt, ebenso auch die entsprechende direkte Anrede an die synagogalen Hörer (2,1ff.17ff; 3,8; 6,1.15; 7,1).

Weiter entfallen mit dem *Thema* des Briefes A in 7,17–8,39 auch wesentliche Begriffe und Redefiguren, die Paulus bei der Durchführung jenes Themas verwandte, oder sie treten doch ganz zurück, werden in modifiziertem Sinn verwendet oder begegnen in einem anderen Aussagezusammenhang: Gesetz, Gerechtigkeit, Glaube, Evangelium, Werke, ›alle‹. Statt dessen finden sich andere wesentliche Worte und ›Sprachspiele‹ wie Fleisch – Geist, Freiheit, Kinder Gottes, Erlösung, Hoffnung usw.

Schon längst hatte Paulus die *Freiheit* von der Sünde zum Thema gemacht (vgl. z.B. 6,14; 7,6). Ungeachtet dessen begegnet in 7,(14)17ff plötzlich wieder die Sünde als die den Menschen *beherrschende* Macht.

Zwar wurde auch bisher nicht selten beobachtet, daß 7,17-8,39 (in wechselnder Abgrenzung) in solcher Weise ›aus der Rolle fällt‹, die ein Abschnitt des Römerbriefes zu spielen hätte, aber da man bis heute den Römerbrief überhaupt eher als eine mäßig geordnete

Summe der paulinischen Theologie denn als einen konkreten, thematisch bestimmten Brief zu betrachten pflegt, konnte man diese Beobachtung vernachlässigen.

Nimmt man sie, wie es geboten ist, ernst, stellt sich zunächst die naheliegende Überlegung ein, ob nicht 7,17-8,39 erst durch den Redaktor des Römerbriefes bzw. den Herausgeber der Briefsammlung seinen jetzigen Platz gefunden hat. Der unverbundene Übergang von 8,39 zu 9,1ff könnte diese Lösung empfehlen. Indessen haben wir es in 9,1ff in jedem Fall mit einem unvermittelten Neueinsatz zu tun, da sich auch bei Ausschaltung von 7,17-8,39 der Anfang von Kap 9-11 weder formal noch inhaltlich mit einem anderen Abschnitt von Röm A besser vermitteln ließe.

Dazu kommt – die Auslegung wird es im einzelnen zeigen – daß 7,17ff mit 7,1-16 eng und kunstvoll verbunden ist, und zwar in einer Weise, die nicht die in dieser Hinsicht relativ sorglose Hand des Redaktors verrät, sondern offenbar schon auf den Verfasser des Briefes, also auf Paulus selbst, zurückgeht.

Diesen formalen Beobachtungen tritt eine andere Überlegung bei. An der paulinischen Herkunft von 7,17-8,39 kann kein Zweifel bestehen. Dieser Abschnitt trägt aber keinen ursprünglich brieflichen Charakter. Wir haben es vielmehr mit einer Abhandlung, einem Traktat, eben einem Grundriß paulinischer Dogmatik zu tun. Daß der Redaktor, der die Briefe des Paulus sammelte und herausgab, neben den Briefen einen solchen ›Traktat‹ von der Hand des Paulus besaß und in den Römerbrief einfügte, ist sehr viel unwahrscheinlicher, als daß Paulus selbst in seiner Epistel an die ihm persönlich im allgemeinen unbekannten Christen Roms eine vorformulierte ›Summe‹ seiner Dogmatik einfügte. Diese Einlage geschah unter den gegebenen Voraussetzungen nicht ungeschickt und wurde von der Tatsache begünstigt, daß die Epistel Röm A überhaupt lehr- und traktathaften Charakter aufweist.

Das Hauptthema des Briefes A, die Aufhebung eines akuten Heilsvorrangs Israels bzw. die Universalität des christlichen Heils, war in 7,13 bzw. 7,16 (s.u.) zu einem gewissen Abschluß gekommen. Zwar wird dies Hauptthema in Kap 9-11 noch einmal aufgenommen bzw. festgehalten, wie besonders 9,24; 10,11-18 zeigen, und der ›Nachtrag‹ Kap 9-11 mündet sogar in eine massive und bewußte Aufnahme der leitenden Thematik von Röm A (11,32-36; 15,8-13). Aber Röm 9-11 bietet nicht nur *formal* einen in sich geschlossenen Gedankengang dar (vgl. 9,1ff). Auch die inhaltliche Problematik von Kap 9-11, das Schicksal des ›Israel nach dem Fleisch‹, hat eine relative Selbständigkeit gegenüber dem Thema von Röm A, wie sich z.B. daran zeigt, daß in Gal 3-4 wohl die

Thematik von 1,18-7,16, nicht aber die Problematik von 9-11 begegnet. Diese relative Selbständigkeit läßt sich auch daran erkennen, daß die Partner, mit denen sich Paulus in Kap 9-11 im Gespräch befindet, insgesamt gesehen weniger die Juden als vielmehr die Christen – Judenchristen und Heidenchristen – sind (vgl. 11,28ff); diese Partner erheben offenbar gar keinen Einspruch mehr gegen die Gesetzesfreiheit selbst, sondern sie fragen, ob Paulus nicht das Kind mit dem Bade ausschütte und die Erwählung (auch) Israels leugne (9,1ff; 10,1f). Mit diesen Gesprächspartnern spricht Paulus dementsprechend *über* das ›Israel nach dem Fleisch‹ (10,18ff; 11,1ff.11ff.25).

Daß Paulus in Kap 9-11 das Thema von Röm A festhält und daß er von 11,32 an Röm A im Sinne des Grundthemas dieses Briefes abschließt, liegt nahe und spricht nicht gegen die relative Selbständigkeit von 7,17-8,39, sondern für einen wohlüberlegten Aufbau von Röm A. In die kleine Dogmatik 7,17-8,39 wäre die Thematik von Röm A, die Universalität des Heils, nur schlecht einzubringen gewesen. Darum ordnet Paulus diesen wertvollen Text *vor* Kap 9-11 ein und erreicht so, daß er beim Abschluß von Röm A wieder ganz auf das beherrschende Thema des Briefes hinlenken kann.

Manche Beobachtungen am Text von 7,17-8,39 legen die Vermutung nahe, dieser ›Traktat‹ gehöre einem relativ frühen Stadium der paulinischen Theologiebildung an, etwa der (ersten?) Zeit seiner Wirksamkeit in Syrien und Kilikien (vgl. Gal 1,21). Auch scheint es sich um eine einigermaßen feste Vorlage gehandelt zu haben; denn es lassen sich deutlich Spuren einer Bearbeitung erkennen, die Paulus bei der Einbettung dieser vorformulierten Dogmatik in Röm A vorgenommen hat. Auf derartige Beobachtungen und Fragen werden wir im Verlauf der Auslegung gelegentlich stoßen, ohne sie thematisch verfolgen zu können. Auch das Problem, welche Funktion 7,17-8,39 als selbständiger Traktat besaß (erbauliche Ansprache? Instruktion für Missionare? dogmatischer Leitfaden? Memorandum?), kann nicht definitiv geklärt werden. Die ›Dichte‹ des Textes spricht freilich dafür, daß er nicht unmittelbar für die Hand der Gemeindeglieder, sondern für den Gebrauch unter Theologen, etwa für Schüler des Apostels, verfaßt wurde.

1. Die Überleitung (7,1–16)

Daß wir es bei 7,17-8,39 im wesentlichen mit einer selbständigen und nicht erst für den Römerbrief (Röm A) konzipierten Vorlage zu tun haben, muß vor allem die Auslegung dieses Abschnitts selbst erweisen.

Indessen gibt auch die Art und Weise, in der Paulus 7,17-8,39 mit dem vorangehenden Corpus des Briefes verbindet, gewisse Hinweise auf den Charakter dieses für sich selbst konzipierten Abschnitts. Darum bedarf es zunächst einer knappen, auf 7,17ff hinführenden Analyse von 7,1-16, die zugleich den Einschnitt zwischen 7,16 und 7,17 aufzeigt.

Wie schon bemerkt, behandelt Paulus in 7,1-16 exkursartig das Problem des Gesetzes. Das Gesetz des Mose, die Tora, war *die* Offenbarungs- und Heilsquelle des Judentums, die zugleich, konsequent befolgt (Beschneidung!), den jüdischen Partikularismus begründete. Das folgende Beispiel aus einer rabbinischen Diskussion veranschaulicht, wie das hochgeschätzte Gesetz, einem Großinquisitor gleich, geradezu die Stelle Gottes selbst einnehmen kann:

»Wiederum sprach Rabbi Eliezer b. Hyrkanos zu seinen Diskussionsgegnern: Wenn meine Ansicht der richtigen gesetzlichen Bestimmung entspricht, dann wird es jetzt der Himmel beweisen.

Da erging eine Himmelsstimme und sprach: Was habt ihr mit Rabbi Eliezer zu tun? Die Gesetzesauslegung richtet sich allzumal nach seiner Ansicht!

Da stand Rabbi Jehoschua auf und sprach: Sie (die Tora) ist nicht im Himmel (nach Dt 30,12).

Was heißt das: ›Sie ist nicht im Himmel‹?

Rabbi Jeremia sprach: Die Tora ist schon längst vom Berge Sinai weggegeben worden. Aus diesem Grunde brauchen wir auch nicht auf eine Himmelsstimme zu achten. Du, Gott, hast ja auf dem Berge Sinai in die Tora geschrieben, daß man sich bei ihrer richtigen Auslegung an die Mehrheit der Gelehrten halten soll (nach Ex 23,2).

Rabbi Nathan traf den Propheten Elias und fragte ihn: Was tat der Heilige, gepriesen sei er, in dieser Situation? Elias entgegnete: Er lachte und rief: Meine Kinder haben mich besiegt; meine Kinder haben mich besiegt!«[17]

Dies ist gewiß ein extremer, durch einen Anflug von Humor zugleich entschärfter Text. Aber er läßt doch die absolute Geltung der Tora deutlich erkennen. Wo immer Paulus im Umkreis der Synagoge die universale Gerechtigkeit Gottes verkündigte, die ohne die Werke des Gesetzes allein im Glauben an Jesus Christus angeboten wird, hielten ihm seine synagogalen Gesprächspartner deshalb entgegen, damit hebe er die Tora und folglich die Wahrheit Gottes selbst auf; denn nun gebe es keine göttliche Offenbarung mehr.

Demgegenüber steht Paulus vor der Notwendigkeit, einerseits um seines universalen Evangeliums willen darauf zu insistieren, daß mit dem Kommen des Glaubens die Zeit der Tora abgelaufen ist, andererseits um der Kontinuität mit dem alten Bund willen daran

festzuhalten, daß das Gesetz selbst von Gott kommt. Diese doppelte Notwendigkeit führt zu der Aufgabe, den Sinn des jetzt überholten, auf Christus hin nur vor-läufigen bzw. in Christus ›aufgehobenen‹ Gesetzes zu bestimmen.
Schon im Corpus des Briefes A hatte Paulus wiederholt die Einwände der Synagoge aufgegriffen und vorläufig in einer freilich oft enigmatischen Kürze zurückgewiesen. Es handelt sich um sechs Stellen, deren erste ihre einschlägige Relevanz allerdings erst in Verbindung mit den anderen Passagen bekommt. Paulus läßt keinen Zweifel daran, daß er die Göttlichkeit des jetzt überholten Gesetzes nicht bestritten wissen will (vgl. auch 3,21b.27). Es dürfte sinnvoll sein, die sechs Passagen vor Augen zu haben.

›Was soll man aber sagen, wenn unsere Ungerechtigkeit die Gerechtigkeit Gottes erweist? Ist Gott dann nicht – ich spreche menschlich – ungerecht, wenn er sein Zornesgericht verhängt? Keineswegs! Wie könnte Gott sonst Weltenrichter sein!‹ (3,4-6)
›Durch das Gesetz kommt Erkenntnis der Sünde.‹ (3,20b)
›Setzen wir das Gesetz durch den Glauben außer Geltung? Keineswegs! Vielmehr setzen wir das Gesetz in seine Funktion ein!‹ (3,31)
›Das Gesetz ruft Zorn hervor, und wenn es kein Gesetz gäbe, gäbe es auch keine Übertretung.‹ (4,15)
›Auch bevor das Gesetz gegeben wurde, gab es Sünde in der Welt. Doch Sünde wird nicht angerechnet, wenn kein Gesetz da ist. Dennoch herrschte der Tod von Adam bis Mose, also über diejenigen, die nicht in der Weise der Übertretung des Adam sündigten, der ein Typos des zukünftigen (Adam) ist.‹ (5,13f)
›Das Gesetz aber ist nachträglich hinzugekommen, damit die Sünde groß werde; und wo die Sünde groß wurde, da wurde die Gnade übergroß.‹ (5,20)

Diese knappen Bemerkungen, oft parenthetisch von Paulus in den Gedankengang eingefügt, werfen eher Fragen auf als daß sie imstande wären, uns die Frage nach dem Sinn des durch den Glauben an Christus abgelösten mosaischen Gesetzes zu beantworten. Paulus ist sich dessen bewußt. Mit seinen kurzen, im Diatribenstil ergehenden Zwischenbemerkungen zum Gesetz will er die kritischen Hörer der Synagoge beruhigen: er hält ihre Frage nach dem Gesetz für berechtigt und behält sie im Blick. Insofern bereiten diese knappen Stellungnahmen zum Thema ›Gesetz‹ 7,1-16 vor, einen in sich geschlossenen, dreigeteilten Exkurs über die Problematik der Tora, von dem aus auch die vorangehenden eher beiläufigen Feststellungen mehr oder weniger verständlich werden.

7,1-6

(1) *Wißt ihr nicht, Brüder – ich rede ja zu solchen, die das Gesetz
kennen – daß das Gesetz den Menschen nur solange be-
herrscht, wie er lebt?*
(2) *Die verheiratete Frau ist durch das Gesetz an den Mann
gebunden, solange dieser lebt. Wenn der Mann aber stirbt, ist*
(3) *sie von der gesetzlichen Bindung an den Mann befreit. (3)
Darum gilt sie ja auch als Ehebrecherin, wenn sie zu Lebzei-
ten ihres Mannes einem anderen Mann angehört. Wenn ihr
Mann aber stirbt, so ist sie von der gesetzlichen Bindung an
ihn befreit und gilt nicht mehr als Ehebrecherin, wenn sie
einem anderen Manne angehört.*
(4) *Dementsprechend, meine Brüder, seid auch ihr dem Gesetz
gestorben durch den Leib Christi, um einem anderen anzuge-
hören, dem von den Toten Auferweckten, so daß wir für Gott
Frucht bringen.*
(5) *Denn solange wir im Fleisch waren, waren die sündhaften
Leidenschaften mit Hilfe des Gesetzes in unseren Gliedern*
(6) *wirksam. (6) Jetzt aber sind wir vom Gesetz befreit, weil wir
ihm, das uns gefangen hielt, gestorben sind, so daß wir nun im
neuen Geist und nicht mit dem veralteten Buchstaben dienen.*

Zum erstenmal seit dem Briefeingang (1,13) werden die römischen Christen wieder direkt (mit ›Brüder‹, V. 1.4) angeredet. Schon das markiert einen neuen Einsatz. Das mehr oder weniger direkte Gespräch mit der Synagoge wird durch das Gespräch mit den Christen abgelöst, die als ehemalige Gottesfürchtige Auskunft über die Funktion des Gesetzes haben wollen und weitergeben müssen.
Aber auch vom Inhalt her darf man 7,1-6 keinesfalls, wie viele Exegeten tun, zu Kap 6 ziehen; diese Verse sind »nicht einmal als Überleitungsstück zu betrachten«[18]. Vielmehr rechtfertigt Paulus nunmehr thematisch die christliche Freiheit von der Tora und begründet die trotzdem vorhandene ›Heiligkeit‹ des Gesetzes.
Käsemanns Urteil, es gebe kaum ein Thema, das den Apostel »stärker bewegt und leidenschaftlicher von ihm reflektiert wird«[19], hat allerdings nur begrenztes Recht. Denn da für Paulus das Gesetz mit dem Kommen des Glaubens erledigt ist, hat er kein ›erbauliches‹ Interesse an dem Thema ›Gesetz‹. Indessen zwingt die Synagoge ihm dies Thema auf; sie möchte Paulus als Apostaten und sein Evangelium als antijüdisch disqualifizieren, indem sie den Apostel Jesu Christi als Verächter des Gesetzes diffamiert. Demgegenüber muß Paulus vor allem um der heidnischen und christlichen

Gottesfürchtigen willen den Nachweis führen, daß er das Gesetz nicht verachtet, wenn er Christus als Ziel und Ende des Gesetzes (10,4) verkündigt, sondern daß er damit dem Gesetz vielmehr die ihm gemäße Funktion zuweist (3,31). Sein Interesse am Thema ›Gesetz‹ ist also ein apologetisches, und diese Einsicht lehrt verstehen, daß die systematische Geschlossenheit der paulinischen ›Gesetzeslehre‹ zu wünschen übrig läßt.

Der Haupt-Satz des Abschnittes 7,1-6 steht in V. 4: Die Christen sind durch den ›Leib‹ Christi, d. h. durch Jesu Tod am Kreuz (vgl. 1Kor 11,24-26), *dem Gesetz gestorben* und leben nun (mit) dem auferweckten Christus.

Die Begründung für dies Ende des Gesetzes durch den Glauben gibt Paulus aus dem Gesetz selbst. Das ist eine geschickte Argumentationsweise; denn Paulus redet zu solchen christlichen Brüdern, ›die das Gesetz kennen‹ (V. 1), nämlich zu (ehemaligen) gottesfürchtigen Synagogenbesuchern, für die Argumente aus dem Gesetz besondere Überzeugungskraft besitzen, die solche Argumente verstehen und die den Argumentationsgang des Apostels in ihrer eigenen Diskussion mit der Synagoge aufgreifen können.

Die ›gesetzliche‹ Begründung ist eine doppelte. Zuerst rezitiert Paulus einen rabbinischen Grundsatz: Mit seinem Tod verläßt der Mensch den Geltungsbereich der Tora (V. 1 b)[20]. Daran könnte sich unmittelbar die Folgerung in V. 4 anschließen: Da der Tod des ›alten‹ Menschen, durch den Glauben an den Gekreuzigten bewirkt, für Paulus nicht weniger Realität hat als der physische Tod (Röm 6,1 ff; 2Kor 5,14 f; Kol 2,20), folgt aus jenem der Tora entnommenen rabbinischen Grundsatz, daß Christus vom Gesetz befreit.

Paulus schiebt freilich zuvor in V. 2 f ein weiteres Argument aus der Tora ein. Die Bestimmungen des mosaischen Gesetzes sehen vor, daß die verheiratete Frau von der ehelichen Bindung frei wird, wenn ihr Mann stirbt. Wiederum gilt also – in einer für unser Empfinden freilich sehr gedämpften Logik –: Der Tod hebt die Bindung an das Gesetz auf; das Gesetz bindet nicht ewig.

Damit kann der Grundsatz von V. 4 als durch zwei Zeugnisse des Gesetzes begründet gelten. Dieser Grundsatz faßt das Gesetz als eine Macht auf, die den Menschen beherrscht und die als solche Macht mit der Macht des auferstandenen Christus *konkurriert;* erst die Befreiung vom Gesetz ermöglicht es deshalb, Gott Frucht zu bringen (V. 4).

Jene Alternative entfaltet Paulus näher in V. 5 f. Auf die Seite des Gesetzes treten die negativen Begriffe ›im Fleisch‹, ›sündhafte Leidenschaften‹, ›gefangen‹, ›veralteter Buchstabe‹; dem stehen

›befreit‹, ›dem Gesetz gestorben‹ und ›neuer Geist‹ als die Wirklichkeit der christlichen Gemeinde gegenüber.
Hinter V. 5f steht eine *radikale* Kritik am Gesetz: Das Gesetz läßt die Sünde wirksam werden. Das entspricht 4,15: Ohne Gesetz keine Übertretung, und 5,20: Das Gesetz macht die Sünde groß. In 1Kor 15,56b findet dieser Gedanke seine ›klassische‹ Formulierung: ›Die Kraft der Sünde ist das Gesetz‹. *Wie* diese Verbindung von Gesetz und Sünde genau zu verstehen sei, läßt sich aus 7,1-6 freilich noch nicht entnehmen; das Interesse des Paulus richtet sich in diesen Versen nicht darauf, die (überholte) Funktion des Gesetzes *zu bestimmen*, sondern das Gesetz *als überholt* auszuweisen.
Dabei wählt Paulus in V. 5f mit dem Gegensatzpaar ›Fleisch – Geist‹ eine Terminologie, die dem Corpus des Briefes bisher (mit einer begrenzten Ausnahme in 2,29) fremd war, die er also im Gespräch mit der Synagoge nicht zu gebrauchen pflegte, die aber im Fortgang von Kap 7f zu einer beherrschenden Terminologie wird. Paulus hat also schon jenen dogmatischen Traktat im Blick, der mit 7,17ff folgt, und er bereitet mit Bedacht langsam den Übergang zu der in diesem Dokument verwendeten theologischen Sprache vor.
Zunächst tritt er aber nochmals in das Gespräch mit der Synagoge ein. Denn seine Behauptung, das Gesetz, der ›veraltete Buchstabe‹, stehe in einem unlösbaren Verbund mit ›Fleisch‹, ›Sünde‹ und ›Gefangenschaft‹, ruft deren vehementen Protest hervor und trägt Paulus unvermeidlich den Vorwurf ein, folglich sei für ihn die Tora nicht göttlich, sondern Sünde. Diesem Vorwurf stellt Paulus sich zunächst in 7,1-12.

7,7-12

(7) *Müssen wir also folgern: Das Gesetz ist selbst Sünde? Auf*
keinen Fall! Vielmehr habe ich die Sünde nur durch das
Gesetz kennengelernt! Ich wüßte ja nicht von der Begierde,
wenn nicht das Gesetz sagte: ›Du sollst nicht begehren‹
(8) *(Ex 20,17). (8) Die Sünde ergriff die Gelegenheit, die das*
Gebot ihr gab, und wirkte in mir die völlige Begehrlichkeit.
Denn wo es kein Gesetz gibt, ist die Sünde tot.
(9) *Ich* lebte *einst – ohne Gesetz; als aber das Gebot kam, lebte*
(10) *die Sünde auf (10) und ich starb. So erwies sich an mir, daß das*
(11) *Gebot, das zum Leben führen sollte, den Tod brachte. (11)*
Denn die Sünde ergriff die Gelegenheit, die das Gebot ihr gab,

(12) *täuschte mich und tötete mich mit seiner Hilfe. (12) Also ist das Gesetz selbst heilig, und das Gebot ist heilig, gerecht und gut.*

Wir haben einen in sich geschlossenen und wohl abgerundeten Argumentationsgang vor uns. Die eingangs (V. 7a) zitierte Behauptung der Synagoge wird zurückgewiesen (V. 7b), diese Zurückweisung sodann (V. 7c-11) begründet und in einer abschließenden Folgerung (V. 12) bekräftigt.

Die Argumentation ist überaus prägnant bzw. komprimiert. Indessen argumentiert Paulus solchen gegenüber, die das Alte Testament kennen und von denen er erwarten kann, daß sie die biblischen Geschichten, auf die er anspielt, und deren in der Synagoge üblichen Auslegungen kennen.

Einerseits spricht Paulus wie bisher in Röm A vom ›Gesetz‹, also von der Sinai-Tora, aus der er auch das Gebot ›Du sollst nicht begehren‹ entnimmt (Ex 20,17; Dt 5,18-21).

Andererseits nimmt er wiederholt auf die Geschichte vom adamitischen Sündenfall Bezug: Die Sünde wird als personifizierte Macht gedacht; sie bedient sich des Gebotes, als sie sich des Menschen bemächtigt; es gab eine Zeit ohne Gesetz; das Gebot war zum Leben gegeben; die (personifizierte) Sünde täuschte den Menschen; die Folge der Sündenherrschaft war der Tod – alle diese Züge kann der Leser nur auf dem Hintergrund von Gn 2-3 verstehen.

Paulus verbindet beide alttestamentlichen Komplexe mit Hilfe des Begriffs ›Gebot‹, der mit ›Gesetz‹ mehrfach wechselt, und mit der entsprechenden Nennung des Gebotes ›Du sollst nicht begehren‹. Dies Gebot entstammt nämlich zwar dem Dekalog des Mose, gilt aber bei Paulus und auch sonst nicht als ein Gebot unter anderen, sondern als Grund-Gebot gegen die Grund-Sünde der Begierde; vgl. Gal 5,16f; Jak 1,14f; 4Makk 2,6; Philo decal. 142ff.150.173; Bill III 237. Paulus führt dies Gebot deshalb auch ohne die einzelnen Objekte ein, die in Ex 20,17 und Dt 5,21 das Verbot der Begierde zu einem Einzelgebot machen. In dieser grundsätzlichen und umgreifenden Fassung liegt das Gebot ›Du sollst nicht begehren‹ *sachlich* aber auch der Sündenfallgeschichte zugrunde (vgl. Vit.Ad.19). In einer rabbinischen Haggada zu Gn 3 heißt es demgemäß: ›Als sich die Schlange Eva näherte, legte sie das Begehren in sie‹[21].

Das Gebot, nicht vom Baum der Erkenntnis des Guten und Bösen zu essen (Gn 2,17), bietet der ›Sünde‹ willkommene Gelegenheit, im Menschen die Begierde nach der Frucht des Baumes zu wecken;

sie begehren dem Gebot entgegen, wie Gott zu sein, und übertreten damit das grundlegende Gebot Gottes, *eben dies* ›nicht zu begehren‹, sondern in der Geschöpflichkeit das Leben zu haben. Paulus demonstriert also am Beispiel *Adams* die Situation des Menschen unter dem Gesetz des *Mose*. Bei dem ›Stand unter dem Gesetz‹ und seinen Folgen für den von der Sünde verführten Menschen handelt es sich Paulus zufolge also um eine allgemein menschliche und jederzeitige Situation.

Er folgt damit einer bereits in 5,12ff übernommenen, hermeneutisch durchaus begründeten Auslegungsweise der ›mythischen‹ Adamserzählung: Wie in Adam alle Menschen beschlossen sind (5,12a.18f), so begegnet in der Geschichte vom Sündenfall Adams prototypisch die ganze Unheilsgeschichte der Menschen (5,12b). Insonderheit das, was sich in der Unheilsgeschichte des Volkes Israel zeigt, das auch hinsichtlich von Unheil und Gericht den übrigen Völkern durch Gottes Wahl voraus ist (Röm 2,9), ist in der Geschichte vom Sündenfall bereits urbildlich geschehen und erzählt: Die latente Gegenwart der Sündenmacht; eine Zeit ohne Gebot/Gesetz; das Kommen des Gebotes/Gesetzes, das dem Menschen zum Leben dienen sollte; der Gebrauch bzw. Mißbrauch des Gesetzes durch die nun in Aktion tretende Sünde (vgl. 5,13); die (Selbst)täuschung des Menschen durch die Sünde und die dementsprechende Gefangenschaft der Menschen bei Sünde und Tod.

Die Geschichte Adams schließt also die Geschichte der Sündenmacht *überhaupt* schon in sich, und Christus hebt insofern den Fall *Adams* auf, als er die Unheilsgeschichte der *Menschheit* beendet, die Sündenmacht entmachtet und das Heil Gottes bringt.

Dem entspricht das Verständnis des ›Ich‹, das in 7,7-12 seine Erfahrung mit dem Gesetz entfaltet. Es ist weder das autobiographische Ich des Paulus noch das individuelle Ich des Adam, sondern das generelle Ich des Menschen unter dem Gesetz, also jedes Menschen, der in seiner Existenz unter dem Gesetz die Sünde Adams wiederholt (vgl. 5,12). ›Ich‹ steht insofern für ›man‹, wobei das ›Ich‹ des Paulus natürlich eingeschlossen ist. Wir haben es also mit einer ›existentialen‹ Interpretation der Geschichte vom Sündenfall zu tun.

Der Mensch unter dem Gesetz steht überhaupt in der Versuchung, göttliches Leben für sich gewinnen zu sollen, und damit in der Versuchung zum Tode, weil der Mensch nur als Geschöpf Gottes leben kann, nicht aber als Gott. Zwar will Gottes Gesetz den Menschen auf den Wegen des Lebens, der gehorsamen Anerkennung seiner Geschöpflichkeit, bewahren.

Der Mensch aber geht hin und verläßt, von der Sünde verführt, mit

Hilfe des Gesetzes den Weg des Lebens, indem er (z. B. wie Paulus als gesetzesfrommer Pharisäer mit Hilfe der Gesetzeserfüllung) seine eigene Gerechtigkeit vor Gott aufzurichten sich bemüht oder indem er als sein eigener Herr, die sittlichen Gebote übertretend, der Ungerechtigkeit und damit dem Gericht Gottes verfällt, das ihm aufgrund des Gesetzes die Sünden anrechnet (4,15; 5,13f). Damit führt ihn das Gesetz zum Tode, obschon es ihn im Leben bewahren sollte.

Natürlich bleiben mancherlei Fragen an die exegetische und systematische Argumentation des Paulus.

Man kann fragen: Woher kommt die Sünde, die zwischen das Gesetz und den Menschen tritt, den Sinn des Gesetzes verkehrt und so zum Urheber alles Bösen wird? Paulus beantwortet diese Frage, die zwischen ihm und der Synagoge schwerlich kontrovers war, nicht. Röm 5,12 legt die ›entmythologisierende‹ Antwort nahe: Die Sünde kommt durch das Sündigen, nämlich durch das Sündigen des Menschen. Jedenfalls zeigt sich an der Tatsache, daß die Sünde immer schon (latent, als Möglichkeit) da ist, daß es sich bei ihr um eine Grundmöglichkeit menschlichen Daseins handelt. Ohne die Möglichkeit der Sünde gäbe es den Menschen als geschichtliches Wesen überhaupt nicht. Insofern muß die Sünde, existential gesehen, gleich ursprünglich mit dem geschichtlich existierenden Menschen sein, ohne indessen sein Wesen auszumachen. Die ›Zeit‹ des Menschen ist zwar ohne Gesetz, nicht aber ohne Sünde denkbar.

Man kann weiter fragen: Gilt denn für den Menschen überhaupt, daß er einst ohne Gesetz lebte? Im biographischen Sinn gewiß nicht. Und der Paradies*mythos,* auf den Paulus blickt, betrifft *als solcher* den gegenwärtigen Menschen so wenig wie die heilsgeschichtliche Beobachtung, daß Israel erst durch Mose das Gesetz empfing. Indessen liegt der existentiale Sinn der Behauptung am Tage, die *Sünde* habe *von Anfang an* dem Menschen aufgelauert, das *Gesetz* aber sei erst ›hinzugekommen‹. Denn die Macht bzw. die Möglichkeit der Sünde konstituiert grundlegend die Geschichtlichkeit des Menschen bzw. seine ontologische Wirklichkeit; das Gesetz dagegen ist nur Zuchtmeister (Gal 3,23f) auf eine ontische Verfassung des Menschen hin, die als solche immer neu gewonnen wird. Mit anderen Worten: Die Sünde ist eine ursprüngliche *Möglichkeit* des menschlichen Daseins; das (durch das Gesetz provozierte) Sündigen seine immer neue *Wirklichkeit.*

Man kann auch fragen: Sah Gott den Mißbrauch des Gesetzes nicht voraus? Diese Frage hatte Paulus indessen schon in 3,20.31; 4,15; 5,20 beantwortet, und er wiederholt seine Antwort in V. 7: Gott wollte diesen Mißbrauch sogar; denn die latente Sünde mußte ans Licht kommen, und der Mensch sollte in die Sünde geraten bzw. die Sünde *praktisch* kennenlernen, weil er nur so auch die Gnade Gottes kennenlernen kann. Gott gab das Gesetz also im Wissen um die Folgen seines Tuns. Es ist freilich nur ›nebeneingekommen‹ (5,20), nämlich – 430 Jahre nach Abraham (Gal 3,17) – durch Mose neben die ältere Verheißung der Glaubensgerechtigkeit. Ohne Gesetz aber hätte es keine Übertretung des Gesetzes (4,15) bzw. keine ›Anrechnung‹ der dennoch vorhandenen Sünde gegeben (5,13). Das Gesetz machte also die latente Sünde manifest, ›die Sünde groß‹ (5,20) – nicht subjektiv, so daß jeder mehr Sünden (Plural!) täte, sondern objektiv, weil nun die Macht der Sünde *unübersehbar* herrscht, und zwar auch und gerade dort, wo der Mensch sich seiner Gesetzeserfüllung rühmt; denn man muß von diesem ganzen paulinischen Gedankengang unseren alltäglichen Sündenbegriff, der Sünde = Unmoral statt = Unglaube setzt, durchaus fernhalten.

In dieser Weise wurde das Gesetz zum Zuchtmeister auf Christus (Gal 3,24). Paulus denkt dabei von der Gnade als dem Ziel des Heilswillens Gottes aus. Die Gnade kann aber zur Ehre Gottes und zum Heil des Menschen nur groß werden, wenn auch die Sünde in ihrer Größe ans Licht tritt. Die Sünde aber kann nur durch das Gesetz aus ihrer Latenz geweckt werden. Darum liegt der Mißbrauch des Gesetzes im Rahmen der Vorsehung Gottes und dient seinem Heilsplan.

Bedeutet das aber nicht, daß Gott seinem Wesen nach ungerecht ist? Diese blasphemische Frage hatte Paulus schon in 3,5-6 mit einem deutlichen ›Nein!‹ zurückgewiesen.

Sind, so darf man schließlich fragen, die Aussagen des Paulus über das Gesetz logisch-systematisch ausgeglichen? Diese Frage muß man verneinen, auch wenn man die Aussagen des Paulus unter *existentialem* Gesichtspunkt *versteht.* Die Aussage, das Gesetz sei gegeben, um den Menschen in seiner Geschöpflichkeit (= im Leben) festzuhalten, die in 7,10 auf der Geschichte vom paradiesischen Urstand beruht, und die Aussage, das Gesetz sei gegeben, um die Sünde groß zu machen – d. h. um übertreten zu werden! –, die in 5,20; 7,7 u. ö. an das Mosegesetz denkt, sind auch durch das Interpretament ›Mißbrauch des Gesetzes‹ und durch die Erwägung, daß dieser Mißbrauch die Gnade (und damit das Leben aus dem Tod!) groß macht, objektiv nur künstlich miteinander ausgeglichen, und die sperrige Problematik wird in einer *objektivierenden* Optik vollends konfus, wenn man sieht, daß Paulus andernorts auch die jüdische Ansicht grundsätzlich goutieren kann, daß der

Täter der mosaischen Gebote das Leben gewinnt (Röm 2,10.13f; 2Kor 5,10; vgl. Röm 8,3; Gal 3,12.21).

Blickt man auf das Gesagte zurück, so muß man drei Ebenen des Verstehens unterscheiden. Vordergründig geht es um das in 7,1-16 durchgehend herrschende Interesse des Paulus nachzuweisen, daß das in Christus abgetane Gesetz geistlich sei. Im Hintergrund steht ein letzten Endes existentiales Verständnis von ›Gesetz‹, das sich manchmal nur mühsam in seinen Paulus vorgegebenen Gewändern, dem Adam-Mythos und der Geschichte Israels, in Erscheinung setzt, dem wir aber in V. 21– 23 noch ausführlich begegnen werden. Dazu tritt der Versuch vieler Ausleger, vordergründiges Interesse, hintergründiges Verständnis und das vorgegebene Material aus dem Alten Testament in einen systematischen Zusammenhang zu bringen, ein Versuch, welcher der paulinischen Denkungsart jedoch schwerlich gerecht wird.

Aber gerade diese Widersprüchlichkeit zeigt, daß Paulus an dem Thema Gesetz systematisch-dogmatisch nicht interessiert ist. Seine unterschiedlichen Aussagen über das Gesetz beantworten indessen *einmütig* diejenige Frage die Paulus in 7,7-12 beantworten wollte und mußte: Ist das Gesetz selbst Sünde? Seine Antwort, den jüdischen Gesprächspartnern im Rahmen ihres synagogalen Denkens und Argumentierens in durchaus begründeter Weise (bzw. in begründeten Weisen) gegeben, lautet: Nein! Das Gesetz selbst ist heilig; sündig ist allein die Sünde.

7,13-16

(13) *Folglich hat mir das Gute den Tod gebracht? Auf keinen Fall!*
Vielmehr brachte mir die Sünde, *damit sie als Sünde in*
Erscheinung trete, mit Hilfe *des Guten den Tod, damit die*
(14) *Sünde über alle Maßen sündig würde durch das Gebot. (14)*
Wir wissen doch, daß das Gesetz *geistlich ist!* Ich *dagegen bin*
(15) *fleischlich, an die Sünde verkauft. (15) Denn ich weiß gar*
nicht mehr, was ich wirke; ich vollbringe nämlich nicht das,
(16) *was ich will, sondern was ich hasse, das tue ich. (16) Wenn ich*
aber das tue, was ich nicht will, so gebe ich ja zu, daß das
Gesetz gut ist.

Der Aufbau von 7,13-16 entspricht formal ganz dem Aufbau von 7,7-12. Insoweit haben wir es mit Dubletten zu tun. Man vergleiche:

(7a)	Müssen wir also folgern: Das Gesetz ist selbst Sünde? Auf keinen Fall! Vielmehr habe ich die Sünde nur durch das Gesetz kennengelernt.	(13a)	Folglich hat mit das Gesetz den Tod gebracht? Auf keinen Fall! Vielmehr brachte mir die Sünde mit Hilfe des Guten den Tod, damit sie als Sünde in Erscheinung trete . . .
	⋮		⋮
(12)	Also ist das Gesetz selbst heilig, und das Gebot ist heilig, gerecht und gut.	(16)	Wenn ich aber das tue, was ich nicht will, so gebe ich ja zu, daß das Gesetz gut ist.

Wir haben es also ohne Frage mit zwei parallelen, in sich abgeschlossenen und abgerundeten Argumentationsgängen zu tun. Diese Beobachtung muß die Grundlage der Interpretation sein.

Noch einmal gibt Paulus seinen Gesprächspartnern in der Synagoge das Wort. Deren Einwand hat diesmal, ähnlich wie in 6,1.15, ironischen Klang: Wenn Paulus zugleich sagt, das Gesetz bewirke den Tod *und* das Gesetz sei gut, dann führt er sich selbst *ad absurdum;* denn dann müßte ja das Gute mir den Tod bringen.

Paulus korrigiert dies Mißverständnis gleich doppelt, nämlich in zwei parallelen ›damit‹-Sätzen (V. 13). Nicht das Gesetz bringt mir den Tod, sondern die *Sünde* tut das *durch* das (gute) Gesetz. Und dabei tut das Gesetz, vom Menschen mißbraucht, sogar noch Gutes: Es läßt die latente Sünde in Erscheinung treten bzw. die Sünde überaus sündig werden, ein Gedanke, den der Apostel nach 3,20b.31; 4,15; 5,20 und 7,7 (vgl. 3,5-6) hier zum letztenmal aufgreift. Es ist der wichtigste Gedanke des paulinischen Gesetzesverständnisses.

Der erneute Einwand der Synagoge wird damit knapp und klar zurückgewiesen. Mit der Folgerung, also sei das Gesetz geistlich bzw. gut, hätte Paulus schon in V. 14 die Argumentation schließen können.

Indessen begegnet die entsprechende *Folgerung* erst in V. 16. In V. 14a findet sich statt dessen eine analoge *Feststellung,* die, mit ›Wir wissen doch‹ eingeleitet, plötzlich wieder den christlichen Leser des Briefs, der in der Diatribe V. 7-12 und in V. 13 hinter dem Gesprächspartner aus der Synagoge verschwunden war, in das Gespräch einbezieht (vgl. V. 1.4). Und diese Ebene der Argumentation hält sich bis zum Ende von Kap 8 durch.

Die Verbindung mit dem Folgenden wird in V. 14-16 auch auf andere Weise hergestellt, wie die folgenden Beobachtungen zeigen.

Alle Gedanken und die meisten Begriffe von V. 14b-16a finden sich auch in V. 17-20, hier aber in deutlicherer, umfassenderer und vor allem selbständiger Gedankenführung. Bei V. 14b-16a handelt es sich also um eine anscheinend sekundäre *Dublette* zu V. 17-20.

Benutzte Paulus bis V. 13 die Vergangenheitsform, so beginnt er in V. 14 mit präsentischer Rede.

Das Begriffspaar ›geistlich – fleischlich‹, schon in V. 5f eingeführt, leitet nun in V. 14 unmittelbar zu der im folgenden Traktat vorherrschenden ›mystischen‹ Sprache über.

Das ›Ich‹, das in V. 14-16 spricht, ist nicht mehr das ›Ich‹, das unter der jüdischen Tora steht, sondern wie von V. 17 an das ›Ich‹ jedes Menschen.

Wie in V. 17-20 wird schon in V. 14-16 eine *Spaltung* dieses menschlichen ›Ich‹ beschrieben. Davon war in V. 7-12.13 keine Rede, wo vielmehr eine durch das Gesetz ausgelöste *Geschichte* des ›Ich‹ beschrieben wurde: ohne Gesetz – unter dem Gesetz – in der Sünde – im Tod.

Dem entspricht: In V. 8 wirkt *das Gesetz* Böses; in V. 15 wirke *ich* das, was ich nicht will – wie in V. 17ff.

Aufgrund solcher Beobachtungen lassen die meisten Forscher mit V. 14 einen neuen Gedankengang beginnen und halten V. 14-20 für einen in sich geschlossenen Abschnitt. Diese Analyse scheitert indessen an der überdeutlichen Parallelität von V. 7-12 und V. 13-16 und dem entsprechenden formalen Abschluß in V. 16.

Andererseits läßt sich nicht bestreiten, daß V. 14-16, von der Schlußfolgerung in V. 16 abgesehen, ganz im Blick auf die in V. 17ff folgenden Ausführungen verstanden werden wollen und auch nur von dorther – rückblickend – verständlich werden.

Ein Ausleger beobachtet deshalb mit gewissem Recht zu V. 13ff: »Die Schilderung wird offenbar Selbstzweck, d. h. der Gesichtspunkt verschiebt sich im Laufe der Erörterung, und stand am Anfang des Abschnitts die Rehabilitation des Gesetzes im Vordergrund, so ist mindestens von V. 18 an die Aufklärung des Zwiespalts Hauptanliegen des Verfassers. Und so erklärt sich, daß der

Abschnitt, der als Apologie des Gesetzes begonnen hatte, mit einer Frage nach dem Erlöser aus dem Zwiespalt endet«[22].

Diese Beobachtung zu Röm 7,13-25 trifft als solche im wesentlichen zu, doch sie erklärt den beobachteten Sachverhalt noch nicht hinreichend.

Sieht man genau hin, so erwecken V. 13-16 den Eindruck eines Januskopfes. Einerseits behandelt Paulus wie in V. 7-12 das Thema ›Gesetz‹; deshalb der parallele Aufbau beider Abschnitte. Andererseits beginnt er in V. 14-16 zugleich die grundsätzliche Behandlung der menschlichen Existenz in Sünde und Erlösung, die bis 8,39 läuft und die das Thema Gesetz nicht mehr *wesentlich* berührt.

In eben dieser bedachtsam geformten Doppelgesichtigkeit selbst aber erfüllen V. 13-16 offensichtlich ihre eigentliche Funktion: V. 13-16 verbinden kunstvoll das thematisch bestimmte Corpus des Briefes Röm A, das in V. 16 definitiv endet, mit dem paulinischen Traditionsstück 7,17-8,39, das Paulus den ihm unbekannten römischen Christen als Manifest seines Evangeliums im Rahmen des Briefes mitteilen will.

Diese Einsicht erlaubt uns, an diesem Ort unserer Überlegungen darauf zu verzichten, V. 14-16 im Rahmen und aus dem Gedankengang des folgenden Traktats zu verstehen. Solches Verständnis ergibt sich von selbst aus dem Verstehen von V. 17-20. Hier genügt, die Logik der Verse insoweit zu erfassen, als sie ihr Gesicht V. 1-13, also dem Thema ›Gesetz‹ zuwenden.

Dann ergibt sich: V. 14 bringt – in der ›mystischen‹ Sprache des folgenden Traktats – die mit der Argumentation von V. 13 parallel laufende These: Das *Gesetz* ist geistlich (vgl. V. 12.16b.22), der *Mensch* aber ist fleischlich, d. h. unter die Sünde verkauft.

Woher weiß der Christ dies? Wieso muß er das Gesetz für gut halten, den Menschen aber der Sündenherrschaft ausgeliefert sehen? Diese Frage beantwortet V. 15: Weil das ›Ich‹ des natürlichen Menschen gespalten ist. Der Mensch ist außer sich. Er tut nämlich nicht, was er (in Übereinstimmung mit der Intention des Gesetzes) will, sondern was er nicht will, tut er unter Mißbrauch des Gesetzes gegen dessen und seine eigene Intention. Also gibt er faktisch zu, daß das Gesetz gut, er selbst aber böse ist (V. 16).

Eine rätselhafte Argumentation, deren innerer Grund nicht ohne weiteres einsichtig wird! Denn wieso tut der Mensch nicht, was er will, sondern was er nicht will? Und wieso weiß er nicht, was er tut? Diese Urteile entsprechen jedenfalls nicht der Alltagserfahrung. Das Normale sind die prinzipielle und die entsprechende praktische Zustimmung zu den guten Gesetzen; gerade der fromme Jude *will* nicht nur, was das Gesetz befiehlt, sondern er ist auch

überzeugt, das vom Gesetz Gebotene im großen und ganzen zu *erfüllen.* Und wenn er es nicht tut, so *weiß* er darum!
Aber das Ziel und die äußere Logik der Argumentation in V. 14-16 bleiben trotz dieser offenen Fragen durchaus erkennbar: Wenn es stimmt, daß ich einerseits will, was das Gesetz sagt, andererseits aber das vom Gesetz Geforderte gegen meinen Willen nicht tue, so ist jedenfalls das Gesetz ›geistlich‹ (V. 14) und ›gut‹ (V. 16), während ich selbst auf bösem Wege bin.
Mit dieser erneuten Behandlung der Gesetzesproblematik in V. 13-16 hat Paulus nicht nur den Exkurs 7,1-16, sondern die Behandlung des beherrschenden Themas von Röm A, die Universalität des Heils, überhaupt abgeschlossen und zugleich in geschickter Weise den Übergang zu dem ›dogmatischen Traktat‹ 7,17-8,39 gewonnen, dem einzigen entsprechenden ›Lehrstück‹ innerhalb der im übrigen durchgehend situationsbedingten und -bezogenen Briefliteratur des Paulus.

2. *Die Sünde*

7,17-20

(17) *Es verhält sich also folgendermaßen: Nicht mehr ich selbst vollbringe mein Tun, sondern die Sünde, die in mir wohnt.*
(18) *Denn ich weiß genau, daß in mir, das heißt in meinem Fleisch, nichts Gutes wohnt; ich will das Gute zwar, aber ich vollbringe es nicht.*
(19) *Nicht das Gute, das ich will, wirke ich, sondern das Böse, das ich nicht will.*
(20) *Wenn ich aber das tue, was* ich *nicht will, dann vollbringe nicht mehr ich selbst mein Tun, sondern die Sünde, die in mir wohnt.*

Paulus beginnt seinen dogmatischen ›Leitfaden‹ mit einer Reflexion über die Sünde.
Es liegt nahe, eine Darstellung der christlichen Lehre mit einer Erörterung des Sündenbegriffs zu beginnen; denn der ›Fall‹ geht der Erlösung des Menschen und seinem neuen Gehorsam voraus. Da Paulus für seine in der jüdischen Tradition beheimateten Hörer und Leser überdies eine Gotteslehre (Monotheismus) bzw. eine Schöpfungstheologie nicht zu entfalten braucht, sein christliches Verständnis der Sünde sich dagegen von dem Sündenbegriff der Synagoge wesentlich unterscheidet, ist es besonders angemessen,

zu Beginn eines dogmatischen Leitfadens darzulegen, wie der Christ über die Sünde zu denken hat.

Wie der *Christ* über die Sünde zu denken hat! – denn das Problem, ob man *abgesehen* vom Glauben sachgemäß über die Sünde sprechen kann, muß gerade dann im Blick bleiben, wenn man die Sünde *vor* der Erlösung zum Thema macht.

Freilich fallen damit wichtige Vorentscheidungen. Der Einsatz bei der Sünde ist ein *anthropologischer* Einsatz. Es wäre zwar denkbar, daß Paulus den ihm vorliegenden Traktat nicht vollständig in Röm A aufgenommen hat und eine vorausgehende Lehre von Gott, von der Schöpfung, von Gottes Wort usw. ausließ. Aber das ist unwahrscheinlich; denn auch im folgenden Traktat wird die Soteriologie nicht mit einer Christologie eingeleitet und keine materiale Eschatologie entfaltet. Der anthropologische Ansatz hält sich also durch. V. 18 bildet zudem einen formal guten Anfang des Traktats, der demzufolge mit unserem Text begonnen haben dürfte.

Paulus redet von Gott, seiner Forderung und seinem Handeln also von vornherein und grundsätzlich nicht spekulativ oder ›an sich‹, sondern im Rahmen der menschlichen Existenz. »Jeder Satz über Gott ist zugleich ein Satz über den Menschen und umgekehrt. Deshalb und in diesem Sinne ist *die paulinische Theologie zugleich Anthropologie* ... und *die paulinische Christologie ist zugleich Soteriologie*«[23].

Zugleich verbirgt sich in dem logischen ›Vorzug‹, den die Sünde bei der ›anthropologischen‹ Darstellung der christlichen Wahrheit vor der Erlösung hat, auch ein sachlicher Vorrang. An der Auffassung dessen, was ›Sünde‹ ist, entscheidet sich zugleich, was Gnade und Erlösung, was Heil und Wohl, kurzum, was christlicher Glaube überhaupt ist. Wenn die christliche Kirche nicht mehr deutlich von der Sünde reden kann, wird ihr ganzes Reden undeutlich. Wo von der Sünde falsch gesprochen wird, kann auch über Heil und Erlösung nicht mehr richtig gesprochen werden. Wer die Sünde bagatellisiert, macht auch das Heilshandeln Gottes zu einer Bagatelle. Ja, wo der Abgrund der Sünde nicht mehr tief genug gedacht wird, stürzt man – auch in der Theologie – geradewegs in ihn hinein.

Umgekehrt gilt: Wer von der Sünde richtig zu reden versteht, weiß auch die Gnade zu denken und die Erlösung wahrhaftig zu verkündigen. Nur wo man der Macht der Sünde ins Auge sieht und nicht mit Schatten ficht, lernt man die Schärfe und Kraft ihrer Waffen kennen. Nichts kennzeichnet eine verworrene theologische Situation mehr als die Unfähigkeit, von der Sünde angemessen zu reden. Seitdem die Schlange, die ›kleine Privatdozentin‹ (H. Heine), die

Sünde verharmloste, zieht sich diese Verharmlosung auch durch die Theologie- und Kirchengeschichte hindurch, wird doch der Mensch, je kleiner er die Sünde macht, selbst um so größer, und wo es ihm gar gelingt, die Realität der Sünde als eine für aufgeklärte Menschen unwürdige Angelegenheit ganz aus dem Bewußtsein zu verdrängen, wird er wie Gott, ist er sich und anderen selbst das höchste Wesen, ist er freilich auch auf sich selbst angewiesen, an sich selbst ausgeliefert.

An sich selbst! Also an die Macht der Sünde; also an das Böse; also an den Tod. Denn von *dieser* Wirklichkeit der Sünde spricht Paulus, in die der Mensch, *weil* er nach dem Höchsten greift, gegen seinen Willen willenlos und unwissend versinkt, ›unter die Sünde verkauft‹ (7,14).

Wer sich auf das einläßt, was Paulus in 7,17-20 zur Sünde schreibt, läßt sich darauf ein, den Abgrund der Sünde auszuloten, den die vernünftige Aufklärung zu allen Zeiten mit Ernst und Hohn, mit moralischem Anspruch und verächtlichem Spott zu verdecken trachtet. Er läßt sich so freilich zugleich auf die Wahrheit seines Daseins und auf sein Heil ein; denn – Paulus wird es zeigen – die Tiefe der Sünde vermag überhaupt nur zu ermessen, wer in der Fülle der Gnade geborgen ist.

Paulus beginnt in V. 17 mit einem ›Jetzt aber‹, einer im Römerbrief oft begegnenden Wendung, die meist zeitlich gebraucht wird und ein ›Jetzt‹ von einem ›Einst‹ abhebt (vgl. 6,22; 7,6; 11,30; 15, 23.25). Eine solche prononciert zeitliche Bedeutung kann das ›Jetzt aber‹ zu Beginn von V. 17 nicht haben. Vielmehr liegt wie in 1Kor 15,20 und auch in Röm 3,21 in logischer Bedeutung eine Übergangswendung vor, die einen Neuansatz markiert, der eine bestimmte sachliche Beziehung zum Voranstehenden festhält: So wie die Dinge liegen; Wir müssen also feststellen; Es verhält sich also folgendermaßen.

Auf diesen Einsatz folgt mit V. 17-20 ein *in sich abgerundeter* Abschnitt, wie die wörtlich fast gleichlautenden Sätze V. 17 und V. 20 zeigen. Mit V. 17 stellt Paulus eine These auf. Diese These begründet er in V. 18f. Solche Begründung erweist die These von V. 17 als richtig, so daß Paulus diese These in V. 20 als nunmehr erwiesen wiederholen kann.

Da das ›Ich weiß . . .‹ (V. 18) einen guten Anfang des Traktats bilden könnte, möchte Paulus V. 17 als eine nach V. 14b-16 sinnvolle Überleitung aufgrund von V. 20 gebildet haben.

Der in sich ruhende, logisch abgerundete und entsprechend eingeleitete Aufbau von V. 17-20 bestätigt angesichts des analogen, formal geschlossenen Aufbaus von V. 13-16, daß es nicht möglich ist, einen von V. 14-20 *durchlaufenden* Gedankengang zu verfolgen, wie die meisten Exegeten zu tun pflegen.

Die Thematik ›Sünde‹ als solche ist in V. 17-20 unverkennbar. Zugleich zeigt ein Vergleich mit 1,18-3,20, daß Paulus dies Thema in einer charakteristischen Weise behandelt.

Die ausführliche Erörterung der ›Sünde‹ zu Beginn des Römerbriefs folgte den Schemata und den Materialien der innersynagogalen Argumentation. Sünde wird am Heidentum sichtbar (vgl. Gal 2,15). Die Heiden, die den Schöpfer verworfen haben, wurden deshalb von Gott ihren unsittlichen Leidenschaften preisgegeben (1,18-32). Haben sie auch die schriftliche Tora nicht, so zeigt ihr Gewissen doch an, daß ihnen das Gesetz ins Herz geschrieben wurde; Gottes Gericht ergeht also mit Recht über sie, weil sie das vom Gesetz Gebotene nicht tun (2,1-16). Von dieser synagogalen Argumentation, die Paulus aufnimmt, um sie gegen die Synagoge selbst zu wenden (: das begründete Urteil der Juden über den Heiden trifft auch den Juden selbst; die Sünde ist ein universales Phänomen), unterscheidet sich die Argumentationsweise in 7,17-20 grundlegend. Phänomene wie ›Gesetz‹, ›Übertretung‹, ›Gericht Gottes‹ stehen gar nicht im Blick, und ›Sünde‹ begegnet *von vornherein* als allgemeine menschliche Wirklichkeit und Grundbefindlichkeit; eine Differenz von Juden und Heiden wird nicht reflektiert, und konkretes Tun von konkret Gebotenem wird nicht angesprochen. Dementsprechend fehlt in V. 17-20 jeder Versuch einer Anknüpfung an das im ersten Hauptteil von Röm A Gesagte. Wir befinden uns in V. 17-20 auf einer von 1,18-3,20 deutlich unterschiedenen theologischen Ebene, und zwar öffnet sich in 7,17 die Ebene einer nicht brieflich-aktuellen, sondern grundsätzlich-dogmatischen Reflexion.

An die Sünde verkauft

Die in V. 20 bereits bestätigte und in V. 14b-16 vorweggenommene These von V. 17 besagt, daß der Mensch nicht mehr über sich verfügt, sondern sich in der Gewalt der Sünde befindet.

Die Sünde ist dabei wie in 7,5f.8f.11.13f als eine persönliche Macht vorgestellt, die als handelnde Person die Stelle des menschlichen ›Ich‹ einnimmt. Diese Personifizierung der Sündenmacht hat in der Schlange der Paradiesgeschichte ein mythologisches Vorbild (vgl. V. 11). Allerdings geht es Paulus bei seiner Personifizierung der Sünde nicht darum, die Wirklichkeit der Sünde zu mythologisieren. Er faßt nicht den Gedanken an eine jenseits des Menschen oder am Menschen vorbei wirkende Sündenmacht; die ›Person‹ Sünde läßt sich nur am Menschen beobachten und ist insofern eine existentiale Wirklichkeit, das ›Sündigen‹. Die moderne Rede von der in den gesellschaftlichen Strukturen wirksamen und den Menschen versklavenden Macht des Bösen ist eine säkularisierte Gestalt jener von Paulus nicht intendierten Mythologisierung der Sündenmacht und als Analogie der paulinischen Unterscheidung von Sünde und Mensch geeignet, die Struktur des paulinischen Denkens verständlich zu machen, zumal wenn man bedenkt, daß jene bösen gesellschaftlichen Strukturen nur durch eben jenen Menschen entstanden sein können, den sie versklaven.

Die Macht der im Menschen wirkenden Sünde ist dabei nicht einfach die Macht der Versuchung und Verführung zur Sünde, *vor* die sich der Mensch als Person gestellt sieht, ihr in prinzipieller Distanz entgegentretend. Vielmehr ist die Macht der Sünde die handelnde Macht des Menschen selbst; sie begegnet als eine anthropologische Wirklichkeit derart, daß der Mensch seine Handlungsfreiheit an die Sünde abgetreten hat. Insofern soll die Personifizierung der Sünde also offenbar die anthropologische Einsicht zur Geltung bringen, daß Sünde nicht ein Akzidenz des menschlichen Daseins, ein Geschwür am sonst gesunden Leib des Menschen, eine partielle Entstellung der menschlichen Erscheinung ist, die den Personkern des Menschen nicht betrifft, sondern eine das menschliche Dasein schlechthin bestimmende, die menschliche Persönlichkeit regierende und damit seine eigentliche Menschlichkeit negierende Wirklichkeit. »Nicht auf der Haut sitzt sie mir oder in den Knochen; nicht in dem Leibe, so wie Gott mich geschaffen, sondern in mir, wie ich von Gott losgeworden bin, wie ich Gott verloren habe; in den feinsten Fasern der Seele, des Verstandes, des Herzens; in den verborgensten Winkeln meines Wesens, wie ich von Gott entfremdet bin, und von da heraus erfüllt sie das Gehirn, das Mark, das Blut und die Glieder des Leibes«[24]. Ich tue nicht nur Sünde; ich *bin* Sünder.

Sieht man auf die Wirklichkeit des sündigen Menschen, so ist die Macht der Sünde gleich mächtig wie Gott. ›Der Sünde gehören‹ ist eine ebenso totale Daseinsbestimmung wie ›Gott gehören‹ (vgl. Joh 8,34). Theologisch gewendet: ›Wen Gott in Gnaden annimmt, den nimmt er ganz an . . .; wem er zürnt, dem zürnt er ganz‹ (Luther, WA 8, 107,2f).

Die Personifizierung der Sünde als des ›anderen Ich‹ des Menschen dient also dazu, das Verfallen-*Sein* an die Macht der Sünde bzw. die Ohnmacht des Sünders der Sündenmacht gegenüber radikal und deutlich auszudrücken. Dafür ist es gleichgültig, ob Paulus eher bildlich sprechen will oder ob er die personifizierte Sünde real mit der mythologischen Gestalt des Satans oder mit dem Heer der Dämonen identifiziert. Sein Interesse richtet sich auf einen anthropologischen, nicht auf einen mythologischen Sachverhalt: Der Mensch ist an die Sünde ›verkauft‹ (7,14); er hat sein ›Ich‹ an die Macht der Sünde verloren; er ist willenlos Knecht der Sünde (6,16ff).

Die Person des Sünders

Es bedarf keiner Frage, daß Paulus den Menschen auf diese Weise nicht entschuldigen und ihm die Verantwortung für das Sündigen abnehmen will. Er bleibt im Gegenteil bemüht, die Person bzw. das Ich des der Sünde verfallenen Menschen *im Gegenüber* zu der Sündenmacht, welcher dieser Mensch total ausgeliefert ist, festzuhalten. Das Ich, das sein Tun nicht mehr selbst vollbringt, bleibt als Ich erhalten und ist insofern für sein ›Sein‹ verantwortlich: Es läßt die Macht der Sünde in sich wohnen, läßt sie über sich herrschen. Person steht gegen Person, Ich gegen Ich. Die Person Sünde bemächtigt sich der menschlichen Person; der Mensch ist *als solcher* der Macht der Sünde verfallen.

Wohlgemerkt: Wir haben es nicht mit einem in verschiedene Schichten gespaltenen menschlichen Dasein zu tun, etwa mit einer höheren und einer niederen, einer geistigen und einer natürlichen Schicht. Vielmehr ist der Mensch selbst *als Ich* gespalten, indem *er* nicht *bei sich* ist, sondern sich verloren hat. In eben diesem Sinne aber dient die Personifizierung der Sünde dazu, den an die Sünde verfallenen Menschen, den Sünder, seinerseits als Person festzuhalten, wenn auch als eine Person, die sich selbst an die Sünde verloren hat. Doch als *Person* bleibt auch der Sünder ›Gottes Ebenbild‹, nämlich begegnungsfähig, erlösbar, dem Anruf Gottes nicht wesenhaft (ontologisch) verschlossen, sondern, der Sünde gehörend, nur faktisch.

Vor allem V. 18 macht deutlich, daß Paulus nicht beabsichtigt, den Menschen wesenhaft mit der Sünde zu identifizieren. Zwar gilt (ontisch): In mir wohnt nichts Gutes. Die Sünde beherrscht den Menschen vollkommen. Er *ist* Sünder, trägt aber die Sünde nicht als bedauerliche Trübung seines eigentlichen, unsündlichen Seins bei sich. Aber die Feststellung, daß *in mir* nichts Gutes wohnt, wird bewußt und mit Bedacht begleitet von der Feststellung: ›das heißt in meinem Fleisch‹.

Die *Sprache* dieser Wendung ist einer dualistischen Anthropologie entnommen, in der ›Geist‹ und ›Fleisch‹ als das gute (göttliche, unsterbliche) und das böse (dämonische, sterbliche) Prinzip des Menschen unvereinbar gegenüberstehen. Paulus hat indessen keine dualistischen Neigungen. Er unterscheidet keine verschiedenen Substanzen des Menschen. Der ganze Mensch ist Geschöpf. Auch das Fleisch gehört als Schöpfung Gottes auf die Seite des Schöpfers. Paulus will also nicht sagen, daß der Mensch, soweit er Fleisch ist, der Sünde wesentlich gehört, während er sich als Geist von diesem Fleisch distanzieren kann.

Man darf dies ›in meinem Fleisch‹ jedoch auch nicht idealistisch verstehen und Paulus dahingehend interpretieren, daß Gutes zwar im Menschen liegt, aber so tief in seinem Inneren verborgen, daß normalerweise nichts davon deutlich nach außen hin zutage tritt. Paulus machte dann einen Unterschied zwischen dem verborgenen geistigen Innenleben des Menschen und seiner äußeren sittlichen Betätigung. Das Gute wäre dann zu kraftlos, etwas zustande zu bringen, aber der Mensch erweckte nur den *Anschein,* als stecke gar nichts Gutes in ihm. Paulus will indessen ohne Frage sagen, daß *in Wirklichkeit* im Menschen nichts Gutes wohnt.

Man würde Paulus aber auch mißverstehen, wenn man den Begriff ›Fleisch‹ moralisierte und den Apostel sagen ließe, daß der Mensch der Bedrohung durch bestimmte Versuchungen des Fleisches, etwa der Sexualität, unterliege, in anderen, dem ›Fleisch‹ nicht ausgelieferten ›geistigen‹ Dimensionen seines Daseins sei er dagegen der Sünde nicht verfallen. Das ›in meinem Fleisch‹ soll das ›in mir‹ nicht limitieren oder korrigieren, sondern interpretieren und vor Mißverständnissen schützen.

Wenn im Menschen, *das heißt in seinem Fleisch,* nichts Gutes wohnt, so schwächt diese Erläuterung, richtig verstanden, die Radikalität der Sündenverfallenheit nicht im mindesten ab: weil der Mensch selbst ›Fleisch‹ *ist,* wohnt *in ihm* nichts Gutes. Ein ›teils-teils‹, ein ›sowohl-als auch‹ tritt nicht in den Blick. Wohl aber weist die Erläuterung ›das heißt in meinem Fleisch‹ auf eine andere Grund*möglichkeit* des Daseins als die der Sünde hin, nämlich auf die Möglichkeit, ›im Geist‹ zu leben. Das ›in mir, das heißt in meinem Fleisch‹ wird unausgesprochen begleitet von einem ›in mir, das heißt in meinem Geist‹ als der anderen, jedoch nicht verwirklichten Daseinsmöglichkeit des Menschen. Bin ich als ›Fleisch‹ in der Totalität meines Daseins unter die Sünde verkauft, so gibt es offenbar für den Menschen auch die Möglichkeit, in derselben Totalität seines Daseins als ›Geist‹ von der Macht der Sünde befreit zu sein. Luther schreibt in diesem Sinn zu V. 20: ». . . ein und dieselbe Person ist Fleisch und Geist. Darum tut er das, was er dem Fleisch nach tut, als ganzer Mensch, wie es heißt. . . . Also ist beides wahr. Er selbst handelt hier und doch nicht er selbst«[25].

Mit anderen Worten: Wenn auch in mir als Sünder in der Tat *nichts*

Gutes wohnt, so ist die Sünde doch nicht die ›Substanz‹, das Wesen menschlichen Daseins derart, daß der Mensch *als solcher* Sünder bzw. Fleisch ist; er kann auch ›Geist‹, das heißt von der Sünde frei sein. Die personifizierte Sünde löscht mich als Person nicht aus, sondern entfremdet *mich von mir selbst* bzw. von der Wahrheit meines Lebens. Das (sündige) Ich, das sein Tun nicht mehr selbst vollbringt, ist das Ich, das *sich selbst* an die Sünde verloren hat und so nicht etwa dem Tun der Sünde zuschaut, sondern selbst sündigt und in diesem Sündigen die Personalität bewährt.

Anthropologie

Unser Abschnitt läßt insofern etwas von den Grundzügen der paulinischen Anthropologie erkennen. Für Paulus existiert der Mensch nicht beziehungslos als ›Ich‹ mit der Möglichkeit, sich in Beziehung zu . . . zu setzen oder auch nicht. Vielmehr gibt es den Menschen als ›Ich‹ nur in konkreter Beziehung zu . . . Menschliches Sein ist immer ein Sein im Angesicht von . . ., ist Sein *coram* . . ., wie Luther zu formulieren pflegte. Der Mensch wird als solcher, das heißt ontologisch, nur dann richtig bestimmt, wenn man ihn als Beziehungswesen versteht und die *coram*-Struktur seines Daseins für den Grundzug des menschlichen Wesens überhaupt hält. Dementsprechend läßt sich über den Menschen konkret bzw. ontisch nur dann ein Urteil fällen, wenn man bedenkt, in welcher Beziehung er konkret existiert.

Die Möglichkeiten des Menschen, sich konkret in Beziehung zu setzen und so das eigene Ich jeweils neu zu konstituieren, sind auf den ersten Blick mannigfaltig. So lebt der Mensch angesichts anderer Menschen (›Mitmenschlichkeit‹) und gewinnt in solchen Begegnungen sein eigenes ›Gesicht‹. Er lebt im Kontext der gesellschaftlichen Wirklichkeit, gesellschaftlicher Zwänge und Chancen. Er lebt in ständiger Beziehung auf seine eigene Vergangenheit, auf seine Erfolge und sein Versagen. Er lebt im Gespräch mit den geschichtlichen Traditionen, die ihre Ansprüche auf die Gegenwart anmelden. Er lebt angesichts einer Zukunft, die Hoffnungen oder Befürchtungen weckt und Aufgaben stellt.

Alle diese und andere Beziehungen ordnet Paulus freilich zwei einander ausschließenden, das menschliche Dasein grundsätzlich konstitutierenden Beziehungen unter: Der Mensch lebt entweder *coram Deo* oder *coram seipso* (Röm 14,6 ff), im Angesicht Gottes oder im eigenen Ansehen, im ›Geist‹ oder im ›Fleisch‹, aus der Gnade Gottes oder aus den eigenen Werken, durch das Evangelium oder durch das Gesetz, als Gerechter oder als Sünder, im Leben oder im Tod.

Diesem Entweder–Oder kann der Mensch, weil er Mensch ist, nie entgehen. In allen seinen sonstigen Beziehungen bleibt diese Grundbeziehung erhalten. Der Mensch kann der paulinischen Anthropologie zufolge nie jenseits dieser beiden grundlegenden ontischen Bestimmungen existieren.
In beiden Beziehungen lebt der Mensch jeweils als ganzer. Er kann nicht *zugleich* sein Dasein aus Gott und aus sich selbst verwirklichen; er kann auch nicht *teils coram Deo, teils coram seipso* existieren. Er ist unter die Sünde verkauft oder von der Macht der Sünde befreit.

Als Analogie möge die materialistische Philosophie des Marxismus dienen. Wenn Karl Marx den Menschen ein »Ensemble der gesellschaftlichen Verhältnisse« nennt und bestreitet, daß der Mensch ein isoliert in der Welt hockendes Wesen sei, so hält er, in abendländischer Tradition stehend, grundsätzlich an einer Anthropologie fest, die den Menschen als Beziehungswesen versteht, die Vielfalt möglicher und wirklicher Beziehungen freilich auf die eine Ursache reduzierend, daß der Mensch in ökonomisch bedingte Gesetzmäßigkeiten eingespannt ist. Daß Marx diese Gesetzmäßigkeiten letztlich auf zwei Grundmöglichkeiten des menschlichen Daseins zurückführt, nämlich auf die Entfremdung durch Ausbeutung und auf die Freiheit in der klassenlosen Gesellschaft, entspricht dabei wiederum paulinischen Denkstrukturen, und auch die Behauptung, der Mensch in der Klassengesellschaft sei *eigentlich* gar kein Mensch, sondern müsse *wahrer* Mensch erst werden, hat sein Vorbild in paulinischer Anthropologie.

Entfremdung

Denn der *coram seipso* lebende Mensch, der Mensch in der Sünde, verfehlt nach der Überzeugung des Paulus die *Wahrheit* seines Daseins; er ist der Mensch in der Lüge. Davon reden die Verse 18b-19 (20a). Der Mensch in der Sünde ist ›außer sich‹. Er weiß nicht, was er tut. Er betrügt sich selbst. Zwar sucht auch er sein *eigentliches* Leben, das Gute, aber er erreicht das, was er flieht. Indem er *coram seipso* lebt, sich also durch sich selbst gewinnen will, verliert er sich als *wahrer* Mensch.
Auch der ›Sünder‹ bleibt (ontologisch) Mensch. Unter ontischem Aspekt aber verliert er *in Wahrheit* sich selbst. Insofern muß man von einem unbewußten Zwiespalt im ›Ich‹ sprechen, wenn der Mensch der ›Sünde‹ verfällt: er greift, weiterhin ein wollendes Ich, nach dem Leben, aber er ergreift, ohne es zu wissen, stets den Tod. Der Mensch will das Leben, aber er realisiert es nie. »Denn das andere Ich, das an sich dasselbe ist, aber in der Hand der Sünde, besorgt sich mit dem Bösen, das es tut, den Tod. Dieses Ich ist der geschichtliche Mensch, das Geschöpf, wie es im geschichtlichen Menschen seit Adam und von Adam her vor-kommt. Dieser

bestreitet in seinem Tun und nicht wissend, *was* er tut – nämlich sich den Tod heimbringend – seine Geschöpflichkeit und desavouiert als der geschichtliche Mensch (in der Hand der Sündenmacht) seinen geschöpflichen Willen zum Leben. Man kann kurz sagen: Ich will das Leben, ich will nicht den Tod. Aber ich verschaffe mir nicht das Leben, sondern den Tod. Der das Leben will, ist der Mensch als Geschöpf; der sich den Tod verschafft, ist der geschichtliche Mensch, wie er in der Hand der Sünde vorkommt«[26].

Die Berichte des Markusevangeliums von den Dämonenaustreibungen versuchen, diesen abstrakten Sachverhalt bildlich anschaubar zu machen (vgl. Mk 5,1-20; 9,14-27). Der Besessene repräsentiert den uneigentlichen, der Sünde verfallenen Menschen. Er gilt als Person; er spricht und wird angesprochen; er handelt. Er gehört mit seiner Krankheit in den Bereich menschlichen Lebens. Die Mitmenschen entlassen ihn nicht aus ihrer Gemeinschaft; sie halten ihn für ihresgleichen und billigen ihm das menschliche Antlitz zu. Zugleich aber spricht aus dem Besessenen der Dämon, als dessen willenloses Werkzeug der Kranke erscheint. Denn dieser weiß nicht, was er tut, wenn er sich mit Steinen schlägt und in Feuer und Wasser stürzt (Mk 5,5; 9,22). Er lebt als einer, der aus dem eigentlichen Leben ausgetreten ist. Er wurde, ohne es zu wissen, sich selbst fremd. Er ergreift nicht das gute Leben, das er wie jeder Mensch leben will, sondern den Tod, den er nicht will. Indem er also tut, was er als Mensch nicht wollen kann, zeigt er, daß nicht mehr ›er selbst‹ sein Tun vollbringt, sondern daß der in ihm wohnende Dämon zu seinem Selbst wurde. Die latente Macht der Sünde hat ihn ergriffen und wird mächtig durch ihn.

Die Parallele zwischen den markinischen Dämonengeschichten und Röm 7,17-20 ist insofern vollkommen.

Damit sind wir gerüstet zu verstehen, was Paulus zufolge ›Sünde‹ bedeutet, was ein ›Sünder‹ ist und was es heißt, in der Macht der Sünde zu stehen.

Für den in V. 18b-20a beschriebenen Sachverhalt legt sich als Interpretament für ›Sünde‹ der Ausdruck ›Entfremdung‹ (Paul Tillich) oder der Begriff ›Verfehlung‹ nahe. Der Mensch ist, indem er tut, was er nicht will, sich selbst fremd geworden, von sich selbst entfremdet; er verfehlt sich selbst.

Der Begriff ›Verfehlung‹ ist freilich insofern mißverständlich, als er schon im moralischen Sinn von ›einen Fehler machen‹, ›fehlsam sein‹, diese oder jene ›Verfehlung begehen‹ besetzt ist. ›Sünde‹ ist demgegenüber Verfehlung im radikalen Sinn des Sich-selbst-Verfehlens, des Verfehlt-*Seins*.

Auch der Ausdruck ›Entfremdung‹ wäre untauglich, wenn er ›Sünde‹ als Moment in einem notwendig auf Versöhnung hin tendierenden Prozeß deuten wollte, wie es die Verwendung dieses Begriffs in der hegelschen und nachhegelschen Philosophie nahelegen könnte. Hält man diesen gänzlich unpaulinischen Gedanken aber fern, enthält der Begriff ›Entfremdung‹ taugliche Elemente, die Wirklichkeit der Sünde zu beschreiben, gedanklich zu fassen und zu erläutern.

In dem modernen Denken hat der Begriff ›Entfremdung‹ durch Karl Marx eine prononcierte Bedeutung bekommen. Marx versteht den Menschen wesentlich von seiner Arbeit her. In den Produkten seiner Arbeit begegnet der Mensch sich selbst als der, welcher die Welt außerhalb seiner selbst mit sich vermittelt. Wenn das Produkt der Arbeit sich aber verselbständigt, wie es z. B. bei der Lohnarbeit geschieht, wird es dem Menschen entfremdet, und damit verliert der Mensch selbst seine sonst in der Arbeit gefundene Identität. Diese Entfremdung des Arbeiters von dem Produkt seiner Arbeit und damit von seiner eigenen Identität bildet die Grundlage für das Privateigentum und dessen ausbeuterische Vermehrung, so daß die Aufhebung des Privateigentums auch die Entfremdung im Arbeitsprozeß aufheben und dem Menschen die Produkte seiner Arbeit zurückgeben wird; damit wird er frei.

Marx hält daran fest, daß der Mensch als solcher stets in Beziehung auf . . . lebt und daß er in solcher Beziehung entweder er selbst oder von sich selbst entfremdet ist. Es bedeutet freilich eine verhängnisvolle Einengung und Verfälschung der menschlichen Geschichtlichkeit, wenn der Mensch wesentlich durch die Beziehung auf die Produkte seiner eigenen Arbeit bestimmt wird.

Nun hat Karl Marx den Begriff ›Entfremdung‹ über Hegel aus einer langen, teils christlichen (Augustin spricht von *abalienatio)* teils außerchristlich bestimmten (Plotin spricht von *alloiōsis)* Tradition empfangen. Im Rahmen des dualistischen Denkens, dessen Begrifflichkeit und Vorstellung Paulus in dem Traktat 7,17-8,39 in starkem Maße aufgreift, besagt Entfremdung, daß der Geist in dem nichtigen Fleisch gefangengehalten wird, das himmlische Licht von seinem Ursprung entfremdet, von seiner Wurzel abgeschnitten wurde und in der fremden Welt, der irdischen Finsternis weilt. In diesem Dualismus wird die Entfremdung wie bei Paulus radikal verstanden: der Geist ist völlig an die ihm fremde Materie ausgeliefert.

Allerdings denkt der Dualismus ungeschichtlich; er leugnet nämlich, daß der Mensch seiner ontologischen Struktur nach ein ›in Beziehung auf . . .‹ stehendes Wesen sei und also *sich selbst* von sich entfremden kann. Die Entfremdung des Geistes in die Materie gilt dem Dualismus als ein substanzhafter und mythologischer Akt, nämlich als ein Geschick, das den ›Geist‹ des Menschen, sein Pneuma, am Anfang des Werdens getroffen hat, als die Dämonen den Geist in das fremde Fleisch bannten, so daß auch die Erlösung, die Heimholung aus der Fremde, den Menschen wie ein Naturereignis trifft. Der Geist kann das Böse seinem Wesen nach nicht wollen, das nichtige Fleisch das Gute nicht; von geschichtlichen Entscheidungen des Menschen kann in solchem konsequenten Dualismus also keine Rede sein.

Paulus versteht die Entfremdung radikal *und* geschichtlich. Geschichtlich, weil der Mensch *selbst* zugleich das Gute will und das Böse vollbringt, weil er sich also selbst von sich selbst entfremdet hat. Er *will*, was er als Geschöpf Gottes nicht wollen *darf*. Radikal, weil die Entfremdung sich in der *Alternative* aus Gott – aus sich selbst (*coram Deo – coram seipso*) vollzieht. Gilt für den Glaubenden: ›Keiner von uns lebt *ihm selber* und keiner stirbt *ihm selber;* denn wenn wir leben, so leben wir *dem Herrn*, und wenn wir sterben, so sterben wir *dem Herrn* . . .‹ (Röm 14,7f), so für den Sünder, daß er *sich selbst* lebt.
Es gibt gute Gründe für die Annahme, daß in dem Sünden*begriff* von V. 17-20 eine auf alttestamentlicher Basis beruhende christliche Vergeschichtlichung der gnostisch-dualistischen Lehre vom Zustand des gefallenen Pneuma-Selbst vorliegt – eine theologische Entwicklung, die vor Paulus erfolgte und in die Paulus mit seiner Bekehrung eintrat[27].

Das moralische Mißverständnis

Die Feststellung, der Sünder lebe ›sich selbst‹, darf nicht moralisch mißverstanden werden. ›Sünde‹ ist in V. 17-20 keine moralische Kategorie.
Nur ein Mißverständnis des Begriffs ›Fleisch‹ in V. 18 könnte den gegenteiligen Eindruck erwecken. Aber wir sahen bereits, daß ›Fleisch‹ in der dualistischen Sprache des Paulus den Menschen ontisch als Sünder bezeichnet, ohne die Sünde als solche näher zu charakterisieren. Dagegen geht aus V. 18b-20a mit aller Deutlichkeit hervor, daß der entfremdete Mensch, also der Sünder, *das Gute will.*
Nun könnte auch angesichts dieser Feststellung des Paulus freilich noch das Mißverständnis entstehen, der Apostel wolle sagen, der Mensch beabsichtige zwar, das – moralisch – Gute zu tun, aber es gelinge ihm nicht, diese Absicht in die Wirklichkeit umzusetzen; er sei *zu schwach*, seinen guten Willen zu verwirklichen, und er werde deshalb trotz bester Absicht zuletzt immer wieder schuldig; die Unmoral sei leider stärker als sein moralischer Wille. Bei diesem Verständnis reflektierte Paulus dann eine allgemeine Lebenserfahrung, von der Goethe auch Faust sagen läßt: »Zwei Seelen wohnen, ach! in meiner Brust«. Der Apostel schilderte einen psychologischen Konflikt, den jeder Mensch, unchristlich oder christlich, kennt.

Schon Plato hatte von zwei widerstreitenden Hälften der Seele gesprochen und beide Hälften mit Rossen verglichen, die in entgegengesetzte Richtungen streben[28], und Xenophon ließ Araspes sagen, »er müsse ohne Frage zwei Seelen haben, denn *eine* Seele könne nicht böse *und* gut sein und zugleich etwas wollen und nicht wollen«[29]. Bei Ovid liest man den seit der Antike ganz geläufigen Erfahrungssatz: »Ich sehe das Gute und billige es, dem Schlechten folge ich«[30].

In diesem Sinn hat mit dem späten Augustin auch Luther unsere Stelle als Ausdruck der Erfahrung seiner eigenen christlichen Anfechtung durch die Sünde gelesen: »Wer den Vorsatz faßt, zu wachen, zu beten, dem Nächsten zu helfen, der wird immer ein Fleisch vorfinden, das im Aufruhr begriffen ist und das ganz andere Dinge im Schilde führt und begehrt«[31]. Solchem reformatorischen Verständnis folgte die Exegese im allgemeinen bis in die neuere Zeit. Indessen erlaubt die Erfahrung dem Menschen, erst recht dem Christen, auch auf gute Werke zu blicken, weshalb Luther erklären muß, Paulus spreche von dem Menschen nicht so, »als tue er überhaupt nichts Gutes, sondern lauter Schlechtes«[32]. Genauso, wie Luther bestreitet, spricht Paulus aber in V. 17-20 vom Menschen! Auch wird durch V. 24 ausgeschlossen, daß der Apostel in den vorausgehenden Versen von dem *Glaubenden* gesprochen hatte, dem es nicht gelingt, den ›alten Adam‹ ganz niederzuhalten; denn der Glaubende kann nicht als der Unerlöste wie in V. 24 nach Erlösung schreien.

Andere haben daher seit altersher Paulus so verstanden, daß er von dem Zustand des noch unbekehrten Menschen spreche. Dagegen hat Luther sich freilich leidenschaftlich gewehrt: »Dieser ganze Textabschnitt spricht ausdrücklich von einem Seufzen und einem Haß wider das Fleisch und von der Liebe zum Guten und zum Gesetz. Das trifft aber bei einem fleischlichen Menschen in keiner Weise zu. Der haßt vielmehr das Gesetz und spottet darüber und folgt dem Fleische, seinen Neigungen nachgebend«[33]. Dafür, daß der ungläubige Mensch das Gute nicht wollen kann, beruft Luther sich auf Augustin, der zwar in seiner frühen Zeit mit den meisten Kirchenvätern vor ihm in Röm 7 den Zustand des unbekehrten Menschen beschrieben sah, im Zusammenhang mit dem pelagianischen Streit aber, durch naheliegende dogmatische Überlegungen veranlaßt, zu der Ansicht überging, Paulus spreche von dem Zwiespalt, in dem sich der *Christ,* zwischen dem Ertrag der Wiedergeburt und dem sich noch regenden alten Menschen hin- und hergerissen, befindet; durch diese Interpretation wurde die Notwendigkeit der Gnade nicht nur für den alten Menschen, in dem nichts

Gutes wohnt, sondern auch für den neuen Menschen, den das Böse nach wie vor bedroht, besonders schlagend erwiesen und zugleich die pelagianische Interpretation von 7,17ff vermieden, der unbekehrte Mensch sei des Guten nicht gänzlich unfähig.
Nun mag man freilich solche ›reformatorische‹ Bedenklichkeit Paulus gegenüber für unangemessen halten und dem Apostel die Ansicht zuschreiben, *in statu corruptionis* sei dem Menschen mehr oder weniger viel von seinem guten Urstand erhalten geblieben. Indessen bliebe gerade dann die unüberwindliche Schwierigkeit, daß Paulus von seiner eigenen vorchristlichen Vergangenheit keineswegs in der Weise eines Hin- und Her-gerissen-Seins zwischen Gut und Böse spricht. Noch als Christ hält er vielmehr sein Leben unter dem Gesetz nach moralischen Maßstäben für tadellos und vorbildlich, wie man in Gal 1,14 und Phil 3,5f studieren kann. Nie deutet er an, daß er (wie Luther) durch einen aus Gewissensqualen erwachsenen Bußkampf zur Bekehrung gefunden habe. Dann kann erst recht das radikale Urteil, *nur* die Sünde bestimme sein Tun, kein Urteil über den moralischen Stand seines vorchristlichen Lebens sein.
Kurzum: Sünde im paulinischen Verständnis, die ›Entfremdung‹ des Menschen, kann in V. 17-20 weder die bei dem natürlichen Menschen noch die bei dem Christen sich findende mehr oder weniger weitgehende Diskrepanz von gutem Wollen des moralisch-sittlich Gebotenen und schlechtem Vollbringen sein. Paulus deutet ja auch in keiner Weise an, daß der Wille des Menschen zum Guten ein schwacher, kraftloser, gebrochener Wille sei. Es handelt sich offensichtlich um einen ebenso ›vollkommenen‹ Willen zum Guten wie auch das Tun des Bösen vollkommen ist.
Moralische Kategorien sind demzufolge von dem paulinischen Sündenverständnis zunächst ganz fern zu halten, und zwar um so mehr, als das ›Ich‹ in V. 17-20 ja nicht ein individuelles Ich, – sei es das des Apostels, sei es eines anderen – ist, sondern wie in V. 7-12 und V. 13-16 das die Menschen unter dem Gesetz bzw. die Sünder überhaupt umschließende Ich. Es liegt Paulus aber fern, der Menschheit überhaupt jegliche Fähigkeit zum moralischen Handeln zu bestreiten. ›Sünde‹ ist für Paulus demzufolge primär überhaupt nicht ›Unmoral‹.

Das Wesen der Sünde

Was bedeutet es aber, wenn die Macht der Sünde vor aller moralisch-sittlichen Wertung sich darin manifestiert, daß der Mensch *coram seipso* = ›sich selbst‹ lebt? Was ist das Gute, das der Mensch ganz und gar will und zugleich als Sünder ganz und gar verfehlt?

Der bekannte, ca. 138 n. Chr. gestorbene Stoiker Epiktet erklärt in seinen ›Gesprächen‹ von dem (im stoischen Sinn) entfremdeten Menschen: »Was er will, tut er nicht, und was er nicht will, tut er«[34]. Diese Parallele zu den vorliegenden Ausführungen des Paulus ist nicht nur formal besonders auffallend, sondern auch sachlich erhellend. Nach Meinung der stoischen Philosophen will jeder Mensch das tun, was ihm nützt. Der unvernünftige Mensch aber tut nicht selten das, was ihm schadet – nicht weil er dies *will*, sondern weil er zu unvernünftig ist, das ihm Nützliche zu erkennen. Er muß also zur Vernunft gebracht werden; dann wird er auch tun, was er will bzw. allein wollen kann. Man höre noch einmal auf Epiktet:

»Jede ›Sünde‹ enthält in sich einen Widerspruch. Denn weil der ›Sünder‹ nicht ›sündigen‹, sondern richtig handeln will, so ist offenkundig, daß er nicht tut, was er will.
Denn was will der Dieb tun? Das, was ihm nützlich ist! Falls ihm das Stehlen nicht nützlich ist, tut er folglich nicht das, was er will. Jede vernünftige Seele aber wendet sich von Natur gegen den Widerspruch. Zwar hindert sie nichts, das Widersprüchliche zu tun, solange sie nicht begreift, daß sie im Widerspruch lebt. Wenn sie es aber begriffen hat, wird sie mit zwingender Notwendigkeit dem Widerspruch absagen und ihn fliehen; so wie der, welcher erfahren hat, was eine Täuschung ist, aus harter Notwendigkeit der Täuschung absagt, während er ihr als der Wahrheit zustimmt, solange sie sich nicht enthüllt.
Derjenige, der jedermann den Widerspruch, in dem er sich als ›Sünder‹ befindet, aufzeigen und ihm überzeugend darlegen kann, wie er nicht tut, was er will, sondern tut, was er nicht will, der ist ein tüchtiger Anwalt der Vernunft sowohl in Ermunterung wie in Kritik«[35].

Epiktet fällt kein moralisches Urteil über die Menschen. Der Mensch ist sich ja seines moralischen Irrtums überhaupt nicht bewußt. Er versteht sich selbst nicht; er hat sich nicht in seiner Hand, und er weiß dies nicht einmal. Er lebt in einem objektiven Widerspruch, den er subjektiv gar nicht erfährt. Die Nähe von Epiktet und Paulus läßt sich nicht übersehen, und da Paulus auch sonst nicht selten die Sprache der stoischen Popularphilosophie spricht und deren anthropologischen Vorstellungen bis zu einem gewissen Grade folgt, könnte er auch in Röm 7,17ff insofern auf dem Hintergrund und mit Hilfe dieser zu seiner Zeit verbreiteten Denkweise formulieren. Zwar versteht Paulus die Entfremdung des Menschen tiefer als Epiktet: der an die Sünde verkaufte Mensch kann nicht durch eine vernunftgemäße Aufklärung über sein angeblich bloß törichtes Verhalten zu sich selbst zurückgeführt werden. Aufklärung über sich selbst genügt dem Menschen ›im Widerspruch‹ nicht. Der Sünder bedarf der *Erlösung* von sich selbst als Sünder; denn sein *Wille* liegt gefangen, nicht die Vernunft. Aber auch Paulus versteht man sicherlich richtig, wenn man ihn sagen hört, daß der Mensch, der das Gute will, sich nach dem Leben, nach Heil, nach Glück, nach der Wahrheit seines Daseins und insofern nach dem ›Nützlichen‹ als dem ihm zukommenden ausstreckt, und daß er, wenn und weil er *mit* diesem Wollen (unbewußt also!) das Böse tut, die Lüge, das Unheil, den Tod gewinnt. Wie aber? So, daß er, der nach dem Leben strebt, nach Überzeugung des Paulus dies sein Leben als Sünder *coram seipso* = aus sich selbst zu gewinnen trachtet, und darum, *indem* er nach ihm greift, das Leben verliert, weil der Mensch, wo und wie auch immer er nach dem Eigenen greift, den Tod ergreift; denn Leben kann nur von Gott her – *coram Deo* – erwartet werden. Nur Gott ›macht die Toten lebendig und ruft das Nicht-seiende ins Sein‹ (4,17). Leben ist nie Besitz des Menschen, sondern stets Gabe des Schöpfers. Wer leben will, muß sich deshalb an Gottes Gnade genügen lassen (2Kor 12,9). Von anderswoher leben zu wollen heißt, die Sünde in sich wohnen lassen.

Voraussetzung dieser Argumentation ist: Der Mensch will das ›Gute‹; jeder Mensch will es. Denn welcher Mensch suchte nicht nach sich selbst, nach seinem Leben, seinem Heil, seiner Identität, nach Sinn? Wer wollte schon sich selbst verlieren und nicht vielmehr sich selbst gewinnen? Der Mensch ist zum Leben geschaffen. Was er – der Mensch! – will, ist darum Heil, nicht Unheil.

»Der soziologischen Herleitung geschichtlicher Übel muß daher die anthropologische Herleitung vorangehen, damit bei der Beseitigung des geschichtlichen Übels nicht doch wieder die Sünde im Spiel ist, die das zu beseitigende Übel hervorbrachte. Darum verstand Luther (sc. wie Paulus) die Sünde nicht moralisch, sondern geschichtlich und ontologisch: Sünde ist das, was gegen die Intention des Menschen die Welt, die Geschichte, die Gesellschaft gleichwohl verunstaltet, das, wissenschaftlich vollkommen richtig erklärbar, dennoch als Faktor der Geschichte nicht verschwindet. Darum ist es auch verständlich, daß die Geschichte in ihrem Trend im ganzen sich als äußerst resistent gegen Steuerungen erweist, daß Katastrophen wohl, wie uns am Beispiel der ökologischen Krise deutlich ist, genau beschrieben und prognostiziert, aber nicht verhindert werden können, weil die Versuche zu ihrer Verhinderung mit genau denselben Mitteln betrieben werden, welche die Krise hervorrufen.« (W. Mostert, Sinn oder Gewißheit? 1976, 131)

Bei dem ›Wollen‹, das Paulus in V. 19 dem Menschen zuschreibt, handelt es sich also nicht um dessen subjektive Absicht, sondern um die »transsubjektive Tendenz der menschlichen Existenz über-

haupt«[36], um ein notwendiges Wollen des Geschöpfs, das *als solches* leben *wollen muß.*
Der Philosoph beschreibt diesen von Paulus vorausgesetzten, allgemein anthropologischen Sachverhalt folgendermaßen:

»So gefaßt ist der Wille nicht irgendein psychischer Einzelakt unter anderen, klassifizierbar unter Wünschen, Begehren, Streben, Trieb usw.; auch nicht so etwas wie ausdrücklicher Entschluß oder dergleichen; überhaupt nichts, was auftreten und wieder verschwinden, manchmal dasein und manchmal fehlen kann: sondern er ist *apriori* immer da, trägt alle Einzelakte ... Der ›Wille‹ ... ist also nichts anderes als die Grundweise des Seins des Daseins überhaupt, und das Wort bezeichnet nur den existentialen Strukturverhalt, daß das Sein des Daseins so ist, daß es ihm in seinem Sein jeweils um etwas geht und hierin wieder letztlich um sich selbst als um das eigentlich zu Betreibende seines eigenen Seins: also das, was Heidegger mit der ›Sorge‹ bezeichnete. Die Formel ›es geht ihm um sich selbst‹ umschließt den hier gemeinten Tatbestand der Reflexion des Willens«[37].

Der Theologe sagt freilich mehr. Er spricht in diesem Zusammenhang von der *Sünde.* Paulus sagt: Wehe, wenn der Mensch sein gutes Wollen mit dem gewollten guten Ziel verwechselt. Wehe, wenn er sein gutes Wollen auch nur mit dem Weg zum guten Ziel – zum Leben – gleichsetzt und sein ›Immer-strebend-sich-Bemühen‹ als Teil des Erlösungsgeschehens ansieht! Dann weiß er nicht mehr, was er tut! Das gute Wollen, die beste Absicht, das reine Gewissen, den lauteren Lebenswillen – wem wollte man dies absprechen. Aber Licht und Leben liegt für den Menschen nicht in seinem Wollen und nicht in seinem (entsprechenden) Vollbringen (Phil 2,13), sondern in Gottes Erbarmen (Röm 9,16), so daß nur *jenes* Wollen wirklich gut genannt werden kann, das in allem allein Gottes Ehre sucht und von dem eigenen Wollen nicht mehr erwartet als die schuldige Pflicht der Knechte (Lk 17,10).
Die ontologische Grundstruktur der so beschriebenen Sünde kann freilich auch der Philosoph noch ansatzweise erfassen. Hans Jonas sagt von der Freiheit des Wollens: »Denn da sie ganz mit sich allein ist und nichts anderes hat als sich selbst, läßt sie sich auch keine Möglichkeit zur Überlistung ihrer selbst entgehen, sofern nur auch hier sie selbst das Handelnde ist: In ihrem Sich-selbst-Überlassensein ist sie auf den Genuß ihrer selbst verwiesen und dadurch ›sündig‹. Wenn hier Lüsternheit im Spiel ist, so ist es die sehr unsinnliche, sehr geistige Lüsternheit des Selbst auf sich selbst. Unter diesem Schatten steht alle Reinheit des Wollens«.[38]
Der Theologe muß freilich von der Sünde ohne Anführungszeichen reden; denn er sieht nicht nur einen Schatten auf dem Willen des Menschen liegen, weil dieser, statt zu leben, über sein Leben

reflektiert und so sich selbst zum Objekt seiner selbst macht, sondern er sieht den Menschen, der leben will, total von sich entfremdet bzw. mit seinem Wollen im Widerspruch, weil er nicht mehr aus Gott, der Quelle des Lebens, sondern aus sich selbst lebt.

Paulus als Beispiel

Obschon Paulus V. 17-20 von dem menschlichen ›Ich‹ überhaupt spricht, sofern es unter der Macht der Sünde steht, läßt sich das Problem, um das es ihm geht, an seiner eigenen Biographie verdeutlichen, nämlich an seinem Leben unter dem Gesetz. Paulus beschreibt ja in V. 17-20 als allgemeine menschliche Wirklichkeit, was er in V. 7-12 unter dem speziellen Aspekt des dem Gesetz unterworfenen Juden dargestellt hatte. Er denkt also das Allgemeine von der besonderen Situation des Menschen unter dem Gesetz her und kann deshalb in V. 13-16 beide Aspekte auch ineinander schieben (s. S. 30ff).
Die Situation des Sünders unter dem Gesetz beschreibt Paulus in Phil 3,4ff im Blick auf sich selbst als einen nach dem Gesetz beschnittenen Juden, der alle religiösen Ehrentitel für sich in Anspruch nehmen kann: Israelit, Hebräer, Same Abrahams; der das Gesetz im strengen pharisäischen Sinne verstand; der auch im Gehorsam gegenüber dem Gesetz untadelig war. Alle religiösen und moralischen Pflichten hatte er vorbildlich erfüllt. Er wollte also nicht nur Gutes, sondern er war auch überzeugt, das Gute, das er wollte, ständig zu erreichen. Tatsächlich aber, so urteilt der *Christ* Paulus, handelte bei alledem die in ihm wohnende Sünde, nicht aber er selbst; tatsächlich erreichte er das Böse, das er nicht wollte, weshalb er alles, was ihm einst Gewinn des Lebens zu bringen schien, um Christi willen für Dreck erachtet (Phil 3,7). Denn unter dem Gesetz lebte er mit Hilfe des Gesetzes *coram seipso,* also in der Macht der Sünde. Er trachtete, vor Gott seine eigene Gerechtigkeit aufzurichten (Phil 3,9); er vertraute auf sein gutes Wollen und auf sein gutes Tun. Sein Leben war insofern *sein* Werk. Eben damit war er, der Fromme, Gesetzestreue, moralisch Einwandfreie, in der Gewalt der Sünde: er drehte sich (als *homo incurvatus in se*) um sich selbst, statt *coram Deo* zu leben.
Versteht Paulus sich so als exemplarischen Fall des Juden, der sich mit Zutun des Gesetzes der Wahrheit seines Daseins entfremdete, so ist dieser Sünder aus den Juden zugleich Exempel des sündigen Menschen überhaupt, wie der Übergang von V. 7-12 über V. 13-16 zu V. 17-20 zeigte. Das Begehren, wie Gott zu sein (V. 7-12), ist also die Ursünde aller Menschen, und der Versuch, die eigene

Gerechtigkeit *aus dem Gesetz* aufzurichten, ein spezifisch jüdischer Modus dieser Ursünde.

Zelotismus

Daneben gibt es andere bezeichnende Modi der Sünde, so z. B. der Versuch der Zeloten, mit militärischen Mitteln das messianische Reich aufzurichten.

Mag auch die Anwendung von Gewalt in bestimmten Fällen aus sittlichen Gründen erlaubt oder geboten sein, so doch nie zu dem Zweck, die Gottesherrschaft, das ganz Gute, herbeizuführen, also mit der Absicht, das Werk Gottes mit den menschlichen Kräften zu tun. Die frühe Christenheit hat den grausamen Zusammenbruch des jüdischen Landes und die Zerstörung Jerusalems im Jahre 70 deshalb durchweg als ein Gericht Gottes über *menschliches* Handeln verstanden, das sich anmaßte, die Ziele *Gottes* zu erreichen: Man wollte das unbedingt Gute und vollbrachte das Böse; man erstrebte den ewigen Frieden und verstrickte sich in einen tödlichen Krieg; man ging *selbst*bewußt dem ›Aufgang aus der Höhe‹ entgegen und am Ende stand der schreckliche Untergang.

Diese Art der Sündenverfallenheit trifft man in vielen revolutionären Bewegungen der säkularisierten Neuzeit an, zumal wenn sie nicht nur eine neue Gesellschaft, sondern auch den neuen Menschen versprechen. Gerhard Szczesny hat in diesem Zusammenhang – anscheinend ohne direkte Kenntnis von Röm 7 – von dem ›sogenannten Guten‹ gesprochen und gefragt, wo der Fehler liegt; »wenn alle Leute immerfort das Gute wollen und so selten dabei etwas wirklich Gutes herauskommt«. Er beantwortet diese selbstgestellte Frage mit Hinweis darauf, daß der Mensch – Mensch ist und daß er sich selbst zerstört, wenn er diese seine Realität nicht richtig einschätzt. »Alles, was er denkt und tut, verfehlt also nur dann nicht die ›Wahrheit‹, wenn er von einem Realitäts- und Erkenntnismodell ausgeht, das definitiv unabschließbar ist und neben dem vom Menschen Denk- und Machbaren Raum für das prinzipiell Nicht-Denkbare und Nicht-Machbare läßt«[39].

Das sind für einen erklärten Atheisten erstaunliche Sätze, die *so* wohl nur im Rahmen der im übrigen bewußt preisgegebenen christlichen Tradition gesprochen werden können und denen Paulus weitgehend zustimmen würde, wenn er auch im Blick auf eine derart säkularisierte Gestalt seiner eigenen Einsichten die Frage stellen dürfte, wieso denn der Mensch, wenn er schon das höchste Wesen für sich selbst sein muß, überhaupt die Freiheit gewinnen kann, nur Mensch und nicht Gott sein zu wollen.

Ein Ausleger unserer Tage beschreibt denselben Sachverhalt folgendermaßen:

»Das absolute Gute, das der Mensch für sich in Anspruch nimmt – heute wären es die Ideen der Freiheit, Gerechtigkeit und Selbstbestimmung – treibt nach der Erfahrung des Paulus das absolute Böse mit Notwendigkeit hervor. Diese Notwendigkeit besteht darin, daß der Mensch, der sich mit den Forderungen des absoluten Guten identifiziert, nicht mehr bemerkt, daß ein anderes Gesetz in ihm wirksam ist, das eine Gegenkraft zum absoluten Guten darstellt: er muß in allem sich selbst suchen, seine eigene Rechtfertigung, seine Ehre, seinen Ruhm. So bemächtigt sich unter der Hand diese ›sündige‹ Gegenkraft des absoluten Guten. War diese grundsätzliche Ichhaftigkeit des Menschen bis dahin geradezu schlafend zu denken, so wird sie nun durch das absolute Gute mobilisiert, und ihrer Bosheit sind keine Grenzen mehr gesetzt; denn sie kann nun als das absolute Gute selber auftreten. In dieser Verkehrung, die in dem Wesen des Menschen ihren Ursprung hat, wird das absolute Gute vor allem eine Waffe gegen andere. Es treibt zur Überhebung und widersetzt sich Gott. Was ursprünglich als Parole des Lebens gemeint war, wird so zu einer ›Kraft zum Tode‹. Paulus sagt, daß die Sünde durch das absolute Gute – bei ihm heißt es ›das Gesetz‹ – ›erst recht sündig‹ wird. Denn die Gleichsetzung des Menschen mit dem absoluten Guten, wie es im politischen Moralismus verfolgt wird, überspringt eine Urerfahrung der Menschheit, die darin besteht, daß das absolute Gute für den Menschen unerreichbar bleibt . . .
Diese Urerfahrung wird im jüdisch-christlichen Bereich mit dem Wort ›Ursünde‹ oder ›Erbsünde‹ beschrieben, in dem griechischen Bereich mit dem Mythos vom ›Frevel‹ an der Macht der Gottheit. Beidemal handelt es sich um das Gleiche: Die Erfahrung des Scheiterns, wo der Mensch nach dem Höchsten greift, wenn er ›sein will wie Gott, wissend das Gute und das Böse‹. Konsequenterweise richtet sich darum gerade gegen die Weitergabe dieser Urerfahrung die ganze Abneigung aufklärerischer Gesinnung mit ihrem politischen Moralismus. Er muß sie leugnen, weil sie den direkten, machbaren Weg in das Glück der vollkommenen Menschengesellschaften zutiefst in Frage stellt. Die Erziehung der Menschen zu ihrem totalen Glück ist nach dieser Urerfahrung eine Chimäre, ja sie kann nur den Tod bewirken. Die aufklärerisch Gesonnenen . . . spüren mit Recht, daß hier ihr ganzes System auf dem Spiele steht. Der politische Moralismus braucht die Fiktion vom Menschen, der von Natur aus gut ist und nur durch schlechte Verhältnisse daran gehindert wurde, seine ursprüngliche Gutheit voll zur Wirkung zu bringen. Hier liegt die Wurzel des ›Glaubensbekenntnisses‹ des politischen Moralismus . . . Hat der Mensch denn keine Hoffnung auf eine ›bessere Zukunft‹, wenn er sich der Urerfahrung des Scheiterns aussetzt? Im Sinne des Moralismus der Aufklärung nicht, im Sinne des religiösen Glaubens wohl, aber nicht als Ergebnis eines moralisch-aktivistischen Handelns und Planens, sondern als geschenkhaftes Ereignis der ›Gnade‹ Gottes«[40].

Solche aktuellen Einsichten eines Politologen, der die Sünde des

Zelotismus verbreitert zur Sünde des politischen Messianismus überhaupt, zeigen, daß Paulus das Wesen der Sünde nahezu zeitlos formuliert, wenn er den Sünder als den Menschen darstellt, der das Gute will und (deshalb) das Böse vollbringt, weil und wo er sich nicht mehr als Geschöpf versteht. Die konkrete Gestalt dieser Sündenherrschaft hat auch für Paulus natürlich eine Fülle sehr wechselnder Gesichter über die ›jüdischen‹ Beispiele hinaus.

Die Sünde der ›Griechen‹

In 1Kor 1,18ff gibt Paulus zu erkennen, daß er den Weisheitsstolz für die unter den Griechen seiner Zeit herrschende Weise ansieht, sich in der Ursünde zu befestigen. Der Grieche ist in der Tat überzeugt, mit seiner ›Vernunft‹ *(Nous)* das Ganze des Seins erfassen zu können, und er hat sein Leben darin, daß er sich ›vernünftig‹ in die Harmonie des Seins einordnet und die eintretenden Widersprüche aufhebt. Er will in seiner Weisheit das Gute und weiß nicht, daß er damit das Böse vollbringt, weil Gott längst die Weisheit dieser Welt zur Torheit gemacht hat und durch törichte Predigt die Welt zu retten gedenkt. Wo die menschliche Weisheit wähnt, das Göttliche erkennen zu können, um es zu erfassen – im »Geschmack fürs Unendliche« (Schleiermacher) oder kraft göttlicher Vernunft wie bei Epiktet – wird das göttliche Werk zu einer immanenten Möglichkeit des Menschen; der Mensch setzt sich auf den Thron Gottes und ergreift so, in höchster Moralität nach dem Leben greifend, den Tod.

Wer dagegen versteht, daß *Christus* als der *Gekreuzigte* der Welt von Gott zur Weisheit gemacht wurde (1Kor 1,30), dem wurde die Weisheit dieser Welt in den Tod gegeben und er versteht, daß es nicht auf unser Erkennen ankommmt, das immer Stückwerk bleibt (1Kor 13,12), und zwar auch als religiöses Wissen und theologisches Erkennen, sondern darauf, von Gott erkannt zu werden (1Kor 8,3; 13,12; Gal 4,9), das heißt als sein Geschöpf und Kind anerkannt und angenommen zu werden, wo wir nicht auf eigenes Wissen, Wollen und Vollbringen, sondern auf seine Gnade vertrauen.

Eine moderne, säkularisierte *Analogie* zu dieser Art des Verfallenseins an die Sünde bietet die moderne wissenschaftlich-technische Welt: Um des Lebens willen hat der Mensch die technische Gesellschaft aufgebaut, die ihm vieles Gute verspricht und leistet. Schon heute aber werden nicht nur die Grenzen des Wachstums sichtbar, sondern es stellt sich auch die Frage, ob der unaufhaltsame technische Fortschritt diese Welt nicht unvermeidlich in eine Katastrophe führt, so daß im Rückblick geurteilt werden wird: Nicht das Gute, das er wollte, sondern das Böse, das er nicht wollte, hat der Mensch vollbracht.

Da, wo der wissenschaftliche und technische Fortschritt als Religionsersatz oder als Götze dient, weil er, wie z. B. beim jungen Marx, die Aufhebung der Arbeitsteilung und das Kommen des Reiches der Freiheit ermöglichen soll, liegt sogar mehr als eine Analogie vor: Solches Vertrauen in den technischen Fortschritt macht das technische Wissen zum ›Gesetz‹, dessen sich der Mensch bedient, um durch sein eigenes Tun das Heil zu gewinnen und es zugleich – als *homo technicus* an das Werk seiner Hände gebunden – zu verlieren.

Sünde als Unmoral

Erst als ein bestimmter *Modus* der ›Entfremdung‹ tritt auch das moralisch Böse in den Umkreis des paulinischen Sündenbegriffs. Auch solches ›Eintreten‹ kann freilich zunächst noch durchaus moralisch geschehen. Zum Beispiel dort, wo der Mensch, weil er das total Gute will und durchzusetzen versucht, in solcher hybriden Überschätzung des Menschen das sittlich Böse erreicht. Die Zahl der moralistischen Weltbeglücker war zu allen Zeiten groß, die ihre Utopien nicht nur träumen, sondern auch realisieren wollen und die bereit sind, die kleinen Leiden der revolutionären Gewalt in Kauf zu nehmen, weil sie nicht zählen neben der großen Herrlichkeit, die aus ihnen erwachsen soll. Auch grausige Beispiele wie Stalin und Hitler, die ihre Untaten mit dem moralischen Anspruch ausübten, das Böse endgültig ausrotten zu wollen und das Goldene Zeitalter, das Dritte Reich oder die klassenlose Gesellschaft zu bringen, schrecken moralisierende Zeitgenossen nicht davon ab, im Überschwang des Utopismus den Teufel mit Beezebul auszutreiben. Hat man nicht vor wenigen Jahren Gewalt gegen Sachen für ein probates Mittel ausgegeben, Gewalt gegen Personen zu verhindern? »Wer bewahrt die Welt vor dieser Weltgefahr Nr. 1: den Intellektuellen, die ihre Theorien entwerfen, das Bestehende verlästern, die Massen mit Utopien verzaubern und den Machthabern die moralischen Hemmungen wegeskamotieren – ohne die Kosten und Kehrseiten zu bedenken, ohne die Kosten am eigenen Leib tragen zu wollen?«[41]

Karl Barth hat den hier bedachten Sachverhalt einer ins Unmoralische umkippenden Moral 1919 folgendermaßen beschrieben:

»Das Böse hat, wie die Kreuzigung des Christus zeigt, seine tiefste Wurzel im Eigensinn, in der Gottesreichstaktik, in der herrenlosen Gerechtigkeit des Menschen, in der ›Gottlosigkeit im Guten‹ (Kutter). Sind wir dieser verfallen, steht hinter unserem polemischen Eifer unsere Gottesleere, unser Mangel an Einsicht in die *dritte* Dimension neben Gut und Böse (welches ist die Barmherzigkeit Gottes), dann *müssen* wir das Band, das uns mit den Mitmenschen verbindet, zerreißen, *müssen* sie als Gegner betrachten und behandeln. Dann entsteht unvermeidlich eine wüste Rechthaberei und gegenseitige Plage. Ihr erfahrt's jetzt am eigenen Leibe. Die Welt erfährt's jetzt zu ihrem Leidwesen; denn die Ursache ihrer Kriege ist im *letzten* Grunde nicht das brutale Böse, sondern das gottlose Gute: ihre allzu große Gerechtigkeit und Weisheit (Pred 7,16) diesseits und jenseits des Meeres.«[42]

Weil es in diesem Sinne so gefährlich ist, das Gute zu wollen, wenn nicht der gute Wille zugleich ganz durch die Gnade gebrochen ist, geht es auch nicht an, das gute Wollen, die gute Gesinnung, die rechte Einstellung zu loben, so als sei die gute Absicht ein Wert abgesehen von den Früchten, die aus ihr erwachsen. Sagt schon die Volksweisheit, daß der Weg zur Hölle mit guten Vorsätzen gepflastert sei, so gilt erst recht, daß an dem guten Willen des *entfremdeten* Menschen nichts Lobenswertes ist. Das gute Gewissen des Sünders, wie Paulus diesen versteht, ist *kein* sanftes Ruhekissen, sondern eine teuflische List, ein einschläferndes Gift, eine Wurzel des Bösen. Der Mensch, der *aus* einem guten Gewissen lebt, weiß nicht mehr, was er tut. Der gute Wille, mit dem der Mensch sich vor den Menschen und vor Gott rechtfertigt, ist die gefährlichste Gestalt der Sündenmacht. Er vor allem muß durch das Gericht Gottes gebrochen werden, will der Mensch leben. Darauf insistierte Luther gegenüber Erasmus in seinem Reden ›Vom unfreien Willen‹ (1525), mit der er den Kampf gegen die sublimste Form menschlicher Selbstrechtfertigung führte. Das gute Gewissen ist kein eigentliches Kennzeichen des neuen Menschen; auch der alte Mensch kann ein gutes Gewissen haben. Selbst das *begründet* gute Gewissen bindet den Menschen an seine Vergangenheit und so an sich selbst. Im Blick auf *sich* kann der neue Mensch darum gerade kein gutes Gewissen haben; denn sein Kennzeichen ist, daß er von sich das Gute nicht erwartet und sich darum mit einem guten Gewissen nicht rechtfertigt und nicht rechtfertigen kann, weil Gott ihn schon gerechtfertigt hat.

Als Unmoral zeigt sich die Macht der Sünde freilich nicht nur in Gestalt der pervertierten Moral, sondern auch in der direktesten Form, in den Übertretungen der göttlichen Gebote. Wenn Paulus die Tora in das eine Gebot ›Du sollst nicht begehren‹ (7,7) zusammenfaßt, das den Menschen von der Sünde fernhalten sollte, so werden die *vielen* sittlichen Gebote von diesem *einen* umfaßt. Verhaltensweisen wie töten, die Ehe brechen, stehlen, lügen, Liebe und Dank verweigern, den Menschen den Ruhetag nicht gönnen usw. sind Ausdruck der Ursünde, nämlich konkrete Versuche des Menschen, sein Leben – das, was er unter Leben versteht – selbst zu sichern und zu gewinnen. Der Wille zum Guten, das menschliche Streben nach einem glücklichen Leben, kann sich unter der Macht der Sünde mit der brutalen Einsicht verbünden: Jeder ist sich selbst der Nächste.

Die Skala dieses pervertierten Lebenswillens reicht von den groben Tatsünden, die im Dekalog genannt sind, bis zu dem sublimen Egoismus, der jedem Menschen aus den verborgenen Kammern seines Herzens wohl bewußt ist und der in den Antithesen der Bergpredigt (Mt 5,21-48) zurückgewiesen wird.

Den Zusammenhang zwischen Ursünde der Menschen, die in ihrer Weisheit zu Toren werden, wenn sie Gott nicht Gott sein lassen und in solcher hybrider Verneinung ihrer Geschöpflichkeit dem Nichts verfallen, und der vordergründigen Unmoral hatte Paulus in Röm 1,19ff behauptet und beschrieben: ›Deshalb hat Gott sie den Begierden ihres Herzens hingegeben . . .‹ (1,24). Wer Schöpfer und Geschöpf verkehrt und Gott als den Ursprung des Lebens preisgibt, sieht sich an sich selbst ausgeliefert, und die bösen Werke, die Paulus in dem Lasterkatalog 1,28ff aufführt, sind dann ein naheliegendes Mittel des Menschen, aus sich selbst in einer mehr oder weniger kaschierten Rücksichtslosigkeit gegenüber den anderen ›unmoralisch‹ zu leben.

Weil solche ›Übertretungen‹ ein möglicher Modus der Sünde sind, keineswegs deren einziger und auch kein notwendiger, unterscheidet Paulus (mehr oder weniger streng) zwischen der Sünde *(hamartia)* und den Sünden *(hamartiai)* bzw. den Übertretungen *(paraptōmata)*.

Auch von den Sündern, deren Sünde (Einzahl) sich in ihren Sünden (Mehrzahl) manifestiert, gilt der Grundsatz, daß sie nicht wissen, was sie tun. Zwar bringt die Gesellschaft den ›Bösen‹ durch die Strafe zum Bewußtsein, daß sie es sich nicht gefallen läßt, wenn der Eine das Recht auf Leben der Anderen nach seiner Willkür eingrenzt, aber die Sanktionen gegen den ›Sünder‹ decken weder die Sünde als die Ursache seiner Sünden auf noch bringen sie den Sünder zurecht – auch wenn er aus der Strafe lernen sollte, daß unrecht Gut nicht gedeiht. Aber auch die Gesellschaft weiß nicht, was sie tut, wenn sie sich dem Wahn hingeben sollte, durch ihre Sanktionen gegen Sünder die Sünde und das Sündigen abschaffen zu können. Auch das abgewogenste Maß von Gnade und Gericht seitens der ›irdischen Gerechtigkeit‹ kann die ›Entfremdung‹ des Menschen nicht aufheben und den Sünder nicht ›rechtfertigen‹.

Nur wo die *Macht* der Sünde gebrochen ist, findet die Sünde ihr Ende und der Sünder das Leben.

Die Blindheit des Sünders

Damit taucht ein letztes Problem auf.
Wie kann der Mensch, wenn er völlig entfremdet ist, dieser seiner Entfremdung überhaupt ansichtig werden? Wie kann er, im guten Wollen begriffen, dies Wollen als Böses erkennen? Wenn der unbeirrbare Glaube des Menschen an die Freiheit seines Willens seine Unfreiheit ausmacht, wie will er dann seine Knechtschaft unter der Sünde empfinden? Setzt nicht radikale Entfremdung voraus, daß der Entfremdete sich selbst nicht versteht, wie auch der Besessene nicht weiß, daß er von einem Dämon beherrscht wird, sondern meint, ›bei sich‹ zu sein?
In der Tat muß die Entfremdung, wie Paulus sie in V. 17-20 beschreibt, so radikal gedacht werden. Schon Luther exemplifizierte die als Entfremdung des Menschen von sich selbst verstandene Sünde nicht ungeschickt mit dem Wahn des Selbstmörders, der sich auf der Suche nach dem Leben das Leben nimmt, ohne daß man ihm den Widersinn seines Tuns deutlich machen könnte[43]. Insofern haben Augustin und Luther auch nicht ohne Grund bestritten, daß Paulus in V. 17-20 von dem Menschen *vor* dem Glauben spreche, weil dessen ›Sünde‹ so radikal verstanden werden müsse, daß er auch die Fähigkeit verloren habe, seine Sünde bzw. sich selbst als Sünder zu erkennen.
Dann aber bleibt die Frage, woher Paulus um die Entfremdung des Menschen weiß, wenn keiner der Sünder sich selbst als Sünder erkennen kann.

Dies Problem stellt sich auch bei Karl Marx, der Entfremdung im Rahmen seiner materialistischen Philosophie so radikal denkt, daß er weder den Ausgebeuteten noch den Ausbeutern moralische Vorwürfe macht, weil sie alle Opfer desselben Ablaufs der Geschichte sind und gar nicht anders können, als ihren entfremdeten Part in der Geschichte zu spielen. Woher aber weiß Marx dies, wenn er doch selbst *in* dieser entfremdeten Geschichte steht? Wie kann er sich der Entfremdung entziehen und der Geschichte gegenübertreten, ihre Entfremdung wahrnehmend? Woher kommt es zu der Elite der Wissenden, zu den wissenschaftlich Aufgeklärten, zu der Partei, die immer Recht hat, weil sie sich inmitten der entfremdeten Geschichte schon jenseits dieser Geschichte befindet? Diese von Marx nicht hinreichend bedachte philosophische Frage stellt sich für den Marxismus als problemhafte Anfrage um so mehr, je weniger die Geschichte den von Marx prognostizierten Verlauf nimmt.
Jener gnostische Dualismus, auf dessen Vorstellungsweise Paulus in seinem Traktat wiederholt zurückgreift, hat das hier liegende Problem gesehen und

gelöst. Der Gedanke der Entfremdung ist radikal gedacht: Dem in das Gefängnis des Leibes geworfenen himmlischen Pneumafunken wurde von den bösen Weltmächten ein Rauschtrank der Vergessenheit gegeben, so daß er die Erinnerung an die himmlische Heimat völlig verloren hat. Er kann um sein Elend nicht wissen. Erst indem der Erlöser auftritt, die verlorene Lichtseele ruft und ihr die Gnosis, das Wissen um ihr wahres Sein von neuem mitteilt, lernt sie sich selbst kennen. Erst die Erlösung klärt sie auch über die Entfremdung auf. Nun erst stimmt sie – im Angesicht des Erlösers – die Klage über die überwundene Entfremdung an und beweint, daß sie in den stinkenden Kerker des Leibes geworfen wurde.

Paulus denkt analog. Er schildert unzweifelhaft in V. 17-20 den Zustand des Menschen vor dem Glauben, aber diese Schilderung ist nur von dem Standort des Glaubenden aus möglich und stellt insofern selbst ein Urteil des Glaubens dar. Erst als der aus der Entfremdung Befreite entdeckt er die Entfremdung. Schon Wrede beobachtete richtig: »Das Ich ist der unerlöste Mensch überhaupt; sein Elend wird gemalt, und zwar darum so besonders düster, weil Paulus vom Standpunkt der Erlösung redet«[44].

Die verbreitete Vorstellung, Paulus habe als pharisäischer Jude in der Sünde unter seiner Sünde gelitten, sei durch den Zwiespalt von gutem Wollen und weniger gutem Vollbringen in einen Bußkampf getrieben worden, der ihn schließlich zum Glauben an die in Christus erschienene Gnade geführt habe, kann sich, wie wir schon sahen (S. 51f), auf V. 17-20 nicht berufen. Sie widerspricht den klaren Selbstzeugnissen des Apostels. Paulus wußte nicht, was er tat; er fühlte sich als Sünder bei sich ›zu Hause‹. In V. 17-20 spricht ohne Frage der *Christ* Paulus.

Ein Bekehrungs-Methodismus, der den Menschen zuerst in seine Hölle führt, um ihm dort die Herrlichkeit der Erlösung vorzuhalten, vermag sich deshalb gleichfalls nicht auf Paulus zu berufen. Solcher Methodismus arbeitet mit einem unzureichenden Sündenbegriff, wenn er den ›natürlichen‹ Menschen zur Einsicht in sein Sündenverhängnis führen will. Er geht von einem moralisierenden Sündenbegriff aus. Für Paulus steht dagegen fest, daß ich meine Sünde erst von Christus her erkenne und so überhaupt erst erfahre, was Sünde eigentlich ist. Erst der von dem Zwang der Sünde Befreite vermag die Tiefe des Sündenverhängnisses auszumessen. Erst der Freie lernt seine Unfreiheit erkennen. Auch die Sünde muß *geglaubt* werden; in, mit und unter der Glaubenserfahrung vollzieht sich die Sündenerkenntnis.

Der Erzähler der Geschichte vom Fischzug des Petrus macht dies Grundphänomen des christlichen Heilsgeschehens damit deutlich, daß er Petrus *nach* dem wunderbaren Fischzug vor Jesus niederfallen und ausrufen läßt: ›Gehe weg von mir; denn ich bin ein Sünder‹ (Lk 5,8). Zwar wagte Petrus, von Jesu Wort getroffen, den am hellen Tage wenig versprechenden Fischzug. Aber erst die Fülle des eingebrachten Heils öffnet ihm die Augen über sich selbst bzw. erlaubt ihm, sich als den anzusehen, der er ist. Erst die Überwindung der Sünde bringt die Sünde existentiell ans Licht. Erst der von Gott schon Gefundene kann das nun überholte ›Gehe weg von mir‹ sprechen. »Darum sage ich, wie selten es vorkomme und wie schwierig es sei, daß man ein Sünder sei und diesen Vers richtig und von Herzen nachsprechen kann«. – »Denn gleichwie durch den Glauben die Gerechtigkeit in uns lebt, so lebt durch denselben Glauben auch die Sünde in uns, d. h. allein der Glaube sagt uns, daß wir Sünder sind«[44a].

Wie schon beobachtet, reden auch Karl Marx und seine Nachfolger von der Blindheit der Menschen für das wahrhaft Menschliche, für die wirklichen Bedürfnisse des Menschen bzw. für seine geschichtlich gewordene ›Entfremdung‹. Auch Marx spricht davon, daß erst der ›neue Mensch‹ das Verhängnis des entfremdeten Menschen zu erkennen vermag.
Zugleich gibt es diesen ›neuen Menschen‹ schon, nämlich Marx selbst und die wie er Wissenden, die das Geheimnis der Weltgeschichte enträtselt haben, die Partei, die immer Recht hat, wenn sie die gesellschaftlichen Ursachen der Entfremdung des Menschen aufdeckt. Mündige und Unmündige stehen sich damit gegenüber, und der objektive Gang der Weltgeschichte verlangt, die Unmündigen aus ihrem falschen Bewußtsein zu befreien. Marxistisch ausgerichtete Gesellschaften und Gemeinschaften sind darum ihrem Wesen nach Erziehungsdiktaturen, die in der Überzeugung, daß der Zweck die Mittel heiligt und die *Verwirklichung* der wahren Interessen deren Wahrheit jedermann offenbaren wird, den Akt der Befreiung zum einzig richtigen Bewußtsein auch an denen vollziehen, die solche Befreiung gar nicht begehren.
In solcher diktatorischen Praxis begegnen wir dem Säkularisat ursprünglich religiöser Überzeugung, das für das erlösende Wirken des Geistes Gottes keinen Platz frei hält und darum die Menschen mit geistigem Zwang und einem ausgeklügelten System politischen Drucks zu seinem Glück zwingen muß, das sie oder ihre Erben zu gegebener Zeit als solches Glück erkennen werden.
›Befreiung‹ (Emanzipation) wurde in diesem Umfeld zu dem – längst auch in die Theologie eingedrungenen – Schlagwort der Mündigen, die ihr göttliches Werk an der noch unmündigen Masse tun wollen. Die christliche Freiheit ist demgegenüber ein Geschenk Gottes, der in einem in die Freiheit führt und den *freien* Menschen ruft; denn die Erlösung, die Jesus Christus bringt, ist paradoxerweise zugleich eine Gabe Gottes und ein Akt menschlicher Freiheit, ein Öffnen der Augen und ein Wahrnehmen mit geöffneten Augen.

Damit wird abschließend noch einmal bestätigt, daß von dem

paulinischen Sündenbegriff alle moralischen Kategorien und Implikationen zunächst völlig fernzuhalten sind. Moralische Mängel – ›Sünden‹ – vermag auch der natürliche Mensch an sich und anderen zu erkennen, und moralische Integrität ist kein Spezifikum des Christen. Sünde im genauen Sinn ist dagegen das religiöse oder areligiöse, das moralische oder unmoralische, das fromme oder atheistische, das verzweifelte oder selbstgewisse Begehren des Menschen, *coram seipso* zu leben, wie Gott sein zu wollen (oder zu müssen).

Darum wird Sünde nur recht verstanden, wo die Rechtfertigung des Gottlosen richtig verkündigt wird. Es ist das Elend aller moralisierenden Theologien, das Elend namentlich aller politischen Theologien der Gegenwart, daß sie bei einem defizienten Sündenbegriff einsetzen, indem sie z. B. die mangelhaften Strukturen der Gesellschaft für die eigentliche Sünde halten und dann hingehen, politische Mittel als Weg zur Befreiung von der Sünde zu empfehlen, die Rechtfertigung des Gottlosen damit verfehlend. Man wird allen solchen theologischen Entwürfen hohe Moralität und den unbedingten Willen zum Guten bescheinigen können. Aber ihre Vertreter wissen nicht, was sie tun. Sie können es auch nicht wissen, weil nur im Lichte der Rechtfertigung des Gottlosen erkannt wird, daß nicht mehr ich mein Tun vollbringe, sondern die in mir wohnende Sünde, wenn ich *mein* politisches und soziales Tun, *mein* gutes Werk und *meine* beste Absicht für die Mittel halte, mit denen Gott seine Herrschaft und sein Reich aufrichten will.

7,21-23

(21) *Ich beobachte also das Gesetz, daß mir, der ich das Gute tun*
(22) *will, das Böse gelingt. (22) Nach dem inneren Menschen freue*
(23) *ich mich an dem Gesetz Gottes; (23) ich nehme aber in meinen*
Gliedern ein anderes Gesetz wahr, das mit dem Gesetz meiner ›Vernunft‹ im Streit liegt und mich im Gesetz der Sünde gefangen nimmt, das in meinen Gliedern ist.

Eine auffallende Besonderheit dieses Abschnitts ist die Häufung des Begriffs Gesetz; fünfmal begegnet dieser Begriff, dessen von Paulus verwendete griechische Fassung ›Nomos‹ für den Juden in der Diaspora eine Übersetzung des alttestamentlichen Wortes ›Tora‹ darstellt. ›Tora‹ ist die Mose gegebene Offenbarung Gottes, Inbegriff des ganzen Gottesbundes, das wesentliche Fundament des frommen, vornehmlich des pharisäischen Juden.

Calvin hat in seiner Römerbriefauslegung zu unserer Stelle im wesentlichen richtig beobachtet: »Hier ist in vierfachem Sinn von ›Gesetz‹ die Rede. Im eigentlichen Sinn gebührt dieser Titel nur dem *Gesetz Gottes* als der allein wahren Regel der Gerechtigkeit, nach der sich unser Leben gestalten soll.« Calvin spricht offenbar von vierfachem Sinn trotz fünffachen Gebrauchs des Wortes, weil Paulus zweimal von dem ›Gesetz ... in meinen Gliedern‹ spricht; nur mit ›Gesetz Gottes‹ aber meine Paulus die Tora selbst. An den anderen Stellen hat der Begriff ›Gesetz‹ einen fast spielerischen Sinn (vgl. Röm 3,27; 8,2; 9,31). Man kann zwar versuchen, an diesen Stellen ›Gesetz‹ mit ›Gesetzmäßigkeit‹, ›Norm‹, ›Regel‹ usw. wiederzugeben, aber auch bei solcher Umschreibung erhellt der jeweilige Ersatzbegriff das Gemeinte keineswegs, sondern verdunkelt es eher. Läßt man dagegen den Begriff ›Gesetz‹ an den vier problematischen Stellen weg, tritt der Sinn der Verse deutlicher hervor:

(21) ›Ich beobachte also, daß mir, der ich das Gute tun will, das Böse
(22) gelingt. (22) Nach dem inneren Menschen freue ich mich an dem
(23) Gesetz Gottes; (23) ich nehme aber wahr, daß meine Glieder mit
meiner ›Vernunft‹ im Streit liegen und die Sünde, die in meinen
Gliedern wohnt, mich gefangen nimmt.‹

Ein wesentlicher Fortschritt des Gedankens über das V. 17-20 Gesagte hinaus ist dabei zunächst nicht zu entdecken. Das ›ich beobachte also‹ nimmt die in V. 17-20 beschriebene Beobachtung ohne sachliche Modifikation auf und faßt sie in einer Sentenz zusammen (V. 21), die in V. 22f eine Begründung bzw. eine Erläuterung erfährt: Der Streit *in mir* – zwischen ›Gliedern‹ und ›Vernunft‹ – ist immer schon zugunsten der ›Glieder‹, d. h. der Sünde entschieden.

Wieder ist es der *Christ* Paulus, der aus der Einsicht des Glaubens heraus die dem Sünder selbst nicht bewußte Situation des vorgläubigen Menschen beschreibt.

Gefangenschaft in der Sünde

Allerdings variiert Paulus gegenüber V. 17-20 in V. 21-23 die Begrifflichkeit, in welcher er diesen Zwiespalt beschreibt. In V. 17-20 sprach er von dem doppelten ›Ich‹ des Menschen, wobei das der Sünde verfallene ›Ich‹ in V. 18 ›Fleisch‹ genannt wird. Die damit angedeutete dualistische Begrifflichkeit, die den folgenden Traktat verstärkt auszeichnet, tritt in V. 21-23 schon deutlicher hervor.

Paulus spricht von dem ›inneren Menschen‹, den er in V. 23 auch ›Vernunft‹ (Nous) nennt, und von den diesem inneren Menschen widerstreitenden Gliedern. Die Rede vom ›inneren‹ und – so 2Kor

4,16 – ›äußeren‹ Menschen (mit seinen Gliedern) entstammt dem hellenistischen Dualismus: der ›innere Mensch‹ ist die unsterbliche Seele, der innewohnende Geist, das pneumatische Prinzip im Menschen; der ›äußere Mensch‹ ist der Leib mit seinen Gliedern, die vergängliche Wohnung bzw. das Gefängnis der Seele, der Sitz der niedrigen, fleischlichen Triebe.
Auch die Bezeichnung ›Vernunft‹ für den inneren Menschen gehört in diesen Bereich antiken Denkens. Gemeint ist nicht das rationale Denkvermögen des Menschen, sondern die göttliche Weltvernunft bzw. der Weltgeist, an welchem jeder Mensch Anteil hat und kraft dessen er das Göttliche überhaupt nur erfassen kann. Goethe hat diesen Sachverhalt, ein von Plato und Plotin stammendes Bild aufgreifend, folgendermaßen gefaßt:

›Wär' nicht das Auge sonnenhaft,
Die Sonne könnt es nie erblicken;
Läg' nicht in uns des Gottes eigne Kraft,
Wie könnt' uns Göttliches entzücken?‹[45]

Paulus wählt den ›heidnischen‹ Begriff ›Vernunft‹ *(nous)* nicht zuletzt deshalb als Bezeichnung für den ›inneren Menschen‹, weil dessen Intention, das ›Gute‹, die Intention des ›heidnischen‹ Menschen überhaupt ist, der ja *leben* will. Auch in 1,20 wird dem Heiden in ähnlicher Weise eine solche ›Vernunft‹ zugeschrieben. Auf keinen Fall konnte Paulus an unserer Stelle (schon) den ›christlichen‹ Begriff ›Geist‹ *(pneuma)* verwenden, mit dem er in 8,2 ff die Kraft des neuen Lebens aus der Gnade Gottes bezeichnet.
Bei der Rede vom ›inneren Menschen‹ fällt allerdings auf, daß Paulus in 2Kor 4,16 an den ›von Tag zu Tag erneuerten‹, d. h. den erlösten Menschen, den Christen, denkt, während er an unserer Stelle damit den der Sünde verfallenen Menschen in seiner schöpfungsmäßigen Bestimmung, also seinen verlorenen *status integritatis* bezeichnet. Damit gibt er zu erkennen, daß die christlich verstandene Erlösung *Erneuerung*, Rückkehr zur ursprünglichen Schöpfungsidee Gottes ist, nicht aber ein Sprung in ein Neues oder das Ziel eines Entwicklungsprozesses. Insoweit entspricht Paulus auch sachlich der von ihm gewählten hellenistisch-dualistischen Sprache, welcher gleichfalls die Vorstellung einer ursprünglichen Harmonie, das Prinzip von Fall und Erlösung zugrundeliegt.

Der Apostel denkt indessen nicht dualistisch. Er scheidet den Menschen nicht in einen unsterblichen und einen sterblichen, einen himmlischen und einen irdischen, einen göttlichen und einen fleischlichen Teil.

Aber man mißversteht Paulus auch, wenn man den substanzhaften Dualismus zu einem sittlichen erweicht und ihn den »hoffnungslosen Kampf des Gewissens gegen die Allmacht der Sünde im Menschen« beschreiben sieht[46]. Demzufolge lebte der Mensch »mit einem trotz aller Sündenschuld reinen Herzen und zarten Gewissen«[47] . . . »als ein gutes Geschöpf des guten Gottes . . . mit einem Zug nach oben, einer Freude am Guten, mit Heimweh nach Gott«, doch so, »daß das unvergänglich Edle in seiner Brust sich den gemeinen Instinkten des Fleisches unterwerfen« muß[48].

»Ein guter Mensch in seinem dunklen Drange
Ist sich des rechten Weges wohl bewußt«[49].

Aber auch dieser idealistisch abgeschwächte Dualismus trifft, was immer er an anthropologischer Wahrheit enthalten mag, das paulinische Menschenbild nicht, geschweige denn die in Röm 7,17ff dargelegten Gedanken. Für diesen Idealismus hat der Mensch einen guten Willen, wenn auch nicht immer den Willen zum Guten; für Paulus hat der Mensch immer den Willen zum Guten, aber keinerlei guten Willen.

Wenn Paulus überhaupt über den dualistischen Hintergrund seiner Sprache reflektiert und aufgrund solcher Reflexion die dualistische Begrifflichkeit bewußt übernommen haben sollte, müßte solche bewußte Übernahme zum Ausdruck bringen, daß der hellenistische Dualismus in allen seinen Spielarten ein intentional richtiger, aber mißverstehender Versuch ist, die menschliche Entfremdung zu beschreiben.

Diese Entfremdung ist Paulus zufolge nämlich weit radikaler, als der Hellenist glaubt, der ein göttliches und ein dämonisches Prinzip im Menschen miteinander im Streit liegen sieht, wobei der endliche Sieg des überlegen Göttlichen nicht zweifelhaft sein kann. Für Paulus, der den Menschen nicht dualistisch teilt, verbirgt sich hinter dieser unzureichenden dualistischen Anthropologie als eigentliche Wahrheit, daß der Mensch *als ganzer* nach dem Leben strebt, das Gute will, Heil sucht (insofern nennt Paulus diesen *ganzen* Menschen den ›inneren Menschen‹ bzw. ›Vernunft‹), und daß derselbe Mensch zugleich als dieser *ganze* Mensch, der das Gute will, das Böse erreicht, weil er sein Leben aus sich bzw. aus seinem Tun erwartet (insofern nennt Paulus den *ganzen* Menschen den ›äußeren Menschen‹ bzw. die ›Glieder‹; die Rede von den ›Gliedern‹ des ›äußeren Menschen‹ symbolisiert dabei möglicherweise gewollt dies ›Leistungsdenken‹ insofern, als die Glieder die handelnden und zupackenden Werkzeuge des Menschen sind). So gesehen ist die Entfremdung des Menschen total, weil er seines Zwiespalts gar nicht mehr ansichtig werden kann; je mehr er nach dem Guten greift, um so mehr verstrickt er sich in das Böse. Gute Absicht, gutes Wollen, gute Gesinnung machen ihn blind für das eben damit erfolgende Verfallen an die Macht der Sünde. Gerade der Mensch, der sich seiner selbst in seinem guten Wollen sicher ist, kennt sich selbst in Wahrheit nicht mehr. Seine Lage ist deshalb hoffnungslos, weil er in so guter Hoffnung lebt.

Der Mensch müßte ein *ganz* anderer werden, als er faktisch (ontisch) ist, und die von Paulus nicht geleugnete *geschichtliche* (ontologische) Differenz von ›innerem Menschen‹ und ›Gliedern‹ zeigt auch an, daß er ein ganz anderer sein könnte; aber er kann dieser ganz andere nicht werden, weil er wähnt, in seinem guten Wollen dieser ganz andere immer schon zu sein. Sein ›gutes Gewissen‹ ist ein sanftes Ruhekissen – das Ruhekissen seines ständigen Sterbelagers.

Der hellenistische Dualismus, der den Geist, die ›Vernunft‹, den ›inneren Menschen‹ usw. in ständigem Kampf gegen das Böse sieht, würde sich der Einsicht in diese radikale Verfallenheit selbst dann verschließen, wenn er dem inneren Menschen in diesem Kampf keine Chance einräumte; denn auch dann würde der Kampf als solcher dem kämpfenden Menschen seine vermeintliche Eigentlichkeit zeigen: seine edle Gesinnung, seinen guten Willen, seinen heroisch-tragischen Widerstand gegen das Böse. Der Mensch bliebe als ›Geist‹ ungebrochen bei sich selbst und wäre nur als ›Natur‹ bzw. Leib von sich entfremdet.

Solcher (objektive) ›Selbstruhm‹ aber zeigt Paulus zufolge gerade die totale Verfallenheit des Menschen an, nämlich seine Entfremdung von sich selbst durch seine Knechtung an sich selbst. Paulus sieht in dem ›guten‹ Willen und dem entsprechenden Gewissen des Menschen, der sich *selbst* gegen das Böse behauptet, die Waffe, mit der die Sünde den Menschen täuscht (V. 11), indem sie ihm die Einsicht verwehrt, daß gerade diese sittlich erhabene *Selbst*behauptung für das Geschöpf, das allein aus der Gnade des Schöpfers leben kann, Tod bedeutet.

Die Spaltung des Gesetzes

Dabei dient V. 7-12 und V. 13 zufolge die Tora der (personifizierten) Sünde als ein willkommenes Mittel, die Täuschung des Menschen erfolgreich zu vollführen.

Vom Gesetz spricht Paulus nun aber auch in V. 21-23. Nur die Einführung dieses Begriffs führt, so scheint es, die Vv. 21-23 über V. 17-20 hinaus. Es liegt darum nahe, die besondere Funktion von V. 21-23 im wesentlichen im Zusammenhang mit der Einführung des Begriffs ›Gesetz‹ aufzusuchen.

Freilich muß angesichts der seltsamen Weise, in welcher Paulus in V. 21-23 vom Gesetz spricht, ein vorschnelles Urteil vermieden werden. Der in V. 21-23 unersetzliche Begriff ›Gesetz Gottes‹ begegnet bei Paulus nur noch in 8,7 (vgl. 7,25 b). Mit Recht urteilt Käsemann, ›Gesetz‹ meine in dieser Wendung »nicht das fixierte Gesetz, sondern den Gotteswillen in einer generellen Weise«[50]. Dies ist um so wahrscheinlicher, als Paulus in V. 23 die Wendung ›Gesetz Gottes‹ durch die Rede vom ›Gesetz meiner Vernunft‹ aufnehmen kann. Paulus spricht ja seit 7,14 bzw. in dem ganzen vorliegenden dogmatischen Traktat von *allen* Nachkommen Adams, keineswegs speziell oder gar nur von den Juden, so daß das ›Gesetz Gottes‹ in V. 22 mit dem göttlichen Schöpfungswillen identisch sein muß: Gott will das Leben seines Geschöpfes, nicht dessen Tod; und diesem Willen stimmt meine ›Vernunft‹ zu, d. h. ich selbst kann gar nichts anderes wollen als mich selbst in meiner lebendigen Geschöpflichkeit, wie auch immer ich dies Wollen verkehre. Auch die Tora des Mose ist natürlich (nationaler) Ausdruck dieses generellen Gotteswillens und insofern in V. 22 mitgemeint; sie ist aber nicht seine einzige und ursprüngliche Manifestation.

Dies Verständnis von ›Gesetz Gottes‹ steht offenbar dem apokalyptischen Gesetzesverständnis nahe, dem zufolge Gott die Tora als seine Offenbarung überhaupt und in dem besonderen Sinn gegeben hat, daß man ihr Auskunft über Gottes Wirken in der Geschichte, über die Erwählung seiner Gerechten und über sein eschatologisches Handeln entnehmen kann[50a].

Solchem Verständnis von ›Gesetz Gottes‹ liegt der Gedanke (noch) fern, daß dies Gesetz ›die Kraft der Sünde‹ (1Kor 15,56) sein und mir den ›Tod bringen‹ könnte (V. 13). Auch in 8,7 findet sich dieser Gedanke nicht, und dem hier vorliegenden Gesetzesverständnis gegenüber wäre der Vorwurf auch nur schwer begreiflich, Paulus erkläre das Gesetz als Sünde (V. 7.13). So gesehen spricht manches dafür, daß V. 21-23 in einer ursprünglichen Fassung, die etwa dem auf S. 62 gebotenen *modifizierten* Text entspricht, dem dogmatischen Traktat angehört, den Paulus in Röm 7,17-8,39 aufnimmt. Diesem Traktat war das ›kritische‹ Gesetzesverständnis, wie es in Röm A begegnet, (noch) fremd. Im Rahmen dieses Traktats vertiefen V. 21-23 nur den Gedanken von V. 17-20, und zwar »derart, daß nun der ohnmächtige Zuschauer seiner selbst zum zentralen Gegenstand der Aussage wird«[51]. Das abstrakte ›Ich‹ von V. 17-20 wird in V. 21-23 zum persönlichen ›Ich‹, womit Paulus den notwendigen Übergang zu V. 24-25 a vorbereitet, wie denn ja auch die Begriffe ›Glieder‹, ›Vernunft‹ bzw. ›innerer Mensch‹ und ›gefangen‹

auf den bildhaften Ausruf von V. 24 vorausschauen. Der Begriff ›Gesetz Gottes‹ (V. 22) hat dagegen in V. 21-23 keine tragende Funktion und wird eher beiläufig eingeführt, um in hellenistisch-jüdischer Manier zu umschreiben, was in V. 17-20 mit dem ›Guten‹ gemeint war, das ich will und nicht erreiche.

Ist dies im wesentlichen richtig, so hat Paulus den vierfachen uneigentlichen Gebrauch von ›Gesetz‹ in V. 21-23 erst eingetragen, als er den ›dogmatischen Traktat‹ in Röm A versetzte. Er erreichte damit eine (nach V. 13-16 erneute) Verklammerung des dogmatischen Traktats mit dem vorangehenden Kontext von Röm A, insonderheit mit der Erörterung der Gesetzesproblematik in 7,1-16. In der Tat trägt die uneigentliche Verwendung des Begriffs ›Gesetz‹ in V. 21-23 das ›kritische‹ Gesetzesverständnis von 7,1-16 in V. 21-23 ein.

Jedenfalls kann es angesichts der Thematik seit 7,1 kein Zufall sein, daß Paulus in V. 21-23 »das ihm als einem jüdisch erzogenen Menschen heilige Wort ›Gesetz‹ in den drei Versen sogar fünfmal hin und her wendet, aber doch energisch festhält«[52]. Man träfe deshalb die Intention des Paulus *im vorliegenden Text* von Röm A nicht hinreichend, wollte man ›Gesetz‹ mit ›Norm‹ o. ä. umschreiben oder ganz weglassen. Vielmehr entsteht durch die Einbringung von ›Gesetz‹ in die vorliegende Fassung von V. 21-23 analog zur Spaltung des ›Ich‹ in V. 15f und V. 17-20 das Phänomen einer Spaltung des Gesetzes (vgl. 3,27; 8,2; 9,31).

Das bedeutet nicht: »Die Sünde hat ihr eigenes Gesetz und wirkt nur nach Maßgabe dieses ihr immanenten Gesetzes, das dem Gesetz Gottes zuwiderläuft«[52a]. Beidemal beobachte ich (V. 21) vielmehr das eine und selbe Gesetz, das mich aber mit zwei Gesichtern anschaut. Anders gesagt: je nach meinem Standort ›in der Vernunft‹ oder ›in der Sünde‹ erscheint mir das eine Gesetz als ein jeweils anderes, nämlich als ›Gesetz Gottes‹ oder als ›Gesetz der Sünde‹. Der Zwiespalt des Gesetzes reflektiert den Zwiespalt des Menschen.

Das entspricht sachlich dem, was Paulus in 7,1-16 vortrug: Das Gesetz ist selbst keine Sünde, und doch lerne ich nur durch das Gesetz die Sünde kennen. Das Gesetz wurde zum Leben gegeben und führte zum Tod. Das Gesetz ist heilig, gerecht und gut und in der Hand der Sünde zugleich die zum Tode führende und verführende Macht.

Dieser ambivalente Umgang des Apostels mit dem Begriff ›Gesetz‹ muß für den Tora-treuen Juden ärgerlich, ja blasphemisch klingen. Wie kommt der Jude Paulus dazu, vom ›Gesetz der Sünde‹ ebenso wie vom ›Gesetz Gottes‹ zu sprechen?

Paulus hatte das Gesetz im striktesten jüdischen Sinn, nämlich als Phärisäer kennen und lieben gelernt (Phil 3,4ff). Um dieses Gesetzes willen hatte er die Christen verfolgt (Gal 1,13f).
Seine Bekehrung zu Christus war eine Bekehrung von dem Gesetz weg: ›Christus ist das Ende des Gesetzes‹ (Röm 10,4). Der Glaube tritt an die Stelle des Gesetzesgehorsams, die Offenbarung in Christus verdrängt die Mose-Tora. Die nationale jüdische Religion, auf der Tora gegründet, wird in die universale christliche Botschaft ›aufgehoben‹.
Indem Paulus sich durch Christus *in* seinem Gesetzesgehorsam als Sünder entdeckte, entdeckte er auch das zweite Gesicht des Gesetzes. Indem er seinen Standort wechselte, wechselte auch das Gesetz sein Aussehen. Das Gesetz bleibt das ›Gesetz Gottes‹, aber Paulus versteht es nun als solches zugleich als die ›Macht der Sünde‹ (1Kor 15,56).
Eben damit richtet Paulus ›das Gesetz auf‹ (3,31) und gibt ihm seine wahre Funktion. Die positive Funktion ist – in heilsgeschichtlicher Rückschau – die paradoxe Funktion, die Sünde groß zu machen, damit die Gnade in ihrer Größe wirken kann (5,20; s. S. 16ff). Deshalb kann die Freude des ›inneren Menschen‹ am Gesetz Gottes (V. 22) nicht die Absicht umschließen, *erfolgreicher als bisher* auf dem Wege der Gesetzeserfüllung die eigene Gerechtigkeit vor Gott aufzurichten. Diese Freude bedeutet vielmehr die schöpfungsgemäße Zustimmung des Menschen – jedes Menschen – zu der *Intention* des Gesetzes, dem Menschen seine Grenze zu weisen und ihm so das Leben zu bewahren (7,10); denn welcher Mensch wollte nicht leben? Auch der entfremdete Mensch folgt unwissend der Intention des Gesetzes; denn der Sünder erlangt, *nach dem Leben greifend,* den Tod. Die (unbewußte) Freude des inneren Menschen am Gesetz Gottes ist deshalb zugleich die (ebenso unbewußte) Absage an die *faktische* Macht des Gesetzes und der unbewußte Schrei, jenem ›Fluch des Gesetzes‹ (Gal 3,13) zu entrinnen, durch den uns das Gesetz, so wie die Dinge liegen, ständig das Leben verheißt und den Tod bringt.

Das gefährliche Gesetz

So betrachtet ist das Gesetz aber eine geschichtliche Wirklichkeit von grundsätzlicher Bedeutung, die Paulus zwar in Gestalt der jüdischen Tora kennenlernte, so daß sie bei ihm den Namen dieser bestimmten, bei uns ›klassisch‹ gewordenen Ausprägung erhielt, die aber tatsächlich umfassender ist als die jüdische Tora. Das ›Gesetz‹ hat, grundsätzlich betrachtet, ebenso viele konkrete Gesichter wie die Sünde. »Überall ist die Möglichkeit gegeben, daß der Mensch seines Nichts inne werde und in Demut oder Verzweiflung gerate, überall auch die Versuchung, daß er gerade die Forderung zum Mittel der eigenen Gerechtigkeit mache ... Überall ist der Eifer um Gott, den Paulus einen Eifer im Unverstand nennt (Röm 10,2), und der gerade vom Wort vom Kreuz getroffen wird, möglich«[53].

So wie nichts ›durch sich selbst unrein‹ ist (Röm 14,14), aber alles durch die Einstellung des Menschen unrein werden kann, so ist auch nichts ›an sich‹ ein ›Gesetz zum Tode‹, aber alles kann der Mensch dazu machen – wie er ja auch alles zu seinem ›Gott‹ machen kann.

Deshalb ist die ›Theologie des Gesetzes‹, die Paulus in der Diskussion mit der Synagoge entfaltet, kein bloß innerjüdisches, für uns überholtes Problem. Unsere Sprache reflektiert diesen Sachverhalt, wenn sie von der ›Vergesetzlichung‹ bestimmter Phänomene spricht, und auch Paulus selbst gibt entsprechendes zu erkennen, und zwar nicht nur dadurch, daß er von dem allen Menschen ins Herz geschriebenen Gesetz reden kann (Röm 2,14ff), sondern vor allem auch dort, wo er das ›Gesetz‹ als ›Gesetz Gottes‹ (in grundsätzlichem Sinn) über die einzelnen göttlichen Gebote und Forderungen weit hinausreichen läßt: Gottes Offenbarung hat alle Zeit. Röm 1,20 zufolge wurde auch die Schöpfung in solcher grundsätzlichen Weise für den Menschen zum ›Gesetz der Sünde‹. Sie gab ihm als ›Gesetz *Gottes*‹ die Möglichkeit, die ›ewige Macht und Gottheit‹ des Schöpfers zu erkennen und sich in solcher Erkenntnis und Begrenzung selbst als Geschöpf zu verstehen und zu *leben*. Tatsächlich aber verkehrte der Mensch das Wesen der Schöpfung, indem er dem Geschöpf anstelle des Schöpfers diente (1,25), aus dem Geschaffenen (dem entfremdeten ›Gesetz‹ der Schöpfung) statt aus dem Schöpfer lebte – natürlich in der Verblendung, damit richtig zu handeln und das Leben zu gewinnen.

Eine andere Modifikation des Phänomens ›Gesetz‹ findet sich in 1Kor 1,18ff, wo Paulus von der Weisheit als dem spezifischen ›Gesetz‹ der Griechen spricht. Paulus bestreitet den Griechen nicht, daß es irdische Weisheit gibt, und er räumt auch ein, daß es eine Weisheit gibt, mittels derer die Welt Gott hätte erkennen können. Er nennt diese Weisheit gut griechisch (und analog zu ›Gesetz Gottes‹) eine ›Weisheit Gottes‹ (1Kor 1,21.24). Mit *dieser* Weisheit Gott zu erkennen hätte freilich bedeutet, *Gott selbst* als die Weisheit und damit *sich* als Geschöpf anzuerkennen, das sich *selbst* vor Gott in nichts rühmen kann (1Kor 1,29). Tatsächlich aber haben die Griechen die Weisheit zum ›Gesetz der Sünde‹ verkehrt, indem sie sich selbst für weise hielten und so, der ›Weisheit der

Welt‹ (1Kor 1,20) folgend, zu Toren wurden (Röm 1,22; 1Kor 1,23), als sie Gott zum *Objekt ihrer* Weisheit machten.
Die säkularisierte Variante dieses Weisheitsdenkens haben wir in der heutigen Welt ständig vor Augen, die im Prinzip alles für machbar und erkennbar ansieht und in Technik und Naturbeherrschung die Chance eines immer besseren, auf Wissenschaft gegründeten Lebens erkennt, sich in Mißachtung der eigenen Grenzen zugleich aber mit ihrer Weisheit an die Schwelle des atomaren, chemischen oder biologischen Todes hin entwickelt hat.
In 1Kor 10,30 (vgl. Röm 14,14) erklärt Paulus, kein irdisches Gut sei schlecht, wenn ich es mit Dank genieße. Die Güter der Erde, als Gaben verstanden und angenommen, sind also echte Gaben des Lebens, wenn sie mich auf den Geber hinweisen (hier liegt die Bedeutung des Tischgebets). Sie werden indessen zum ›Gesetz der Sünde und des Todes‹, wo ich vergesse, daß das Reich Gottes nicht in ›Speise und Trank‹ besteht (Röm 14,17), d.h. wo ich beginne, *aus* dem Geschaffenen, Verfügbaren, Vorhandenen zu leben, und die Gabe statt des Gebers zum Grund meines Lebens mache – so wie der Pharisäer Paulus seine Erfüllung des Gesetzes statt den Gesetzgeber zum Heilsgrund machte. Wer sich so an das Gegebene klammert, muß hören: ›Du Narr‹ (Lk 12,20); denn das Totenhemd hat keine Taschen.
Ein bezeichnendes Gesetz im Bereich neuzeitlicher Theologie ist die ambivalente Reich-Gottes-Erwartung mit ihren Begriffen wie ›Veränderung‹, ›Revolution‹, ›Erneuerung‹. Jene Erwartung beruht im Neuen Testament auf einem apokalyptischen Hintergrund, in dem die kommende Gottesherrschaft und dieser Äon der Sünde und des Todes schroff gegeneinander stehen. Das ›Reich Gottes‹ ist das ›Ganz Andere‹, das kein Auge gesehen und kein Ohr gehört haben, und das Interesse der Apokalyptiker richtet sich dezidiert darauf, das ›Ganz Andere‹ des Reiches Gottes gegenüber allen Möglichkeiten dieses Äons und der Menschen herauszustellen. Diese Erwartung der Herrschaft Gottes entkleidet also alle Herren dieses Äons ihrer göttlichen Herrschaftsansprüche und beläßt den Menschen in der Situation dessen, der zwar den alten Äon verantworten, nicht aber den neuen hervorbringen kann. Auch die edelsten Werke des Menschen gehören diesem alten Äon an und vergehen beim Kommen der Gottesherrschaft: das Moralische, das Ästhetische, das Wissenschaftliche, das Kulturelle.
Stellt Gott den Menschen in die *Erwartung* seines Reiches und seiner Herrschaft, so gibt er ihm damit ein ›Gesetz‹, das zu seinem Leben dienen soll: Der Mensch wird davor bewahrt, irdische Reiche, Mächte, Herrschaften, das heißt menschliche Anstrengun-

gen überhaupt für Heils-Veranstaltungen, für das Eigentliche, Letzte, Entscheidende zu halten. »Denn es gibt kein Tun, das sich direkt auf Gott und sein Reich beziehen könnte. Jede Form menschlichen Gemeinschaftslebens, die schlimmste wie die idealste, steht in gleicher Weise unter dem göttlichen Gericht«[54].

Viele Tendenzen moderner Theologie, z. B. der Theologie der Revolution, der Theologie der Befreiung, der Theologie der Welt usw., haben sich der Reich-Gottes-Erwartung, einem ›Gesetz Gottes‹, als einem ›Gesetz der Sünde‹ bemächtigt, als sie das ethische, soziale und politische Tun der Christen als Prolepse der Gottesherrschaft oder als Annäherung an die Gottesherrschaft verstanden. Zwar bleibt dabei im allgemeinen ein eschatologischer Vorbehalt erhalten: Die menschliche Anstrengung wird das Ziel des vollendeten Gottesreichs nicht völlig erreichen. Es bedarf schließlich noch des Punktes der Gnade hinter dem langen Satz unserer Werke. Aber grundsätzlich tendiert das christliche, menschliche Tun auf die fortschreitend sich entwickelnde Verwandlung des alten Äons in den neuen.

Der eschatologische Vorbehalt wird also anders als in der Apokalyptik und im Neuen Testament nur quantitativ, nicht qualitativ verstanden. *Etwas* steht noch aus, nicht aber erwartet der Fromme – wie in der Apokalyptik – total das ›Ganz Andere‹ oder lebt – so der Christ – völlig aus der unverfügbaren Gnade, die auch unsere besten Werke auslöscht. Der Gedanke des Reiches Gottes, der den Menschen in jene Schranken weisen soll, in denen er *als Mensch* leben kann, wird benutzt, dem Menschen göttliche Aufgaben zuzuweisen: das gute ›Gesetz‹ wird in das schlechte verkehrt. Aber kein Schritt des Menschen, auch der angemessenste ethische Schritt nicht, ist ein Schritt auf das Reich Gottes hin; das Reich Gottes *kommt* bzw. ist in Jesus Christus zum Greifen nahe herbeigekommen (Mk 1,14f). Es ist daher für die im Blick stehenden theologischen Tendenzen in gleicher Weise bezeichnend, daß sie freudlos *und* darüber unwissend sind. Die Prediger des Gesetzes wissen nicht, was sie tun. Sie wähnen sich auf dem Weg des Lebens und gehen auf dem Weg zum Tode voran. Sie leben nicht mehr *aus* der ›Revolution Gottes‹, *aus* der Wirklichkeit des neuen Äons, *aus* dem Anbruch der Gottesherrschaft, die dem Menschen den Wahn nimmt, er müsse das Werk Gottes – sei es auch approximativ – tun, sondern sie wähnen sich mit ihrem eigenen Tun auf dem Weg zur Herrschaft Gottes. So handeln sie, ohne es zu wissen, in dem Zwiespalt derer, die sich nach dem ›inneren Menschen‹ an dem Gesetz Gottes freuen – das tut jeder Mensch – und an dem ›Gesetz in ihren Gliedern‹ zugrunde gehen.

Vieles andere wäre zu erwähnen. So können die moralischen Gebote und Verbote ›vergesetzlicht‹ werden, wenn sie sich von der Liebe lösen (Mk 2,27) und zur Selbstgerechtigkeit verhelfen (Mt 6,1-4). Verstand und Wissenschaft werden zum ›anderen Gesetz‹, wo der Mensch sich mit ihrer Hilfe zum Schöpfer von Sinn und Heil erhebt und ›Weltanschauung‹ zur göttlichen Weisheit macht. Leistung und Erfolg werden zum ›Gesetz der Sünde‹, wo sie nicht mehr nur der Lebensgestaltung und der Identitätsfindung dienen, sondern allererst die Würde des Menschen begründen. Geburt, Abstammung, Volk, Rasse, Stand usw. werden zum ›Gesetz des Todes‹, wo sie zum Vertrauen ›auf das Fleisch‹ verführen (›Wir haben Abraham zum Vater‹; ›An deutschem Wesen soll die Welt genesen‹), statt als verpflichtendes, kritisch reflektiertes Erbe aufgefaßt zu werden (vgl. Phil 3,4ff; 2Kor 11,21ff). Auch Theologie wird zum ›Gesetz des Todes‹, wo sie Gott verfügbar machen will, statt die Unverfügbarkeit Gottes zu bedenken.

Das Gesetz ist für Paulus also eine – für ihn vor allem an der jüdischen Tora manifest werdende, jedoch vielfältige und allgegenwärtige – Größe, die intentional das Gute umgreift, faktisch aber das Böse bewirkt. Darin liegt die besondere Gefährlichkeit des ›Gesetzes‹ bzw. aller entsprechenden ›Gesetzlichkeit‹: Was mir den Tod bringt, verheißt das Leben; was Heil verspricht, führt das Unheil mit sich; was Freiheit zusagt, nimmt gefangen. – Man versteht, daß Paulus, der als Glaubender die verderbliche Wirkungsweise, sozusagen den Mechanismus des ›Gesetzes‹, vorab der jüdischen Tora, durchschaut hat – denn er hat die Wahrheit der ›Gnade‹ erfahren –, das ›Gesetz‹ seines Nimbus entkleidet, um den synagogalen Gesprächspartner, der in der jetzigen Fassung von V. 21-23 noch einmal vor sein Auge tritt, zur Freiheit vom Gesetz zu führen.

Es gehört zu den bleibenden Aufgaben der Theologie, alle zum ›Gesetz‹ pervertierten guten Mächte und Begriffe ihrer Übermacht zu entkleiden und, ohne das in ihnen liegende Gute zu leugnen, ihre Bösartigkeit ans Licht zu bringen. Die Sünde bedarf immer eines Gesetzes, um zum Leben zu erwachen und den Menschen zu töten (Röm 4,15; 7,8f). Pervertiert der Mensch sogar die göttlichen Gebote und die guten Gaben der Schöpfung zum ›Gesetz des Todes‹, wieviel mehr die Errungenschaften seines eigenen Geistes oder seiner politischen Aktivitäten. Durch solche ›Gesetze‹, mit denen der Mensch um seines Heils willen umgeht, gerät er in den ihm unbewußten tödlichen Zwiespalt, das Gute zu wollen und das Böse zu tun, nach dem Leben zu greifen und den Tod zu ergreifen.

V. 24 schließt sich angesichts dessen zwingend an das Vorhergehende an.

7,24-25 a
(24) *Ich unglückseliger Mensch!*
Wer wird mich aus diesem Leibe des Todes befreien?
(25 a) *Gott sei Dank durch Jesus Christus, unsern Herrn!*

Der Schrei aus der Tiefe mitsamt seinem Umschlag in jubelnden Hymnus bedeutet Abschluß und Neuansatz zugleich; er leitet über von der Darlegung des menschlichen Elends zur Beschreibung seiner Erlösung, von dem Ausdruck tiefster Entfremdung zu dem der Heimholung des Menschen.

Als Abschluß des Vorausgehenden bestätigt V. 24, daß in den Ausführungen des bisherigen Traktats in der Tat von dem Menschen *vor* der Erlösung die Rede war; denn der Erlöste kann *als solcher* von sich nicht als von dem ›unglückseligen Menschen‹ sprechen. Zwar erklärt Calvin z. St., der augustinisch-reformatorischen Auslegung folgend: »Dieser bedeutsame Ausspruch des Apostels schlägt allen Ruhm des Fleisches nieder. Denn er lehrt uns, daß auch die Vollkommensten, solange sie in diesem Fleische wohnen, dem Elend und dem Tod unterworfen sind. Wenn sie sich durch und durch erforschen, werden sie in ihrer Natur nichts als Elend finden.« Und zu V. 25 a heißt es dementsprechend bei Calvin: »Es ziemt den Heiligen nicht, wenn sie ihre Mängel prüfend betrachten, die bereits von Gott empfangene Gnade zu übersehen.« Aber so theologisch richtig diese Gedanken an sich auch sein mögen: sie treffen nicht den Sinn von V. 24-25 a; denn der *Glaubende*, der in seiner Natur nichts als Elend findet, ist als *Glaubender* doch gerade diesem Unglück seines Daseins schon entnommen. Freilich stellt sich noch einmal die Frage, ob denn der in V. 17-20.21-23 beschriebene, entfremdete und der Sünde total verfallene Mensch seines Elends überhaupt in der Weise ansichtig werden kann, wie Paulus in V. 24 formuliert. Wer, das Gute wollend, das Böse vollbringt und dabei nicht weiß, was er tut: weiß er um sein Elend? Wer in dem guten Wollen, das Leben zu ergreifen, den Tod empfängt: kann er sich im ›Leibe des Todes‹ gefangen wissen?

Diese Fragen müssen wir nach allem Gesagten verneinen. Es ist gerade das Wesen der Entfremdung und Sündenverfallenheit, daß der Entfremdete sich selbst nicht durchschaut. Luther hat recht, wenn er erklärt, es sei »das Merkmal eines törichten und fleischlichen Menschen: er weiß (= er bildet sich ein), daß er geistlich ist; oder er gefällt sich selber«[55]. Das Nicht-Wissen um die Entfremdung gehört also zur Radikalität der Entfremdung. Die Spaltung des ›Ich‹ wird erst nach ihrer Überwindung psychologisch erfaßbar. Nur die ergriffene Gnade ermöglicht die (nachträgliche) Erfahrung des Widerspruchs. Darum kann der Sünder als solcher nicht nach Erlösung schreien – ein Gedanke, der bei einem moralisierenden Sündenbegriff allerdings nicht vollziehbar wäre.

Käsemann mißversteht Paulus also, wenn er im Blick auf den ›verfallenen‹ Menschen schreibt: »Vom Willen Gottes ist niemand völlig verlassen. Unser Inneres bezeugt ihn, wie schattenhaft auch immer . . . Wir werden von uns aus mit uns selbst nicht fertig, und einzig der Schrei nach dem Erretter und seiner Hilfe wird dieser Lage gerecht . . . Übrig bleibt letztlich allein die Klage und der Schrei nach Erlösung. Darauf ist unsere Geschöpflichkeit gleichsam zusammengeschrumpft«[56]. Aber solcher Interpretation des paulinischen Satzes gegenüber ist der Einwand Anselms von Canterbury am Platz: »Du hast noch nicht begriffen, von welchem Gewicht die Sünde ist«[57]. Denn Paulus geht gerade davon aus, daß die Geschöpflichkeit des Menschen, der nicht erreicht, was er erstrebt, in die Hybris des ›wie Gott sein‹ ausgeweitet wurde, die einen Schrei nach Erlösung ausschließt.

Natürlich kennt auch der verfallene Mensch Klagen, und jeder Mensch sehnt sich nach dieser oder jener ›Erlösung‹. Aber die Klage über die Mängel des ›Ich‹, über den »Erdenrest zu tragen peinlich«[58], ist eines. Ein anderes ist die Klage über uns selbst, die wir gerade angesichts unserer besten Werke anstimmen müßten – und dort eben nicht anstimmen können, wenn wir – als Sünder – nicht wissen, was wir tun und wozu wir uns gemacht haben. Der Satz des Paulus: ›Was nicht aus dem Glauben geht, das ist Sünde‹, leuchtet nur dem Glauben ein.

Nun zeigt überdies der hymnische Ruf in V. 25a zur Genüge, daß der ›elende Mensch‹ von V. 24 – paradoxerweise – *mit der Stimme des Erlösten* seufzt. Wie die ganze Darstellung in V. 17-23 nur im Licht des Glaubens möglich war, so kann auch nur der Glaubende so aus der Tiefe rufen, wie es in V. 24 geschieht – und er kann so eigentlich nicht mehr rufen, weil er das ›Gott sei Dank‹ (V. 25a) bereits mitspricht.

Die Exklamation in V. 24-25a ist also nicht Wiedergabe einer authentischen Erfahrung, sondern Produkt einer theologischen Reflexion, die zwei existentielle Ebenen ineinanderschiebt und das natürliche Dasein aus der Einsicht des Glaubens, also von der Überwindung dieses natürlichen Daseins aus, deutet.

Es »kann sich der Mensch keineswegs selbst sagen, daß es so mit ihm bestellt ist (vgl. den Subjektwechsel in V. 17). Er kann noch nicht einmal in die Klage von V. 24 ausbrechen. Und doch ist die Klage da. Der Glaube hört sie. Er versteht den Menschen in der Tat besser, als sich der Mensch verstehen kann. Würde nämlich einer faktisch so klagen, wie V. 24 geklagt wird, so würde er auch schon gesagt haben: ›Gott sei Dank durch Jesus Christus, unsern Herrn!‹ (7,25 a). So kann es gar nicht zur Klage kommen, wenigstens nicht im subjektiven Sinn. Das eben nicht psychologisch zu fassende (wohl aber beobachtbare) Außer-sich-Sein ist erst aufgedeckt in dem Tode Jesu Christi und seiner Auferstehung«[59].

Der Weg zum Glauben ist mit dem Ritt des Reiters über den Bodensee zu vergleichen, den Gustav Schwab in seiner eindrücklichen Ballade schildert: Die Gefahr des Todes wird erst vom rettenden Ufer aus erkannt; das Erschrecken befällt den schon Geretteten.

Insofern handelt es sich in V. 24-25 a durchaus um eine *existentielle* Reflexion. Kühl[59a] weist mit Recht die Ansicht zurück, Paulus gefalle sich »in der Pose eines Schauspielers, der in künstlich angenommener Rolle pathetisch deklamiere«. Die Erfahrung der Erlösung löst ein echtes Erschrecken angesichts der gelebten Nichtigkeit bzw. der überstandenen Gefahr aus.

Das zeigen auch die religionsgeschichtlichen Parallelen zu V. 24 – 25 a.

Der religionsgeschichtliche Hintergrund

Die Klagelieder, wie sie allerorten im religiösen Kult begegnen, können nicht als Vorbild für V. 24-25 a gedient haben; in ihnen spricht ja durchweg ein ›Ich‹, welches sich tatsächlich im Elend befindet.

Eine freilich nur formale Analogie bieten dagegen Psalmen, die, für den liturgischen Gebrauch hergerichtet, zuerst eine Vorlage für die Klage des Beters, sodann – nach der Erlösung bzw. dem Freispruch durch den Priester – die Vorlage für seinen Dank darbieten (Ps 22; 41; 56 u. a.). Aber auch abgesehen davon, daß es in diesen Psalmen um konkrete Nöte, nicht um die Grundverfassung des Daseins geht: Klage und Lob folgen aufeinander, nicht aber bildet das Lob wie bei Paulus die Voraussetzung der Klage.

Den religionsgeschichtlichen Hintergrund von V. 24-25 a verrät indessen die von Paulus in diesem Ausruf (wie in weiten Teilen des vorliegenden Traktats) gewählte Sprache des gnostischen Dualismus, für den das gleiche paradoxe Phänomen von Klage und Jubel gilt. Der Gnostiker versichert sich seiner Erlösung, indem er die Klage nach-vollzieht, zu welcher er *in* der Verfallenheit an das Fleisch und die dämonischen Mächte nicht imstande war. Als Erlöster aber durchschreitet er, die unbewußte Angst des Verlorenen bewußt nachholend und nach-empfindend, den Weg zum

Jubel der Geretteten und wird so vor dem Rückfall in die Gefangenschaft des Bösen bewahrt.

›O Licht der Lichter, ich bin bedrängt in der chaotischen Finsternis
...
Rette mich aus dieser finsteren Materie.
...
Jetzt nun, o Licht, welches in Dir und welches in mir ist:
Ich preise deinen Namen, o Licht, in Glorie‹[60].

›Aus dem Licht und von den Göttern bin ich,
und ein Fremdling bin ich ihnen geworden,
über mich hergefallen sind die Feinde;
von ihnen zu den Toten bin ich hinabgeführt.
...
Vermischt bin ich und Wehklagen seh ich.
Führe mich hinaus aus der Umklammerung des Todes.
...
Der Lebendigen Kraft und Heil
über dich aus der Heimat.
Folge mir, Sohn der Sanftmut;
den Lichtkranz setze auf das Haupt‹[61].

›Eine Seele bin ich des großen Lebens.
Wer brachte mich von meinem (himmlischen) Orte weg?
Von meinem Orte brachte wer mich weg?
Wer ließ mich im Hause der Planeten (= Dämonen) wohnen?
...
Wie Adam (= der Mensch) dasteht und nachdenkt,
kommt sein Helfer zu ihm heran.
...
Adam freut sich in seinem Sinne,
klärt sich in seinem Sinne auf:
Wie wundersam ist, was mein Vater mir gesaget,
wie wundersam, was das große (Leben) mich gelehret ...
Gepriesen sei das Leben!‹[62].

Diese Beispiele ließen sich beliebig vermehren. In vielfältiger Weise wird in einem Atemzug die Klage des Verlorenen variiert, der Schrei nach Erlösung ausgestoßen, der Lobpreis des Erretteten angestimmt.

Paulus folgt aber in V. 24-25a nicht nur diesem *Schema* von Fall und Erlösung. Er formuliert auch wie schon in V. 21-23 im Rahmen der *Vorstellungswelt* des Dualismus. Seine *Sprache* ist gnostisch: Das unglückliche ›Ich‹, der eigentliche Mensch, die göttliche ›Vernunft‹, sieht sich von seinem Ursprung entfremdet und in das *Gefängnis des Todesleibes* geworfen; aus dem Kerker des Leibes

ruft es nach Befreiung; sein Dank gilt dem Erlöser, der die ›Erkenntnis‹ gebracht und damit die Tat der Befreiung schon vollzogen und die Fesseln des Todes gelöst hat.
Im Blick auf diese dualistische Sprache hat man, freilich zu Unrecht, gemeint, Paulus verwende in Röm 7 eine gnostische Vorlage[63]. Aber es ist richtig und zu beachten wichtig, daß und warum der Apostel hier wie in anderen Passagen des vorliegenden Traktats die Daseinserfahrung des Glaubens in die Sprache des gnostischen Dualismus kleidet. Die aus der gnostischen Daseinserfahrung gewonnene dualistisch-mythologische Begrifflichkeit bot sich deshalb als Sprachgewand der christlichen Theologie an, weil auch in der Gnosis die Verfallenheit des ›Ich‹ radikal gedacht wird, wenn die Unglückseligkeit des Menschen in der Tatsache besteht, daß er sich als Gefangener in der Materie frei dünkt und darum weder von wahrer Freiheit weiß noch sie begehrt; die Dämonen haben dem ›Ich‹ nämlich einen Rauschtrank der Vergessenheit gegeben.
Dabei muß man im Verständnis des Paulus, der diese Sprache übrigens schon als christliche übernommen haben dürfte, diese Sprache natürlich ihrer dualistischen und substanzhaften Gehalte entkleiden, wie es im Blick auf die Erlösung z. B. in den bekannten Versen geschieht:

›Jesus ist kommen, der starke Erlöser,
bricht dem Gewappneten Starken ins Haus,
sprenget des Feindes befestigte Schlösser,
führt die Gefangenen siegend heraus‹[64].

Erst recht handelt es sich bei dem ›Leibe des Todes‹ (V. 24) ebensowenig wie bei den ihm entsprechenden Gliedern (V. 23) um das fleischliche Gefängnis eines davon unabhängigen wahren ›Selbst‹ des Menschen, des ewigen Geistes, des göttlichen Pneuma. So wie die ›Glieder‹ den ganzen Menschen beschreiben, und zwar als den an die Sünde versklavten Menschen, so kennzeichnet ›Leib‹ denselben ganzen Menschen, der von der Sünde an den Tod ausgeliefert wurde (vgl. Röm 6,23). ›Leib des Todes‹ darf folglich im Sinne des Paulus nicht substanzhaft oder lokal verstanden werden, sondern ist »als reiner Existenzbegriff zu fassen«[65], mit dem an der vorliegenden Stelle das *Dasein* des Menschen als Dasein des Todes beschrieben wird. Man übersetzt die Wendung in V. 24b deshalb sinngemäß am besten: ›Wer wird mich aus diesem dem Tode verfallenen Dasein befreien?‹ Nichts ist an diesem Dasein dem Tode nicht verfallen.

»Damit wird vollends deutlich, daß es in dem Gegensatz von Wille und Tat von 14-20 nicht primär um Widersprüchlichkeit auf moralischer Ebene ging. Der immer wieder scheiternde Wille ist auch in seinem konkreten Tun letztlich darauf aus, Heil und Leben zu erlangen, so daß nicht der Frevler, sondern der Fromme sein Geschick repräsentiert. Wie sich bei ihm die Intention am reinsten zeigt, so wird das Verhängnis über ihm besonders rätselhaft. Das ist aber paulinische Lehre in ihrem Kern, daß nicht bloß das Geschöpf nach dem Fall immer wieder auf seine Grenzen stößt, sondern gerade der Fromme scheitert und der Weg unter der Mosetora ihn wie Adam verblendet und der Sünde preisgibt. Er stimmt dem Willen Gottes, der auf das Heil des Geschöpfes gerichtet ist, zu und hat sein Gefallen daran, sofern er ebenfalls das Heil begehrt und es in der Verwirklichung der Gebote zu erlangen trachtet. Eben dabei verstrickt er sich jedoch in die eigene Lebensgier, welche an sich zu reißen sucht, was nur gegeben werden kann, und so den Mächten der Welt verfällt. Dieser Fromme exemplifiziert wie niemand sonst das Wesen der eigenwilligen, rebellischen, pervertierten und verlorenen Schöpfung.«[66]

Die von dem Apostel gewählte gnostisch-dualistische Begrifflichkeit hält seine Theologie zugleich radikal bei der Notwendigkeit der Erlösung aller Menschen fest, und dementsprechend dürfte Paulus diese Sprache auch deshalb zum Ausdruck seiner eigenen Gedanken gewählt oder festgehalten haben, weil sie ihm mit Recht besonders geeignet erschien, der Vorstellung der Erlösung deutlichen Ausdruck zu verleihen und jeden Gedanken an eine auch nur partielle Selbsterlösung abzuweisen: Weil selbst und gerade der fromme bzw. religiöse Mensch nicht einmal weiß, daß er dem Tode verfallen ist, kann die Erlösung nur von außen kommen, bleibt Erlösung ein souveräner Akt Gottes, widerfährt Erlösung den Menschen als Wunder, behält Erlösung den Charakter eines reinen Gnadengeschehens.

Die Bedingung der Erlösung

Erlösung ist also nicht die Antwort Gottes auf den Verzweiflungsschrei des Menschen. Vielmehr gibt der Erlöser dem Menschen allererst die Bedingung seiner Erlösung mit: Erst die Erlösung deckt das Elend auf, und nur der Erlöste kann über sich als alten Menschen erschrecken, seine Unglückseligkeit erfahren.
Kierkegaard hat diesen paulinischen Gedanken scharf erfaßt. In der Sünde ist der Mensch »nicht bloß außerhalb der Wahrheit, sondern ist polemisch wider die Wahrheit, und das wird ausgedrückt durch den Satz, daß er selber die Bedingung verscherzt hat und verscherzt.« Der Mensch bedarf als Sünder also nicht der Erinnerung, des Appells, der Ermahnung, sondern der gänzlichen Erneuerung; denn der Mensch »braucht die Kraft der Freiheit in der Unfreiheit Dienst, da er ja frei in ihr ist, und dergestalt wächst die vereinte Kraft der Unfreiheit und macht ihn zu der Sünde Knecht. – Wie

sollen wir nun solch einen Lehrer nennen, der ihm die Bedingung wieder gibt und mit ihr die Wahrheit? Laßt uns ihn einen Heiland, einen Befreier nennen; denn er macht den Lernenden ja aus der Unfreiheit frei, macht ihn von sich selber frei; einen *Erlöser,* denn er löst ja den, der sich selbst gefangen gesetzt hatte, und niemand ist ja so schrecklich gefangen, und aus keiner Gefangenschaft ist es so unmöglich auszubrechen, als aus der, in welcher das Individuum sich selber hält!«[67]

Erst das hymnische Lob von V. 25a ermöglicht also den Schrei des (einst) Verlorenen in V. 24, nicht umgekehrt. Alle Elendsschreie des Menschen, die nicht Schreie des Erlösten sind, erfassen darum das menschliche Elend nicht in der wahren Tiefe, so elend sich der Mensch auch erfahren mag. Denn das eigentliche Elend des Menschen beruht nicht auf diesem oder jenem, was ihm widerfährt, sei es noch so gewichtig (Schicksalsschläge, Enttäuschungen, Not, Krankheit, Frustrationen, physischer Tod, eigene Unzulänglichkeit, Schuld oder, gesellschaftlich gedacht, Tyrannei, Ausbeutung, politische Unfreiheit, Terror usw.), sondern auf ihm selbst, weil und sofern er sich prinzipiell und potentiell dem Elend entzogen sieht. Gerade sein *Gutes* verursacht darum des Menschen eigentliches Elend, weil es ihn daran hindert, sich selbst ganz preiszugeben bzw. *sich selbst* als den Elenden anzusehen, statt dieses oder jenes persönliche oder gesellschaftliche Widerfahrnis für das Elend zu halten.

Erst die Gnade deckt dem Menschen seine wirkliche Sünde auf. »Nicht nur Gott kennen wir allein durch Jesus Christus, auch uns selbst kennen wir nur durch Jesus Christus, Leben und Tod kennen wir allein durch Jesus Christus. Ohne Jesus Christus wissen wir weder, was unser Leben, noch was unser Tod, noch was Gott ist, noch was wir selber sind«[68].

Noch ein weiterer Gedanke ist in diesem Zusammenhang – wiederholt – zu erwägen. Bei dem seufzenden ›Ich‹ von V. 24 und dem jubelnden ›Ich‹ von V. 25a handelt es sich um dasselbe ›Ich‹. Es entsteht kein *neuer* Mensch. Vielmehr kehrt der durch die Sünde von sich selbst total entfremdete Mensch zu sich selbst zurück; er findet sich selbst wieder bzw. wird zu sich selbst zurückgebracht. Der glaubende Mensch und der nicht glaubende Mensch sind ontisch getrennt wie Leben und Tod, ontologisch jedoch identisch. Der erneuerte bzw. erlöste Mensch ist freilich nicht unverändert der wahre Mensch. Er *weiß* sich von seiner Verfallenheit befreit und behält so das *Wissen* um seine Vergangenheit bei sich. Erlösung führt nicht zu Vergessen, sondern zu Dank (V. 25a), und Dank trägt die Erinnerung an die Verfallenheit und an die ›Vergebung‹

und damit das Wissen um die bleibende Gefährdung des ›Ich‹ bei sich. Der Erlöste kann schwerlich wieder in den Zustand der Erinnerungslosigkeit, der unbewußten Sünde zurückfallen.
Das ist die Situation nicht nur des einzelnen ›Ich‹, sondern ebenso die der christlichen bzw. nachchristlichen Welt.

Eine Anzahl von Handschriften liest in V. 25a nicht:

›Gott sei Dank durch Jesus Christus, unsern Herrn!‹

sondern:

›Die Gnade Gottes durch Jesus Christus, unsern Herrn‹.

Diese Änderung beruht auf der Verlesung oder Vertauschung nur weniger Buchstaben des griechischen Textes, der für ›Gnade‹ und ›Dank‹ dasselbe Wort gebraucht. So gelesen, wird V. 25a zu einer Antwort auf V. 24b; der Schrei nach Erlösung wird dabei nicht mehr als rhetorische, sondern als echte Frage verstanden, und dem so Fragenden wird die Antwort zuteil: Die Gnade Gottes durch Jesus Christus errettet dich aus deinem dem Tode verfallenen Dasein.
Damit ist aber die hymnische Struktur von V. 24-25a zweifellos mißverkannt. Schon die angeführten dualistischen Parallelen zeigen, daß in V. 25a keine trockene theologische Belehrung vorliegen kann, sondern der Siegesjubel der Erlösten angestimmt wird. Die fast wörtliche Parallele in 1Kor 15,57 weist in dieselbe Richtung: ›Gott aber sei Dank, der uns den Sieg gibt durch unsern Herrn Jesus Christus‹; vgl. Röm 6,17.
Dennoch folgen die fehlerhaften Handschriften einer theologisch richtigen Einsicht: Das Elend des Menschen wird nur durch die Gnade, nicht durch persönliche oder gesellschaftliche Werke überwunden, weil das Elend bzw. die Sünde identisch sind mit der Selbstherrlichkeit des Menschen. Der Dank an Gott durch Jesus Christus ist der Dank für die in Christus erwiesene *Gnade,* die als bloß verzeihende Vergebung allerdings mißverstanden wäre. Die Gnade erlaubt dem Menschen, der *an und für sich* immer unglückselig ist, viel mehr; sie erlaubt ihm, aus sich selbst herauszutreten und *coram Deo* sich selbst zu finden. Gnade nimmt dem Menschen nicht (nur) die Sünden weg, sondern entnimmt ihn der Macht der Sünde. Die Gnade setzt insofern den dankbaren Menschen als den wahren Menschen an die Stelle des alten Menschen, der subjektiv (›leidvoll und freudvoll‹) glücklich oder todunglücklich ist, objektiv (›himmelhoch jauchzend, zum Tode betrübt‹) in Selbstherrlichkeit und Verzweiflung gefangen liegt – »die wahre Signatur aller

Kreatur nach Adams Fall«[69]. Jesus Christus »ist die Aufhebung *dieses* Menschen in seiner Totalität . . . Gott sei Dank: durch Jesus Christus unseren Herrn bin ich *nicht* der unglückselige Mensch, der ich bin«[70].

Zwischen V. 24 und V. 25 a steht also die rettende Tat Gottes bzw. das befreiende Wort der Verkündigung, das Angebot der Gnade, der Ruf von jenseits des menschlichen Kreisens um sich selbst, des Wanderns im selbstgebauten goldenen Käfig, den der Mensch für seine ganze Welt hält. Es ist der Ruf, der den Menschen, indem er ihn befreit, auch subjektiv in jene Verzweiflung führt, die sein Dasein objektiv seit je bestimmte und die er nun als ›aufgehobene‹ kennenlernt.

Dieser ›Ruf‹ wird im folgenden Teil des vorliegenden dogmatischen Traktats entfaltet.

Zwischenspiel: 7,25 b; 8,1

Zunächst ist der Gedankengang freilich gestört. Gerade wenn man den scheinbaren Hiatus zwischen V. 24 und V. 25 a beobachtet, der theologisch aufgefüllt werden muß, soll die hymnische Reflexion des Apostels verständlich werden, kann nur 8,2 f die Fortsetzung von 25 a sein; denn 8,2 f begründet unmittelbar den Jubelruf des Erretteten in 7,25 a[71].

V. 25 b greift dagegen auf die Argumentation von V. 21-23 zurück, die mit V. 24 abgeschlossen und mit V. 25 a überholt wurde:

›Folglich diene ich selbst mit der ›Vernunft‹ dem Gesetz Gottes, mit dem Fleisch aber dem Gesetz der Sünde‹.

V. 25 a wiederholt dabei auch die Begrifflichkeit aus V. 21-23: ›Gesetz Gottes – Gesetz der Sünde‹; auch ›Vernunft‹, wird im Rückblick auf V. 23 verwendet, während ›Fleisch‹, aus V. 18 genommen, für ›meine Glieder‹ eintritt. Auch sachlich bildet V. 25 b eine Zusammenfassung von V. 21-23; der Satz zieht folgernd das Fazit aus V. 21-23.

Die jetzige Stellung von V. 25 b ist deshalb logisch unmöglich, und auch wer alles bis V. 25 a Gesagte mit Augustin und Luther auf die *christliche* Existenz beziehen möchte, *weil* V. 25 b auf V. 25 a folgt, müßte zugeben, daß es sich bei V. 25 b um einen logisch unglücklichen Rückgriff hinter V. 24-25 a auf V. 21-23 handelt.

Darum haben nicht wenige Forscher den Vorschlag gemacht, V. 25 b hinter V. 23 umzustellen. Ein früher Schreiber hätte den Satz dann zunächst vergessen und an wenig passender Stelle, vielleicht aber auch an den Rand seiner Abschrift nachgetragen, von wo er in einer weiteren Kopie an seinen jetzigen unpassenden

Ort wanderte. Verhält es sich so, könnte V. 25b auch ein Nachtrag von der Hand des Paulus sein, zu V. 23 an den Rand geschrieben und bei der Abschrift vom Original irrtümlich hinter V. 25a versetzt. In beiden Fällen müßte der Sinn von V. 25b der Aussage in V. 21-23 entsprechen, und das doppelte ›dienen‹ wäre im Sinne von V. 19 gemeint: Ich folge ganz und gar der Intention des Gesetzes, weil ich in all meinem Tun das Leben suche, und bin zugleich ganz und als ganzer in der Gewalt der Sünde, weil ich aus mir selbst leben will.

Andere aber halten V. 25b für eine *unpaulinische* Randbemerkung zu V. 21-23, die von einem Abschreiber unpassend eingeordnet wurde. Das liegt näher, zumal man die pedantische Feststellung von V. 25b auch zwischen V. 23 und V. 24 nicht gerne sieht. Stammt V. 25b aber gar nicht von der Hand des Paulus, legt es sich nahe, das unterschiedliche ›dienen‹ im psychologischen Sinn und im Rahmen der traditionellen Auslegung des ganzen Abschnitts von V. 14 an zu verstehen: Ich bemühe mich zwar mit meiner ›Vernunft‹, dem guten Willen, das Gesetz Gottes zu erfüllen, aber mein Fleisch zieht mich immer wieder in die Sphäre der (moralisch verstandenen) Sünde zurück. Das wollende ›Ich‹ als solches – sei es das vorchristliche, sei es das christliche – ist also gespalten. Damit aber wären die so zusammengefaßten Aussagen des Paulus in V. 14-16. 17-20 und 21-23 mißverstanden; denn Paulus sprach nicht von einer Schwäche, sondern von der totalen Entfremdung des ›Ich‹. Man wird Käsemann Recht geben dürfen: »Wenn irgendwo, liegt hier die Glosse eines spätern Lesers vor«[72].

8,1 unterliegt nicht in gleicher Weise dem Verdacht unpaulinischer Herkunft:

›Folglich gibt es jetzt keine Verurteilung mehr für diejenigen, die in Christus Jesus sind‹.

Formal handelt es sich bei diesem Satz allerdings ebenso wie bei V. 25b um eine Folgerung, und er unterbricht nicht nur genau wie V. 25b die unlösbare Verbindung von 7,25a mit 8,2 sondern er ist auch als *Folgerung* aus V. 25a nicht verständlich, geschweige denn als Folgerung aus V. 25b. Der Vorschlag, V. 1 hinter V. 2 zu stellen, erscheint wenig glücklich: auch hinter V. 2 kommt die Aussage von V. 1 noch zu früh, und außerdem darf man die enge Verbindung von V. 2 mit V. 3f nicht unterbrechen. Dagegen begreift man V. 1 leicht als folgernde Randbemerkung zu V. 3f, wo ja die ›Verurteilung der Sünde‹ durch Christus ausdrücklich beschrieben wird. Daran knüpft V. 1 an. Als Folgerung aus V. 3f ist V. 1

sachgemäß und inhaltlich paulinisch. Indessen wird man doch eher mit einer nachpaulinischen Randbemerkung rechnen müssen, die im paulinischen Sinn den Effekt der Verurteilung aller Sündenmacht beschreiben will, der den Christen zugute kommt.
Beide Randbemerkungen können am Rand des Originalbriefes gestanden haben und wurden von einem gewissenhaften Abschreiber recht mechanisch in die Mitte des am Rand glossierten Textabschnitts eingeschrieben.
Scheidet man 7,25b + 8,1 aus dem Gedankengang aus, schließt 8,2 unmittelbar an 7,25a an, und trotz des engen Übergangs von 7,24 zu 7,25a muß man nun zwischen V. 24 und V. 25a eine Zäsur machen: Bis 7,24 reicht die Schilderung der Sündenverfallenheit; mit 7,25a beginnt die Erörterung der Erlösung. Der enge, hymnische Übergang von 7,24 zu 7,25a signalisiert dabei den notwendigen sachlichen Zusammenhang: Ohne den Lobpreis der Erlösung gäbe es die vorangehend geschilderte Erkenntnis der Sünde nicht.

3. *Die Erlösung*

8,2-11

(2) *Denn das Gesetz des Geistes des Lebens in Christus Jesus hat*
(3) *mich befreit vom Gesetz der Sünde und des Todes. (3) Denn*
was dem Gesetz, weil es wegen des Fleisches schwach ist,
unmöglich war, bewirkte Gott, indem er wegen der Sünde
seinen Sohn in der Gestalt des Fleisches der Sünde sandte und
(4) *die Sünde im Fleisch verurteilte, (4) damit die Forderung des*
Gesetzes erfüllt werde unter uns, die wir nicht nach dem
Fleisch wandeln sondern nach dem Geist.
(5) *Denn die Fleischesmenschen trachten nach dem Fleischlichen*
(6) *und die Geistesmenschen nach dem Geistlichen: (6) Das*
Trachten des Fleisches zielt auf den Tod, das Trachten des
Geistes aber auf Leben und Frieden.
(7) *Das Trachten des Fleisches richtet sich nämlich in Feindschaft*
gegen Gott; denn es unterwirft sich nicht dem Gesetz Gottes,
(8) *kann es auch gar nicht. (8) Darum können die Fleischesmen-*
schen Gott nicht gefallen.
(9) *Ihr aber seid keine Fleischesmenschen, sondern Geistesmen-*
schen, wenigstens wenn Gottes Geist in euch wohnt. Wenn
aber jemand Christi Geist nicht hat, der gehört nicht zu ihm.
(10) *Wenn aber Christus in euch ist, so ist der Leib tot durch die*
Sünde, der Geist aber gibt das Leben durch die Gerechtigkeit.
(11) *Wenn aber der Geist dessen, der Jesus von den Toten aufer-*

weckt hat, in euch wohnt, so wird er, der Christus Jesus von den Toten auferweckt hat, auch eure sterblichen Leiber wegen seines in euch wohnenden Geistes lebendig machen.

Dieser zentrale paulinische Text, den J. S. Bach teilweise in seine Motette ›Jesu, meine Freude‹ kunstvoll eingebaut hat, bereitet der theologischen Analyse nicht geringe Schwierigkeiten.

Er wird von Gegensatzpaaren beherrscht: Geist – Fleisch; Sünde – Gerechtigkeit; Leben – Tod. Das den Abschnitt durchgehend bestimmende Paar ›Geist – Fleisch‹ ist dem hellenistisch-gnostischen Dualismus entnommen, dem auch manche andere Begrifflichkeit des vorliegenden Traktats entstammt; es wird von Paulus aber in das geschichtliche Äonendenken eingeordnet, wie sich im einzelnen zeigen wird.. ›Geist‹ und ›Fleisch‹ bezeichnen für Paulus demzufolge nicht konträre Substanzen, die den ›dualistischen‹ Menschen konstituieren, sondern ›Fleisch‹ steht für die geschichtliche Wirklichkeit des ›alten‹, der Sünde und dem Tod verfallenen Menschen bzw. für die ihn knechtende Macht des Todes, ›Geist‹ bezeichnet demgegenüber den jenseits der Äonenwende oder der ›Bekehrung‹ aus der Gerechtigkeit Gottes lebenden Menschen bzw. die ihn bestimmende Lebensmacht. Wer das Wesen dieser Äonenwende als einen geschichtlichen Vorgang versteht, hat unseren Abschnitt insgesamt im wesentlichen verstanden.

In V. 2 wiederholt sich zunächst die ›spielerische‹ Verwendung des Begriffs ›Gesetz‹, die bereits in 7,21-23 (vgl. 3,27) zu beobachten war; besser: sie setzt sich fort, was für den unmittelbaren Anschluß von 8,2 an 7,21-23.24-25a spricht. Der Sinn dieser Formulierungsweise in 8,2 ist wie in 7,21-23 in der Relativierung des Begriffs ›Gesetz‹ zu suchen: indem der Begriff ›Gesetz‹ einerseits mit ›Sünde‹ und ›Tod‹, andererseits mit ›Geist‹ und ›Leben‹ verbunden wird, tritt – im Unterschied zum jüdisch-pharisäischen Verständnis der Tora – seine Zweideutigkeit und Ambivalenz hervor, die nach einem Ersatz des ›Gesetzes‹ durch eine unmißverständliche Basis des Gottesverhältnisses ruft, nämlich nach dem gekreuzigten Christus.

Versuche, unter dem ›Gesetz des Geistes‹ das jüdische Gesetz, die Tora, zu verstehen, wie es im Lichte des Christusglaubens erscheint, scheitern wie an dem paulinischen Gesetzesverständnis überhaupt so an V. 3a, wo dem Gesetz die Fähigkeit, die Sünde in Schach zu halten, *unter allen Umständen* und Voraussetzungen bestritten wird. Zwar bringt das Christusgeschehen die *Intention* der göttlichen Tora ans Licht bzw. zur Wirksamkeit (3,21 u.ö.), aber nur so, daß es die Tora selbst aufhebt (10,4).

Ähnlich wie in 7,21-23 wird der Sinn von V. 2 klarer, wenn man auf den Begriff ›Gesetz‹ verzichtet, den Paulus wie in 7,21-23 vermutlich erst bei der Übernahme des ›Traktats‹ in Röm A in die Vorlage eingefügt haben dürfte:

›Denn der Geist des Lebens in Christus Jesus hat mich befreit von Sünde und Tod‹.

Sünde und Tod hängen, wie 6,23 (vgl. 1Kor 15,56) zeigt, als Ursache und notwendige Folge, als Wurzel und als Frucht zusammen: die Sünde bringt den Tod mit sich. Ebenso muß auch das Verhältnis von Geist und Leben verstanden werden, so daß der Genitiv bei ›Geist des Lebens‹ denselben explizierenden Sinn hat wie das ›und‹ bei ›Sünde und Tod‹. ›In Christus Jesus‹ bezeichnet die von außen kommende Quelle des lebendigmachenden Geistes; ihm entspricht ein – selbstverständlich unausgedrücktes – ›durch mich‹ im zweiten Glied des fast hymnischen Verses. In leichter, die Parallelität betonender Umschreibung besagt V. 2 also:

›Denn der Geist, der durch Jesus Christus das Leben bringt, hat mich befreit von der Sünde, die (durch mich) den Tod bringt‹.

Statt ›mich befreit‹ lesen Handschriften, die im allgemeinen recht zuverlässig sind, ›dich befreit‹, eine schmale handschriftliche Überlieferung ›uns befreit‹. Bei unmittelbarem Anschluß von V. 2 an 7,25a ist ›mich befreit‹ die überzeugendste Lesart. Durch den Einschub von 7,25b und 8,1 dürfte die Unsicherheit in der Überlieferung entstanden sein. Vielleicht hatte auch Paulus selbst ein ›mich‹ des Traktats durch ein briefliches ›dich‹ ersetzt. Sachlich hat die Differenz kein Gewicht; denn in jedem Fall gilt V. 2 (vgl. V. 9) von den Christen insgesamt.

In V. 2 stehen sich demnach wie Leben und Tod so Geist und Sünde gegenüber. Statt ›Geist – Sünde‹ heißt es von V. 4 an in gleichem Sinn ›Geist – Fleisch‹. Da Paulus in Kap. 7 vorwiegend mit dem alttestamentlich-jüdischen Begriff ›Sünde‹ operierte, um die Entfremdung des Menschen zu beschreiben und die Funktion des Gesetzes aufzudecken, liegt es nahe, daß er den Begriff ›Sünde‹ in 8,2 beibehält, wo er zugleich den Begriff ›Geist‹ einführt, um die Befreiung des Menschen aus den Fesseln der Entfremdung zu beschreiben. Von da aus geht er zu dem Gegensatzpaar ›Geist – Fleisch‹, dem klassischen anthropologischen Begriffspaar des hellenistisch gnostischen Dualismus über – ein bemerkenswerter Sprachwechsel.

Die Funktion von V. 3 ist dabei unter anderem, in überlegter Weise diesen sprachlichen Übergang herzustellen; vor allem dadurch wird V. 3 so unübersichtlich. Dreimal begegnet in V. 3 ›Sünde‹, dreimal ›Fleisch‹, und zwar jeweils in parallelisierender Paarung. ›Wegen des Fleisches‹ wird durch das sachlich entbehrliche – die Sache wird im folgenden ja noch deutlicher ausgesprochen – ›wegen der Sünde‹ gleichsinnig aufgenommen, und in den schwierigen Formulierungen ›in der Gestalt des Fleisches der Sünde‹ und ›die Sünde im Fleisch verurteilen‹ sind ›Sünde‹ und ›Fleisch‹ einfach tautologisch einander so zugeordnet, daß jeweils einer der Begriffe entbehrlich wäre, wollte Paulus nicht eben das Gegensatzpaar ›Geist – Sünde‹ in das entsprechende Paar ›Geist – Fleisch‹ überführen. Beachtet man die im übrigen vorhandene Entbehrlichkeit jeweils des einen Begriffs, wird die Argumentation in V. 3 durchsichtiger:

›Denn was dem Gesetz, weil es wegen des Fleisches (der Sünde) schwach ist, unmöglich war, bewirkte Gott, indem er seinen Sohn in der Gestalt des Fleisches (der Sünde) sandte und die Sünde (das Fleisch) verurteilte.‹

Erkennt man diese Gleichbedeutung von ›Fleisch‹ und ›Sünde‹, so ist angesichts der unbestreitbaren Tatsache, daß ›Sünde‹ eine geschichtliche Macht ist, gänzlich ausgeschlossen, daß Paulus den Gegensatz ›Fleisch – Geist‹ anders als geschichtlich verstanden wissen will, nämlich im Sinn des hellenistisch-gnostischen Dualismus, der ›Geist‹ und ›Fleisch‹ als die beiden widerstreitenden Substanzen ansieht, deren eine göttlich, deren andere aber dämonisch ist. ›Fleisch‹ und ›Geist‹ stehen sich vielmehr wie auch sonst bei Paulus als geschichtliche Mächte bzw. als Daseinsmöglichkeiten des Menschen gegenüber, ganz im Sinn der in V. 10 von Paulus ausnahmsweise gewählten Begriffe ›Sünde‹ und ›Gerechtigkeit‹. »Also, daß Fleisch sei ein Mensch, der inwendig und auswendig lebt und wirkt, das zu des Fleisches Nutz und zeitlichem Leben dienet. Geist sei ein Mensch, der inwendig und auswendig lebt und wirkt, das zu dem Geist und zukünftigem Leben dienet. Ohn solchen Verstand dieser Wörter wirst du diese Epistel Sankt Pauli noch kein Buch der heiligen Schrift nimmer verstehen«[73].

Die Einsicht, daß ›Fleisch‹ und ›Sünde‹ austauschbare Begriffe sind, führt zugleich zu einer anderen, für das Verständnis von 8,2-10 wichtigen Erkenntnis. ›Sünde‹ bezeichnete in Kap. 7 ja nicht die einzelnen Verfehlungen des Menschen, sondern sein Dasein in der Entfremdung, also die Tatsache, daß er sich selbst verfehlt, wo er aus dem Verfügbaren und Machbaren lebt. ›Sünde‹ ist also eine den ganzen Menschen, »der inwendig und auswendig lebt und wirkt«, bestimmende Daseinshaltung, nicht aber eine ethische oder moralische Qualifikation des Menschen. Dasselbe gilt dann auch für den

Begriff ›Fleisch‹. Er darf nicht im ethisierenden Sinne mißverstanden und, wie es vor allem die idealistische Auslegung tut, dem Geist als dem guten Prinzip so entgegengestellt werden, daß im Christen durch den Geist ein Prozeß zunehmender Überwindung des ›Fleisches‹ mit seinen bösen Leidenschaften in Gang gesetzt wurde, der »seinen ruhigen Weg«[74] geht und schließlich mit dem vollen Sieg des Geistes, nämlich des Sittlichen, enden wird. ›Fleisch‹ bzw. Sünde und ›Geist‹ sind vielmehr die beiden den Menschen alternativ und jeweils ausschließlich und ganz bestimmenden Mächte. Was immer an Erziehung und sittlicher Entwicklung des Menschen möglich ist: eine *Entwicklung* von ›Fleisch‹ zu ›Geist‹ ist nicht möglich. *Vor* dem Glauben regiert das ›Fleisch‹ den Menschen, der Glaubende dagegen wird vom ›Geist‹ regiert; der ›natürliche‹ Mensch von 7,17ff unterliegt der Macht des Fleisches, der erlöste Mensch von 8,2ff der des Geistes. ›Fleisch‹ und ›Geist‹ bezeichnen also jeweils einen meta-ethischen wie meta-physischen Sachverhalt – auch der fromme Pharisäer und der selbstgewisse Pneumatiker sind ›Fleisch‹! Zwischen ›Fleisch‹ und ›Geist‹ als den beiden geschichtlichen Daseinsweisen liegt die eschatologische Äonenwende, das Christusgeschehen. Wer meint, eine »durchaus ethische Orientierung«[75] unseres Abschnitts erkennen zu können, mißversteht ihn von Grund auf, so gewiß *aus* ihm die Frage nach dem neuen Gehorsam erwächst (s.u.).

Daß ›Fleisch‹ und ›Geist‹ im hellenistisch-gnostischen Dualismus einander schlechterdings ausschließende Größen sind, die – als göttlich und als dämonisch – weder miteinander vermittelt werden noch in einem *Prozeß* gegenseitiger Vermittlung oder Verdrängung kommunizieren können, empfahl diese dualistische Sprache wie der vorpaulinischen Tradition so dem Apostel für seine Aussagen. Zugleich erleichterte die Tatsache, daß der ›Geist‹ im apokalyptischen Äonendenken und in der sich daran anschließenden urchristlichen Frömmigkeit und Theologie eine große Rolle spielt, die Übertragung dieser dualistischen Begrifflichkeit in das geschichtliche Denken der frühen Christenheit. Die urchristliche Geist*erfahrung* war Voraussetzung und Anknüpfungspunkt für die ›Theologie des Geistes‹, wie sie in 8,2ff vorliegt.

Ein Verständnis des Begriffs ›Geist‹ in diesem urchristlichen, an das geschichtliche Denken der Apokalyptik anschließenden Sinn des Wortes ist deshalb grundlegend, will man 8,2-11 verstehen.

Der Geist

1. Schon das Alte Testament kennt den Gegensatz ›Fleisch – Geist‹:

›Die Ägypter sind ja Menschen und nicht Gott!
Ihre Rosse sind ja Fleisch und nicht Geist!‹ (Jes 31,3)

Es handelt sich an dieser Stelle allerdings deutlich um keinen primär anthropologischen Gegensatz, sondern um die fundamentale Differenz von Gott und Mensch, von Schöpfer und Geschöpf. Fleisch steht demgemäß nicht als Sünde gegen den Geist, sondern bezeichnet die Geschöpflichkeit. Indessen sind Fleisch und Geist so weit voneinander geschieden, wie Gott sich vom Menschen unterscheidet; es handelt sich um eine totale Unterscheidung.

Diese alttestamentliche Einsicht in das ›Ganz Andere‹ des göttlichen Geistes hält Paulus mitsamt dem Urchristentum fest, wenn er vom Geist spricht, und zwar auch und gerade da, wo er die anthropologische Sprache und Vorstellungswelt des hellenistisch-gnostischen Dualismus benutzt: Der Mensch ist an und für sich nur Fleisch; gerät er in den Bereich des Geistes, geschieht dies nicht aufgrund einer in ihm wohnenden ›Geistlichkeit‹, einer höheren, pneumatischen Substanz oder eines ans Licht tretenden besseren Ich, sondern deshalb, weil Gott sich ihm zuwendet und ihm Anteil an der Wirklichkeit *seines* Geistes gibt. Wo immer der göttliche Geist unter Menschen wirksam wird, tritt solche Wirkung also aufgrund der freien und zuvorkommenden Gnade Gottes ein. Der Mensch ist des Geistes nie mächtig, sondern stets der Empfänger des Geistes, der vom Geist Überwältigte. In dieser seiner anthropologischen Fassung bleibt der alttestamentliche Dualismus von Geist und Fleisch erhalten; denn der Mensch steht ständig vor der Entscheidung, ob er als Fleisch, d.h. aus sich selbst als Geschöpf, oder als Geist, d.h. aus Gott dem Schöpfer leben will.

2. Im Alten Testament gilt der erwartete Messias als der hervorragende Geistträger. Auf ihm wird der Geist Jahwes ruhen (Jes 11,1ff), und in der Kraft dieses Geistes wird er seinem Volk Recht und Barmherzigkeit bringen (Jes 42,1; 61,1ff). Diesen Gedanken pflegt die frühe Christenheit, das wahre Gottesvolk, intensiv (Röm 1,3f; Lk 1,35; Mk 1,10f). Mit dem Messias kommt Gottes Geist zu den Menschen.

Wichtiger noch ist für das Urchristentum die verwandte, nicht unmittelbar an der Person des Messias orientierte prophetische Erwartung, daß in der Heilszeit der Geist Gottes über die Gemeinde der Erwählten ausgegossen wird. Die bekannteste dieser Stellen findet sich (vgl. im übrigen Jes 32,15; 44,3; Hes 11,19; 36,26f;

37,14; Hagg 2,5; Sach 12,10) in Joel 3,1; sie liegt der Pfingstpredigt des Petrus in Apg 2 zugrunde:

›Und darnach werde ich von meinem Geist auf alles Fleisch ausgießen ... Auch über Knechte und Mägde will ich in jenen Tagen von meinem Geist ausgießen ... Und jeder, der den Namen des Herrn anrufen wird, soll gerettet werden‹. (Joel 3,1-5 LXX)

Die urchristliche Gemeinde verstand den in ihr wirkenden Gottesgeist als diese ›verheißene Gabe‹ (Gal 3,14; Eph 1,14; Lk 24,49 u.ö.) und sich selbst dementsprechend als die eschatologische Heilsgemeinde. Der Messias war gekommen, mit ihm der Geist, und die Glaubenden blickten auf das vollzogene Heilsgeschehen und insofern auf die Äonenwende selbst zurück. Dabei war es *im Prinzip* unerheblich, in welcher Weise der Geist erfahren wurde, der in der Gemeinde heilvoll wirksam war: in Ekstase und Glossolalie (1Kor 12-14; 2Kor 5,11ff); in den Gnadengaben der Wortverkündigung, der Gemeindeleitung, der Diakonie (Röm 12,3-8); in der Kraft lebendigen Glaubens und wahrhaftiger Gotteserkenntnis (Joh 6,63; 14,17.26); in dem neuen Leben der Liebe, der Freude, des Friedens und der Gütigkeit (Gal 5,22f); im Gehorsam der Kinder Gottes (Röm 8,12ff); in der Kraft der Hoffnung und des Gebets (Röm 8,15-27). Stets handelt der eine und selbe Geist (1Kor 12,11).

Der Geist ist Zeichen und Wirlichkeit des gekommenen Heils, der vollzogenen Rettung; er ist das Angeld des göttlichen Friedens. Mit dem Kommen des Geistes durch die Erscheinung des Messias wurde für die ›Geistesmenschen‹ die Erwartung Gottes in die Fülle des Heils aufgehoben. Wo Gottes Geist die Gegenwart bestimmt, haben Sünde und Tod ihre Macht verloren. Wer im Geist lebt, lebt in der Gegenwart des eschatologischen Heils und ›kommt nicht in das Gericht‹ (Joh 5,24).

3. Schließlich muß beachtet werden, daß im Neuen Testament Geist und Gemeinde zusammengehören. Der Geist wird nicht einzelnen gegeben, die sich dann zu einer Gemeinde zusammenschließen, sondern der Geist ist in der Gemeinde als dem Leib Christi lebendig und wird denen zuteil, die sich als Glaubende der Gemeinde anschließen. Darum besteht im Neuen Testament eine enge Verbindung von Taufe und Geistmitteilung, jedoch verleiht die Taufe nicht magisch dem Täufling den Geist, sondern versetzt in das Wirkungsfeld des Geistes, die Gemeinde.

Diese primäre Bindung des Geistes an die Gemeinde und nicht an den einzelnen darf nicht im Rahmen der Unterscheidung von Individuum und Kollektiv interpretiert werden. Diese Unterscheidung setzt zwei Gegebenheiten gegeneinander, die einander bedingen: Die Summe von isolierten einzelnen ergibt ein Kollektiv; das Kollektiv, die undifferenzierte Masse, setzt sich aus lauter einzelnen, jederzeit ersetzbaren Individuen zusammen. Dabei hätten wir es mit einem in dieser Weise erst neuzeitlichen gesellschaftlichen Phänomen zu tun.

Wird dagegen im Neuen Testament die Gemeinde als Träger des Geistes angesehen, so im Rahmen eines Organismusdenkens, das den einzelnen in seiner individuellen Besonderheit als unverwechselbaren Teil des Ganzen, als Glied am Leib der Gemeinde ansieht, wie Röm 12,3-8 und 1Kor 12,4-31 anschaulich dartun. Der einzelne ist integrierender Bestandteil des Ganzen, das seiner ebenso bedarf wie er der anderen Glieder des ›Leibes‹. Individuum und Gemeinschaft sind nicht feindliche Brüder, sondern organisch miteinander verbunden und aufeinander angewiesen wie Mann und Frau in einer rechten Ehe.

Insofern bleibt die Individualität der Glaubenden gewahrt, die nicht anders als durch ihre persönliche Entscheidung Glied der einen Gemeinde sind und die angesichts der Vielzahl der Geistesgaben ihre Besonderheit auch als Träger des einen Gottesgeistes bewahren.

Was bedeutet angesichts dessen aber, daß die ›Teilhabe am Geist‹ (2Kor 13,13), d. h. die eschatologische Existenz, mit der ›Gemeinschaft mit Christus‹ (1Kor 1,9) bzw. mit der ›Gemeinschaft der Gläubigen‹ (Gal 2,8), der Zugehörigkeit zur Heilsgemeinde, zusammenfällt (Phil 2,1)? Vor allem dies, daß es diese Existenz nicht *als* weltliche Existenz gibt, d. h. nicht aus der Kraft und aus den Möglichkeiten der verschiedenen sozialen Organismen wie Haus (Familie), Polis (Kommune), Staat (Politik), auch nicht als noch ausstehendes Ergebnis sozialer und politischer Anstrengungen. Die Herrschaft Gottes steht nicht am Ende unserer religiösen oder moralischen oder politischen Bemühungen und Bestrebungen. Solche Erwartungen oder Anforderungen kennzeichnen gerade das Wesen der Sünde, wie Paulus sie in den gesetzlichen Bemühungen der Synagoge selbst erfahren hat und in den revolutionären Ambitionen der Zeloten einerseits, in den politischen Heilserwartungen der römischen Ökumene andererseits beobachten kann.

Kirche bzw. Gemeinde sind kein ›Verein‹, d. h. kein Zusammenschluß von Menschen gleicher Interessen zu gemeinsamer Tätigkeit; Kirche ist auch nicht die Summe ihrer Glieder. Kirche ist stets *vor* denen da, die zu ihr gehören. Kirche ist die von Gott gegebene (gestiftete!) Wirklichkeit der neuen Welt in der alten.

Heil gibt es deshalb für den Menschen, der dabei seinen weltlichen Stand freilich keineswegs verlassen oder vernachlässigen darf (1Kor

7,17ff), nur durch das Wagnis der ›Entweltlichung‹, nur durch den Eintritt in den Machtbereich dessen, der die ›Welt besiegt‹ hat (Joh 16,33), nur durch die Bürgerschaft im Himmel (Phil 3,20), nur durch die Gliedschaft am Leibe Christi.
Nicht der Gemeinschaftsgedanke als solcher bestimmt also die Bindung des Glaubenden an die Gemeinschaft der Christen, sondern die Vorgegebenheit des Heils und der Heilsgemeinde allem individuellen und kollektiven Heilsstreben gegenüber.
Daß die ›Gemeinschaft des Geistes‹ immer schon da ist, so daß ich sie nicht schaffen, sondern nur in sie aufgenommen werden kann, garantiert deshalb bleibend die Unterscheidung von Mensch und Geist, von Welt und Reich, von menschlichem Wohl und göttlichem Heil, von – gutem und bösem – Tun und Gnade, von irdischem und göttlichem Regiment.

Vers 2

V. 2 ist die an den jubelnden Dank von 7,25a unmittelbar anschließende hymnische Begründung für die dort ausgedrückte totale Erleichterung des ›unglückseligen Menschen‹.
Ohne Einschränkung und Vorbehalt erklärt Paulus, die Befreiung aus der Knechtschaft der Sünde *sei erfolgt.* Der lebendigmachende Geist *hat* Sünde und Tod verdrängt. J. S. Bach ordnet V. 2 nicht ohne Grund der 3. Strophe von J. Francks ›Jesu, meine Freude‹ bei:

›Trotz dem alten Drachen,
Trotz dem Todesrachen,
Trotz der Furcht dazu!
Tobe, Welt, und springe,
ich steh hier und singe
in gar sichrer Ruh.
Gottes Macht
hält mich in acht,
Erd und Abgrund muß verstummen,
ob sie noch so brummen.‹

Hier wie dort spricht sich das Siegesbewußtsein des Erlösten gleich jubelnd aus: Tod und Sünde sind überwunden. ›Gott sei Dank, der uns den Sieg gibt durch unsern Herrn Jesus Christus‹ (1Kor 15,57).
Damit gibt Paulus weder eine bloß subjektive Erfahrung wieder noch ein allgemein einsichtiges ›objektives‹ Urteil ab. Er spricht ein Bekenntnis (›hat mich befreit‹) aus, bzw. er legt ein Zeugnis ab (›hat

dich befreit‹), gedeckt durch die Wirklichkeit des neuen Lebens im Glauben und durch die Erfahrung des Geistes in der Gemeinde.

Die Wahrheit des Glaubens kann sich in der Tat *nie* bloß objektiv, d.h. unabhängig von Bekenntnis und Zeugnis, erweisen. Darum ist die Theologie daran interessiert, Wahrheit und Wirklichkeit des Glaubens das vom naturwissenschaftlichen Positivismus einschließlich der sogenannten Humanwissenschaften besetzte Feld übergreifen zu lassen, und zwar nicht in der Weise, daß der Glaube sich in den Lücken ansiedelt, die das naturwissenschaftliche Weltbild – noch – läßt, sondern so, daß der naturwissenschaftlich erforschten und erforschbaren Wirklichkeit kein ausschließlicher Wirklichkeitsanspruch zugebilligt wird, auch und erst recht der nach Analogie der Naturwissenschaften erforschten psychischen und sozialen Wirklichkeit nicht. Die Glaubenserfahrung ist ein eigenes Feld, auf dem Wirklichkeit begegnet; Wort und Zeugnis sind – fern aller wissenschaftlichen Experimente – ein eigenartiges Medium, in dem Wahrheit anspricht.

Die glaubende Erfahrung des neuen Lebens und die im Geist gewonnene Einsicht in das Wesen der Sünde beanspruchen im existentiellen Bereich ebenso wahr zu sein wie die Zellteilung im biologischen oder die Atomspaltung im physikalischen oder die Wechselbeziehung von Individuum und Gesellschaft im sozialen Bereich. Die Naturwissenschaften und die sogenannten Humanwissenschaften können deshalb nur Hilfsfunktion für den Theologen besitzen.

Die von Paulus bezeugte Erfahrung des Glaubens ist freilich nicht ›innerlich‹ insofern, als sie *aufgrund* eines innerlichen Geschehens, einer ekstatischen, mystischen oder rationalen Einsicht gewonnen würde. Der *Grund* des Glaubens liegt vielmehr außerhalb meiner ›in Christus Jesus‹, wie bereits in V. 2 nachdrücklich erklärt wird. Liegt der Grund für die Macht der Sünde in meinem Sündigen, so der Grund für mein Heil in Gott. Indem Gott diesen Grund in Christus Jesus, also in einem einmaligen geschichtlichen Geschehen, gelegt hat, kann er in keiner Weise mehr durch mich gelegt werden oder in mich gelegt erfunden werden. Heil gibt es nur in Beziehung zu dem Heilsgeschehen, das sich allein göttlicher Initiative verdankt, so daß ich meiner selbst *eigentlich* nur dort gewiß werde, wo ich mich schlechterdings nicht mehr an mir selbst orientiere. Ja, sich selbst *vor Gott* preisgeben, heißt in einem: an Jesus Christus glauben und sich selbst gewinnen.

V. 3 spricht von diesem ›in Christus Jesus‹ gelegten Grund des Glaubens, der ›objektiv‹, d. h. verständlich dargelegt werden kann, wenn sich auch seine Tragfähigkeit nur ›subjektiv‹, d. h. im glaubenden Einverständnis erfahren läßt.
V. 3 macht allerdings auch dem ›objektiven‹ Verstehen nicht geringe Schwierigkeit, die nicht schon durch die Erkenntnis, daß ›Fleisch‹ und ›Sünde‹ aus den vorne genannten Gründen weitgehend tautologisch gebraucht werden, entfallen.
Eine Hilfe zum Verständnis von V. 3 bietet die Erkenntnis, daß Paulus das Christusgeschehen an Hand einer christologischen Formel darstellt, die auch ihm bereits vorgegeben war. Ein syntaktischer Bruch im griechischen Text, der in der deutschen Übertragung verdeckt wird, weist auf diesen Sachverhalt hin: Paulus setzt mitten im Satz neu ein: ›Gott sandte seinen Sohn . . .‹. Der formelhafte Charakter dieses Einsatzes ergibt sich aus einem Vergleich z. B. mit Gal 4,4; Joh 3,16f; 1Joh 4,9f.
Die theologische Rede von der *Sendung des Sohnes* ist typisch ›johanneisch‹; sie spricht von der Menschwerdung, der Inkarnation des Gottesohnes, visiert aber nicht im besonderen seine Kreuzigung an. Da auch in Gal 4,4 eine entsprechende vorpaulinische Formel vorliegt, Paulus aber im übrigen nicht von der ›Sendung des Sohnes‹ spricht, steht nicht nur der formelhafte Charakter unserer Wendung fest, die Paulus aus seiner Tradition übernimmt, sondern es bestätigt sich auch, daß der vorliegende dogmatische Traktat vermutlich einer relativ frühen Stufe paulinischer Theologiebildung entstammt; denn sonst wäre eine ausdrückliche *theologia crucis* zu erwarten.
Die vorpaulinische Wendung könnte etwa gelautet haben:

›Gott sandte seinen Sohn in der Gestalt des Fleisches und verurteilte die Sünde (zum Tode)‹.

Paulus beschreibt das Heilsgeschehen nicht von ungefähr und gewiß nicht aus Bequemlichkeit gerne in überlieferten Formeln, die ›ich auch empfangen habe‹ (1Kor 15,3). Es gibt keine Unmittelbarkeit zu sogenannten ›Heilstatsachen‹. Das Heilsgeschehen begegnet stets als ein Wort gewordenes, bereits gedeutetes und so in das Bekenntnis der Gemeinde aufgehobenes Geschehen. Ereignis und Wort gehören zusammen: Ereignis ohne Wort wäre stumm; Wort ohne Ereignis wäre leer. Es gibt für Paulus z. B. kein Zurück hinter das *Wort* vom Kreuz (1Kor 1,18) zu dem Kreuz an sich, hinter das Oster*bekenntnis* zu Jesu Auferweckung als solcher. Alle Aussagen über das Heilsgeschehen sind also von vornherein *kirchliche* Aussagen, d. h. Aussagen, die nur in der Betroffenheit des Glaubens gemacht werden konnten und deren Wahrheit sich deshalb auch nicht objektiver Analyse, sondern nur dem Gehorsam des Glaubens enthüllt.

Wenn Paulus die überkommenen bekenntnishaften Glaubensformeln nicht sklavisch zitiert, sondern sie, wie man durchgehend erkennen kann, interpretiert und entfaltet, gibt er zu erkennen, daß es sich bei der christlichen Botschaft *als* überlieferter nicht um zeitlose Satzwahrheiten handelt, sondern um eine den Hörer betreffende und darum geschichtlich lebendige Botschaft, die, will sie ihren einmaligen Grund und Ursprung im geschichtlichen Wandel und angesichts des Wechsels der Hörer festhalten, ihre Gestalt jeweils neu finden muß.

Dem Apostel stellt sich also das hermeneutische Problem – und er stellt sich diesem Problem –, die *eine* Botschaft zu *allen* Zeiten zu verkündigen. Der sprachliche Wechsel von ›Sünde‹ zu ›Fleisch‹, also von der alttestamentlichen zu der dualistischen Sprache des Hellenismus, dürfte ein Beispiel für diesen hermeneutischen Prozeß sein, wodurch auch immer hervorgerufen. Theologie kann die hermeneutische Aufgabe nie endgültig, muß sie aber immer neu lösen; der Pfarrer muß sich ihr von Sonntag zu Sonntag und von Gegenüber zu Gegenüber stellen.

Eine Interpretation des Paulus zeigte sich schon in der Formulierung ›in der Gestalt des Fleisches der Sünde‹; denn die Tautologie von ›Fleisch‹ und ›Sünde‹ stammt schwerlich aus der Tradition, sondern verrät, wie wir sahen, paulinisches Interesse. Der Gedanke der *Erniedrigung* des Gottessohnes in die Sünde oder das Fleisch ist als solcher freilich traditionell. Paulus kennt ihn aus vorgegebenen Formulierungen sowohl in der Fassung, daß der Gottessohn ›in die Gestalt des Menschen‹ einging (Phil 2,7), wie in der anderen, daß er für uns ›zur Sünde gemacht‹ wurde (2Kor 5,21). Von solchen Aussagen muß die spätere griechische Frage nach dem Verhältnis der Substanzen bzw. Naturen in Christus ebenso ferngehalten werden wie die Erwägung, ob bzw. inwiefern Jesus selbst der Macht der Sünde, d. h. der Entfremdung, unterworfen oder gar unterlegen war. Paulus hat keinen Zweifel daran, daß Jesus sich *als* Gottessohn erniedrigte, der »als solcher der Anfechtung durch die Sünde nicht unterliegen konnte«[76]. Aber er denkt nicht substanzhaft, sondern dynamisch bzw. geschichtlich: Der Sohn Gottes, d. h. Gott selbst in seiner Zuwendung zum Menschen, begibt sich in die menschliche (Phil 2,7) Sphäre des Fleisches (V. 3) und der Sünde (2Kor 5,21); er ›solidarisiert‹ sich also mit dem entfremdeten

Menschen und nimmt *als* Sohn Gottes dessen (Sünden- und Todes)*schicksal* auf sich. ›In der Gestalt des Fleisches der Sünde‹ meint also einfach die reale Menschheit dessen, der auch als Mensch der ›Gottessohn‹ bleibt bzw. gerade *als* wahrer Mensch der auserwählte Offenbarer Gottes ist.

Die in V. 3 gleichfalls begegnende formelhafte Wendung ›wegen der Sünde‹ findet sich als solche zwar auch in vorpaulinischer Tradition (vgl. z. B. 1Kor 15,3), dürfte aber nicht ursprünglich mit der in V. 3 aufgenommenen Sendungsformel verbunden gewesen sein. Sie bezieht sich nämlich sonst nicht auf die Menschwerdung, sondern aufgrund von Jes 53 auf den Kreuzestod Jesu. Fügt Paulus diese Wendung in V. 3 der überkommenen Formel bei, so erfüllt das ›wegen der Sünde‹ eine mehrfache Funktion.

Einmal stellt dieser Zusatz, parallel zu ›wegen des Fleisches‹ gesetzt, die im Zusammenhang wichtige Gleichung Fleisch = Sünde her (s. v.).

Sodann richtet dieser Zusatz die Sendung des Sohnes auf seinen Tod aus; Paulus verbindet insoweit die Kreuzestheologie mit der ›johanneischen‹ Inkarnationstheologie.

Schließlich ist ›wegen der Sünde‹ eine Formulierung, die das Christusgeschehen *deutet;* diese Deuteformel unterstreicht also den im weiteren Zusammenhang deutlicher ausgesprochenen Gedanken, daß es im christlichen Heilsgeschehen um die Überwindung jener Sünde geht, von der im ersten Teil der ›kleinen Dogmatik‹ in so grundsätzlicher Weise gesprochen wurde.

Diese dreifache Funktion erlaubt es nicht, die Wendung ›wegen der Sünde‹, die im griechischen Text (mehr als in der glättenden Übersetzung) als störende Überladung wirkt und deshalb von einigen späteren Handschriften sowie von einzelnen modernen Auslegern auch gestrichen wird, für einen nachpaulinischen Zusatz anzusehen. Ihr formal störender Charakter weist allerdings darauf hin, daß wir es mit einem *paulinischen Zusatz* zu tun haben, und zwar mit einem Zusatz nicht nur zu der ›Sendungsformel‹, sondern zu dem Traktat überhaupt; erst bei dessen Übernahme in Röm A dürfte das ›wegen der Sünde‹ in diesen Traktat eingefügt worden sein.

Daß allerdings schon der Traktat selber die Sendung des Sohnes vor allem unter dem Gesichtspunkt des Todes Jesu als des Zieles dieser Sendung in den Blick nimmt, ergibt sich aus dem Abschluß und Höhepunkt von V. 3: Gott verurteilte die Sünde im Fleisch. Die *Verurteilung* der Sünde *im Fleisch* denkt zweifellos an den am Kreuz vollzogenen Urteilsspruch Gottes. Die Sünde ist dabei wie in 7,17-20 als eine personhafte Wirklichkeit vorgestellt, die am

Kreuz ihr Urteil empfängt bzw. ihre Hinrichtung erfährt, so daß sie ihre versucherische und knechtende Macht verliert. Diese stark bildhafte Vorstellung entspricht durchaus dem Sündenbegriff des Apostels, der primär nicht von der Vergebung der Sünden (Plural!) spricht, die der Mensch begangen hat, sondern von der Vernichtung der Macht der Sünde (Einzahl!), die den Menschen knechtet und ihn von der Wahrheit seines Daseins auch und oft gerade dort entfremdet, wo er sich keiner Sünden (Plural) bewußt ist, sondern sich vielmehr seiner guten Werke bewußt sein darf.

Wie soll man sich diese Verurteilung der Sünde (= des Fleisches) durch den Kreuzestod Jesu vorstellen, bzw. wie hat Paulus sich diesen Vorgang vorgestellt? Gibt es ein objektiv als Verurteilung der Sünde erkennbares Geschehen?

Käsemann spricht in diesem Zusammenhang sehr vage von der »Realität des für uns dargebrachten und uns repräsentierenden Sühnopfers«[77]. Nun mag die von Paulus vermutlich sekundär zugesetzte Formulierung ›wegen der Sünde‹ in ursprünglichen Zusammenhängen in der Tat mit dem Sühnopfergedanken verbunden gewesen sein (vgl. Jes 53). Aber dies Motiv ist im übrigen in V. 3 in keiner Weise angedeutet. Es orientiert sich als solches an der Wirklichkeit von Sünden*schuld* und *Vergebung* und wäre deshalb für die paulinische Theologie überhaupt – Paulus nimmt dies Motiv nur in traditionellen Wendungen auf (vgl. Röm 3,25f; 4,7f; 5,9; 1Kor 11,23ff) – und speziell im vorliegenden Zusammenhang, in dem es um die Verurteilung der Sünden*macht* geht, unangemessen. Wir brauchen uns deshalb mit Sinn und Problematik des Sühnopfergedankens (einer für den modernen Menschen besonders schwer vollziehbaren und nicht leicht verständlichen Vorstellung, weil der Opferkult im übrigen aufgehört hat) an dieser Stelle nicht näher zu befassen.

Andere haben eine ethische Erklärung gegeben: Jesus habe, von der Sünde versucht, ihr erfolgreich Widerstand geleistet. Damit wurde er zum Vorbild aller Christen, die ›im Geist Christi‹ die Sünde bzw. die Sünden niederhalten können und sollen. Indessen entspricht dieser ethisierende Erlösungsgedanke, bei dem die Wirklichkeit der Erlösung stets von den Nachfolgern des Erlösers abhängt, nicht dem Perfektum des paulinischen Erlösungsverständnisses, wie er es schon in V. 2 ausdrückte. Außerdem ist für Paulus die Sündlosigkeit Jesu kein psychologisch beschreibbarer Zustand, den sich der irdische Jesus im Kampf mit den Versuchungen der Sünde erworben hat, sondern Kennzeichen seiner Zugehörigkeit zu Gott (2Kor 5,21), also seines ›Seins‹.

Jülicher[78] sieht richtig, daß Paulus »die grundsätzliche Vernichtung von Fleisch und Sünde« behauptet und erklärt folgendermaßen: Da alles Sterben eine Strafe für die Sünde darstellt, der sündlose Jesus aber wegen eigener Sünde nicht bestraft werden konnte, wurde faktisch nicht er gestraft, sondern die Sünde überhaupt und als solche bzw. das die Sünde manifestierende Fleisch. Wir begegneten dann in V. 3 dem Motiv stellvertretender Bestrafung. Wer Paulus eine so stark juridische Argumentation zutraut, mag diesen Gedankengang in V. 3 zwischen den Zeilen lesen, obschon dabei die Frage offen bleibt, inwiefern die stellvertretende *Bestrafung* des Fleisches und der Sünde schon ihre Entmachtung bedeutet; denn diese Mächte wurden, juridisch gesehen, am Kreuz ja nicht *real* getötet.
Nun kann man freilich überhaupt fragen, ob Paulus V. 3 auf dem Hintergrund einer bestimmten *Theorie* über die Entmachtung der Sünde formuliert, die dem Leser als solche Theorie geläufig sein muß, will er die Botschaft des Paulus verstehen. Denn da für Paulus die Sünde eine geschichtliche, d. h. eine im Leben des Menschen wirksame Macht ist, nicht aber eine abgesehen vom Menschen wirkende oder erkennbare Größe, kann auch die Entmachtung der Sünde letzten Endes nicht in einem Ereignis erfolgen, das der Mensch als Betrachter oder Zuschauer zur Kenntnis nimmt oder gar ignoriert, sondern nur in bezug auf bzw. unter Einbeziehung seiner eigenen Existenz. Geschieht die Verurteilung der Sünde ›im Fleisch‹, so dort, wo sie herrscht: nicht in himmlischer Ferne oder mythischer Distanz, sondern inmitten der menschlichen Sündenwelt.
Insofern ist keine soteriologische Theorie, sondern das gegenwärtige Wort, das die Ohnmacht der Sünde *für mich* aufdeckt und mir die Freiheit von der Sünde *befreiend* zuspricht, der eigentliche Ausdruck des Heilsgeschehens. Eine Theologie des Kreuzes, die nicht zugleich Theologie des *Wortes* wäre (vgl. 1Kor 1,18; 2Kor 5,18ff: Röm 10,14f), entspricht jedenfalls schwerlich den Intentionen des Apostels.
Bedenkt man, daß Kreuz und Auferstehung für Paulus als Heilsgeschehen eine Einheit bilden, wird man eine paulinische Theorie des Heilsgeschehens außerdem nicht ohne explizite Berücksichtigung von Ostern aufstellen können.
Schließlich sollte man auch den religionsgeschichtlichen Hintergrund der Sendungsformel und des ihr gemäßen Erlösungsgeschehens nicht ganz außer acht lassen, will man Paulus verstehen. Auch der Sendungsgedanke gehört dem dualistischen Denken an. Gnostischer Vorstellung zufolge versank das ›Pneuma‹ derart in das dämonische Gefängnis der Materie, daß ihm die Erinnerung an

seine himmlische Heimat und sein göttliches Sein genommen wurde. Die erlösende *Sendung* eines himmlischen Boten, Briefes oder Rufs bringt das verlorene Wissen (Gnosis) bzw. Selbst-Bewußtsein zurück, das sich nun, einmal vorhanden, unter den Pneumatikern unaufhaltsam fortpflanzt.

Unter solchen Voraussetzungen wird man zum Verständnis von V. 3 folgendes bedenken dürfen: Der Grundgedanke, der das paulinische Verständnis der Sendung des Sohnes bis zum Tode am Kreuz bestimmt, ist zweifellos der Gedanke der *Erniedrigung*, der Preisgabe aller Hoheit bis hin zum Tode am Kreuz (Phil 2,6ff; 2Kor 8,9), ein Gedanke, der von der Existenz des Glaubenden als des aller eigenen Macht entkleideten Geschöpfes vielfältig reflektiert wird (Röm 3,27; 2Kor 6,9f; 11,30; 12,9).

Aus dieser Erniedrigung erwächst die österliche Erhöhung. Erniedrigung und Erhöhung hängen unlösbar zusammen. Indem der Sohn Gottes *so* in die Sphäre des Fleisches und der Sünde eintritt, daß er alles Vertrauen auf sich selbst preisgibt und sich ganz dem auslieferte, der ihn vom Tode erretten konnte (Hebr 5,7f), wurde die Ohnmacht der Sünde aufgedeckt. Denn die Sünde hat Macht nur über denjenigen Menschen, den sie (mit Hilfe des Gesetzes) täuscht (1Mose 3,4f; Röm 7,11) und verleitet, sich über seine Geschöpflichkeit zu erheben. Ohne den Menschen, der (mit Hilfe des Gesetzes) sein will wie Gott, ist die Sünde tot (Röm 7,8). Dies zeigt Jesus durch seinen Gehorsam bis zum (realen) Tode am Kreuz: nicht vorbildlich, sondern ursprünglich (im eigentlichen Sinn dieses Wortes) und damit urbildlich; denn ist die Ohnmacht der Sünde einmal dargetan, ist sie ein für allemal dargetan; ist die Sünde einmal besiegt, ist sie für immer besiegt; wird ihr ›Todesurteil‹ öffentlich vollstreckt, hat ihre Macht ein Ende gefunden.

Was nämlich zuerst wie ein Sieg der Sünde und des Todes aussah, erwies und erweist sich von Ostern her in Wahrheit als der erste und damit grundlegende Sieg über Sünde und Tod, wirklich für alle, die sich mit Jesus Christus kreuzigen lassen (Gal 6,14) bzw. mit ihm sterben (2Kor 5,14) und also Gottes am Kreuz über die Sünde (= das Fleisch) vollzogenes Urteil für sich anerkennen, indem sie allen eigenen Ruhm, alle eigene Gerechtigkeit fahren lassen und in der Ohnmacht des Geschöpfes ihre Stärke suchen (2Kor 12,10).

Der Sünde wurde von Gott das Todesurteil gesprochen, und der Glaubende läßt dies Urteil gelten, indem er dem Fleisch – sich selbst – nicht eine Macht zuschreibt, die tatsächlich die erwiesene Ohmacht der Sünde wieder aufhebt, ihre Macht aufleben läßt und dem Menschen den Tod zurückbringt.

So breitet sich vom Kreuz Jesu aus auf dem Weg des ›Glaubens‹ der Herrschaftsbereich des lebenspendenden Geistes aus und »treibet weg der Höllen Macht, der Sünden und des Kreuzes Nacht«[79]. »Wenn Gott am Kreuz repräsentativ die Sünde im Bereich des Fleischlichen gerichtet und verdammt hat«, nimmt er uns »so unsern Eigenwillen und unsere Illusionen, manifestiert den Gekreuzigten als das Ende unserer eigenen und als Anfang wunderbar göttlicher Möglichkeiten, aus denen wir begnadet fortan leben«[80].
Wodurch empfängt aber das Geschehen am Kreuz Jesu den Charakter des Ursprünglichen, Urbildlichen, Repräsentativen? Warum bleibt der Gehorsam Jesu nicht der Gehorsam des *Einen,* der in der Welt der Sünde für sich als Gerechter lebte und starb? Inwiefern *gilt* sein Leben und Sterben im Lichte der Auferstehung für uns? Wodurch wird er zu dem, der nicht nur gerecht ist, sondern rechtfertigt und mit Gott versöhnt, die an ihn glauben? Woher kommt der Glaube? Man muß im Sinne des Paulus und mit Paulus antworten: Durch die *Verkündigung* der Erniedrigung des Gottessohnes bis zum Tode, durch das *Wort* vom Kreuz, das ja in dem ›dogmatischen Traktat‹ selbst vorliegt, und zwar anscheinend als eine Verkündigungshilfe für Verkündiger (vgl. 10,14ff). In solchem Sinn erklärt Paulus in 2Kor 5,19:

›Gott war in Christus,
versöhnte die Welt mit sich . . .
und hat unter uns das versöhnende Wort gestiftet‹.

Das Kreuz, als Heilsgeschehen verstanden, bedarf also des deutenden und bezeugenden Wortes, um wirklich Heilsgeschehen zu sein, und zwar des Wortes, das nicht eine von ihm selbst ablösbare Heilstatsache berichtet, sondern das selbst Teil des Heilsgeschehens ist. Denn am Kreuz ereignet sich ja kein innergöttlicher Prozeß, etwa eine ›Versöhnung‹ Gottes, auf die das Kreuz bloß verweist. Die Stiftung des Wortes ist also kein Appendix des Heilsgeschehens, sondern sein integrierender Bestandteil, die wärmende Flamme, das strahlende Licht des Feuers.
Durch das Wort wird der Mensch, in dessen ›Gestalt des Fleisches‹ der Gottessohn gesandt wurde, Teilnehmer am Heilsgeschehen des Kreuzes. Denn ›Sünde‹ ist, wenn auch personifiziert vorgestellt, für Paulus keine mythologische Gestalt, sondern eine geschichtlich begegnende, anthropologisch fixierbare Macht. Diese *unsere* Sünde empfing am Kreuz Christi ihr Todesurteil. Ohne daß dies Urteil den Sündern verkündigt bzw. an den Sündern vollstreckt wird, ist es sinnlos, vom Urteil über die Sünde am Kreuz Jesu zu reden. Das *Wort* vom Kreuz gehört also zu dem Kreuzesgeschehen selbst

hinzu. Das Heils*geschehen* ist *Wort*geschehen. Im Wort handelt Gott zum Heil der Welt (vgl. Joh 1,1f.14). Insofern darf man 2Kor 5,19 auch wiedergeben:

›Gott war in Christus,
versöhnte die Welt mit sich ...
indem er unter uns das versöhnende Wort gestiftet hat‹.

Es muß deshalb einerseits dem Mißverständnis gewehrt werden, als kläre das Wort den Menschen über einen *vergessenen* Sachverhalt auf und erinnere ihn an eine verschüttete Möglichkeit eigentlichen Daseins, die *in ihm* schlummert. Das wäre griechisch gedacht. Solche Anschauung nähme die Sünde nicht so ernst, wie Paulus sie ernst genommen wissen will. Das Wort ist als Wort vom Kreuz das von außen kommende, außerhalb von uns begründete Wort, das neue Kreatur *schafft*, neues Sein *schenkt*, uns in Gott, dem Ursprung des Wortes, *gründet*. Insofern ist also ›das Wort Gottes lebendig und kräftig und schärfer als ein zweischneidig Schwert‹ (Hebr 4,12).

Andererseits darf man aber nicht nach dem Heilsgeschehen ›an sich‹ fragen, von dem das Wort nur berichtet. Abgesehen von dem ›Wort, das von ihm zeuget‹, bleibt gar kein Heilsgeschehen erhalten, sondern etwa die Erinnerung an den tragischen Tod eines großen Menschen, den Opfergang eines Propheten, die Hinrichtung eines politischen Revolutionärs, die Visionen seltsamer Geister. Das christliche Erlösungsgeschehen läßt sich darum, weil es im Wort selbst geschieht, auch nur dort verifizieren, wo dem Wort geglaubt wird, wie ja auch Gott selbst nur da wirklich wird, wo ich mich auf ihn einlasse.

Von da aus versteht man, daß Paulus keine christliche Theorie der Versöhnung bzw. der Erlösung entwirft, sondern im wesentlichen die überkommenen Bekenntnisse zitiert, die zwar in einem bestimmten Sprach- und Vorstellungshorizont formuliert sind (alttestamentlich-jüdisch sind Sühnopfer- bzw. Stellvertretungsgedanke; gnostisierend ist das Schema ›Erniedrigung – Erhöhung‹; Motiven der Mysterienkulte entspricht die Vorstellung vom ›Sterben mit Christus‹), aber selbst keine Theorie ausführen. Auch Paulus wurde gewiß nicht durch die Überzeugungskraft einer soteriologischen Theorie bekehrt, sondern durch die existentiell überführende Kraft der Verkündigung, des *Wortes* vom Kreuz, das ihm in einem die Sünde als *seine* Wirklichkeit, als Entfremdung seiner selbst, aufdeckte *und* ihn lehrte, sich als Geschöpf zu verstehen und, aus Gnade und Geist des Schöpfers statt aus dem eigenen Tun lebend, in der Armut stark zu sein (vgl. 2Kor 12,9f).

Wäre Erlösung wesentlich *Vergebung* der Sünden, so möchte vielleicht eine christologische oder soteriologische Theorie nötig sein, die dem vergebenden Wort Glaubwürdigkeit sichert bzw. erklärt, welche ›Genugtuung‹, in einem innergöttlichen Prozeß erfolgt, dem Menschen ›angerechnet‹ werden kann. Besteht die Erlösung dagegen darin, daß die Macht der Sünde gebrochen, die Verfallenheit an die Sünde aufgehoben, der Mensch aus seiner Entfremdung geholt und zur Wahrheit seines Daseins gebracht wird, so macht solche Bekehrung des Menschen selbst, auf den Anruf des Wortes hin erfolgend, derartige Theorien überflüssig. ›Im Anfang war das Wort‹ (Joh 1,1), und es bleibt allezeit der Ursprung des Glaubens. Soteriologische Theorien sind nicht Grund, sondern theologische Gestalten des versöhnenden Wortes bzw. Handelns.

Vers 4

Daß wir mit dieser aus dem Gesamtzusammenhang der paulinischen Theologie geschöpften Erklärung dem Apostel am ehesten gerecht werden, zeigt V. 4, der Absicht und Folge der Verurteilung der Sünde am Kreuz Jesu nennt: › . . . damit die Forderung des Gesetzes unter uns erfüllt werde . . .‹ An dieser Stelle feiert freilich die unzutreffende bzw. unzureichende ethische Auslegung ihre Triumphe. Während das Gesetz unfähig geblieben war, »dem Fleisch mit seinen Leidenschaften gute Taten abzutrotzen«[81], gibt der Geist »uns Christen die Möglichkeit zum sündlosen Leben«[82]. Solcher Auslegung gegenüber muß festgehalten werden: Nicht erst unser ethisches Tun, »sondern schon und zentral unser *Sein* erfüllt die Rechtsforderung des Gesetzes«[83].
Man beachte, daß Paulus nicht (wie in 2,26) im Plural von *den Forderungen* des Gesetzes spricht; jener Plural meinte in der Tat die einzelnen Gebote. *Die Forderung* des Gesetzes aber, in deren Zeichen V. 4 (wie ›Gesetz Gottes‹ in 7,22 und 8,7) formuliert ist, hatte Paulus unter Bezug auf die Sündenfallgeschichte in 7,7 genannt: Du sollst nicht begehren, wie Gott sein zu wollen; du sollst der Sünde nicht auf den Leim gehen, wenn sie dich zur tödlichen Selbstüberhebung verführt; du sollst als Geschöpf Gottes, das du bist, leben.
So – nicht aber als Summe einzelner Gebote – verstanden wollte das ›Gesetz Gottes‹ bzw. ›die Forderung des Gesetzes‹ den Menschen im Paradies, im Gegenüber zu Gott, im Bereich des Geistes, also *im Leben* festhalten und bewahren.

Dies aber gelang dem Gesetz nicht, wie Paulus schon in V. 3a festgestellt hatte: Das Fleisch (die Sünde) deckte vielmehr die Schwäche des Gesetzes auf, indem es den Menschen *mit Hilfe des Gesetzes* verführte, aus den Werken des Gesetzes zu leben und so seine eigene Gerechtigkeit aufzurichten (Röm 10,3). So wurde ihm das Gesetz, zum Leben gegeben, Anlaß zum Tode (7,10; Gal 3,21). Damit wird zwar das Gesetz, nicht aber werden Intention, Forderung und Aufgabe des recht verstandenen Gesetzes hinfällig. Im Gegenteil! Wozu das Gesetz ›wegen des Fleisches‹ zu schwach war (V. 3a), nämlich die Sünde ohnmächtig zu halten, *das* bewirkte Gott, indem er der Sünde am Kreuz Jesu das Urteil fällte, das in der glaubenden Annahme des Wortes vom Kreuz immer neu vollstreckt wird, so daß ein für allemal erfüllt ist, was das Gesetz wollte, und ›unter uns‹ allezeit erfüllt wird, ›die wir nicht nach dem Fleisch wandeln sondern nach dem Geist‹.
Das ›unter uns‹ darf nicht, was der griechische Text allerdings erlaubt, mit ›in uns‹ übersetzt werden, um, wie Fuchs meint, zu sichern, »daß Paulus mit dem neuen Wandel ein ›Sein‹ und nicht nur Werke meine«[84]. Aber damit würde das Mißverständnis provoziert, als sei die Erfüllung der ›Forderung des Gesetzes‹ ein bloß innerlicher Vorgang. Es handelt sich dabei jedoch um einen öffentlichen Akt, insofern die Gemeinde öffentlich in der Welt lebt, ihren Glauben bekennt, ihr Wort verkündigt. Auch der Eintritt in die Gemeinde, ›innerlich‹ bewirkt, ist ein öffentlicher, durch die Taufe dokumentierter Akt. In der *Wirklichkeit der Gemeinde* wird also die ›Forderung des Gesetzes‹ erfüllt, und die Gemeinde als solche in ihrem Gegenüber zur Welt, als die Gemeinschaft der Glaubenden und der Teilhaber am Geist, sichert hinreichend, daß das neue ›Sein‹ allen Werken vorausgeht.
Das ›unter uns‹ der christlichen *Gemeinde* bestimmt Paulus näher dahingehend, daß die Gemeinde, zu deren Sprecher Paulus sich macht bzw. die er anredet, nicht nach dem Fleisch wandelt, sondern nach dem Geist. Mit diesem ›Vorbehalt‹ spricht Paulus deutlich die Geschichtlichkeit des Heilsgeschehens an: Die Sünde ist verurteilt, ihre Ohnmacht wurde dokumentiert; aber sie wurde nicht ›an sich‹ beseitigt und als drohende Macht ›physisch‹ aus der Welt geschafft. Sie bleibt eine ›unmögliche Möglichkeit‹ des Menschen, solange das Heilsgeschehen im Wort vom Kreuz *angeboten* wird. Wird das Urteil über die Sünde nicht verkündigt oder wird dieser Verkündigung nicht geglaubt – beides reflektiert Paulus z. B. in Röm 10,14ff – so behält die Sünde ihre tödliche Macht und pflanzt den alten Äon fort, obschon doch der neue bereits angefangen hat; denn *›unter uns‹*, die wir nach dem Geist wandeln, wird

erfüllt, was das Gesetz wollte und das Wort vom Kreuz bewirkt. Gott empfängt seine Ehre.

Dabei bewahrt die Rede vom ›Wandel‹ im Geist vor dem perfektischen Mißverständnis, der Weg vom alten in den neuen Äon, von der Sphäre der Sünde in die des Geistes und der Gerechtigkeit sei, einmal beschritten, unumkehrbar. Es gibt keine Heilssicherheit, sondern nur die Heilsgewißheit derer, die ›im Geist‹ unterwegs bleiben, die den Gehorsam des Glaubens nicht mit dem Zustand des Gläubig*seins* verwechseln und die, *weil* sie in der Überwindung ihres ›Fleisches‹ die Kraft des Geistes erfahren haben, die Macht der Sünde (= des Fleisches) erst recht ernst nehmen. Niemand ist der Versuchung des *eritis sicut Deus* entnommen, und das *scientes bonum et malum* ist sogar die hervorragende Versuchung des *frommen* Menschen, der unter der Hand die Ohnmacht des Begnadeten mit der Macht des Religiösen oder Moralischen verwechselt. (Der Evangelist Johannes redet deshalb stereotyp vom *Bleiben* in Christus bzw. im Geist, um ein Mißverstehen der Rede vom *Sein* in Christus zu vermeiden.)

Es möchte sein, daß die kritischen Bemerkungen des Paulus über das Gesetz in V. 3a, die als solche im vorliegenden Traktat singulär sind und (im griechischen Text) auch stilistisch einen deutlichen Bruch hervorrufen, von Paulus erst bei der Übernahme des ›Traktats‹ in Röm A um der gedanklichen Verbindung mit 7,1-16 willen ebenso wie in 7,21-23 seiner älteren Vorlage beigegeben wurden. Der Traktat hätte dann das Problem des Versagens bzw. eines Mißbrauchs des Gesetzes und auch die Frage nach dem entsprechenden Ende des Gesetzes (noch?) gar nicht thematisiert, sondern ohne speziellen Bezug nur Mose-Tora in 7,22 und 8,4.7 vom ›Gesetz (Gottes)‹ umfassend als von Gottes heiligem, auf das Leben seines Geschöpfes gerichteten *Willen* gesprochen. Das wiese darauf hin, daß Paulus seinen Traktat konzipierte, als er seine Theologie noch nicht in pointierter Auseinandersetzung mit pharisäisch bestimmter Synagoge entfalten mußte, und daß seine spätere Anschauung vom Gesetz in seine Theologie ähnlich ›nebeneingekommen‹ ist wie nach Ansicht des Apostels das Gesetz des Mose in den göttlichen Heilsplan.

V. 2-4 möchten dann in dem ursprünglichen Traktat etwa folgendermaßen gelautet haben:

›Denn der Geist des Lebens in Christus Jesus hat mich befreit von Sünde und Tod. Gott sandte nämlich seinen Sohn in der Gestalt des Fleisches und verurteilte die Sünde, damit die Forderung des Gesetzes erfüllt werde unter uns, die wir nicht nach dem Fleisch wandeln sondern nach dem Geist‹.

V. 2-4 enthalten jedenfalls die grundlegenden Aussagen des vorliegenden Traktats zur Erlösung, wobei das, was Erlösung *bedeutet,* bereits in dem Abschnitt über die Sünde – als deren Gegenmacht – fundamental in den Blick getreten war.

Die nun bis zum Ende des Abschnitts ›Erlösung‹ (8,2-11) folgenden Gedanken sind leichter durchschaubar als die Verse 2-4. Sie führen über das Gesagte nicht wesentlich hinaus, erläutern und entfalten es aber in drei Schritten.

V. 5-6 betonen den Antagonismus der nach dem Fleisch und der nach dem Geist lebenden Menschen; V. 7-8 schildern die Fleischesmenschen; V. 9-11 sprechen von den Christen als den Geistesmenschen.

Vers 5-6

In V. 5 setzt Paulus zunächst die ›Fleischesmenschen‹ und die ›Geistesmenschen‹ schroff gegeneinander. Er greift dabei begrifflich wiederum den hellenistisch-gnostischen Dualismus auf, der Sarkiker und Pneumatiker total voneinander scheidet: die Sarkiker, die nur Fleisch, nichtige Kreatur der Dämonen sind, und die Pneumatiker, die ein unvergänglicher göttlicher Lichtfunke sind, dessen Glanz auch durch die irdischen Leiber nicht getrübt werden kann.

Indem aber Paulus von den ›Fleischesmenschen‹ als von denen spricht, die (im griechischen Urtext) ›dem Fleich entsprechend‹, und von den ›Geistesmenschen‹ als von solchen, die ›dem Geist entsprechend‹ existieren, wird das substanzhafte Gegenüber des hellenistisch-gnostischen Dualismus (*als* Fleisch – *als* Geist) in ein geschichtliches verwandelt: *Jeder Mensch steht vor der Frage,* ob er ›dem Fleisch entsprechend‹ oder ›dem Geist entsprechend‹ existieren will, das heißt, ob er aus dem Vorhandenen, Verfügbaren und Machbaren oder aus der freien Gnade des Schöpfers leben will. Ein drittes gibt es nicht.

Damit entspricht der Dualismus von V. 5f, so gewiß er die Sprache der Gnosis spricht, *sachlich* mehr dem apokalyptischen Dualismus, der diesen und jenen Äon bzw. die Gerechten, die auf die kommende Gottesherrschaft warten, den Sündern entgegensetzt, die auf irdische Macht und Güter vertrauen. In der geschichtlich denkenden Apokalyptik ist im Unterschied zur Gnosis der Weg von ›Fleisch‹ zu ›Geist‹ grundsätzlich für jeden offen. Während aber für den Apokalyptiker erst die kommende Äonenwende die definitive Scheidung bringt, fällt für Paulus die Entscheidung schon jetzt angesichts des Wortes der christlichen Verkündigung. Jesus Christus ist die Krisis der Welt. Wer an ihn glaubt, ist gerecht (Apg

13,39) bzw. neue Kreatur (2Kor 5,17), wer nicht glaubt, ist schon gerichtet (Joh 3,18). Die Entscheidung des Glaubens oder des Unglaubens, die paulinisch verstandene Differenz von ›Geist‹ und ›Fleisch‹, ist keine vorläufige und unsichere, sondern die – freilich stets bedrohte – eschatologische Entscheidung selbst.

Um diese Feststellung geht es Paulus in den zusammengehörenden Versen 5-6. Wer ›dem Fleisch entsprechend‹ lebt, ›trachtet‹ nach dem ›Fleischlichen‹, d. h. nach dem, was dem ›Fleisch‹ gehört: nach dem Tod (V. 6a). Wer dagegen ›dem Geist entsprechend‹ lebt, ›trachtet‹ nach dem ›Geistlichen‹, d. h. nach Leben und göttlichem Frieden (V. 6b). Die noch irdische Entscheidung zwischen ›Fleisch‹ und ›Geist‹ ist als solche also die schon eschatologische Entscheidung zwischen Tod und Leben. Der in die Gestalt des Fleisches gesandte Sohn stellt nicht vor diese oder jene wichtige Entscheidung, sondern vor die eine Entscheidung, die alle Entscheidungen umschließt.

Nach allem zum Begriff der Sünde (S. 34ff) Gesagten darf man dabei das ›Trachten des Fleisches‹, von dem Paulus in V. 5-6 spricht, nicht als bewußtes, böswilliges Trachten nach dem Tod, ein Wollen und Beabsichtigen des Negativen, ansehen. Paulus schildert einen transsubjektiven Sachverhalt, wohl wissend, daß *jeder* Mensch ›Leben und Frieden‹ erstrebt, was immer er darunter versteht, und nicht den Tod. Aber das ›Trachten des Fleisches‹ (= der Sünde) ist – gewollt oder ungewollt – der Tod; denn alles Vertrauen auf das Geschaffene und das vom Geschöpf zu Leistende enthält den Tod in sich. Dagegen ist das ›Trachten des Geistes‹ Leben und Friede; denn wer sich vorbehaltlos der Gnade Gottes ausliefert, ist im Leben, selbst wenn er nach *diesem* Leben gar nicht wollend trachtete und erst *in* dem Leben aus der Gnade, und zwar stets neu und überraschend, lernt, was Leben und Frieden *eigentlich* sind.

Zum Leben aus dem Geist gehört in der Tat hinzu, daß wir unser Dasein nicht mehr an unseren ›Lebenserwartungen‹, an unseren Vorstellungen von Sinn und Wesen des Lebens auszurichten brauchen. Leben hängt für den Glaubenden nicht mehr daran, daß er den oder einen Sinn des Lebens erkennt, erfährt oder verwirklicht, sondern daran, daß er – sei es auch angesichts von Sinnlosigkeit und Angst – ›vor Gott‹ lebt, seine Sorgen, Fragen und Ängste auf ihn werfend. Sein Leben ist insofern ›verborgen mit Christus in Gott‹ (Kol 3,3); darum versteht er zu leben.

Vers 7-8

V. 7-8 vertiefen die Aussagen der Verse 5-6, bezogen nur auf die ›Fleischesmenschen‹. Das ›Trachten des Fleisches‹ wird ohne Einschränkung als Feindschaft gegen Gott erklärt, weil es sich dem ›Gesetz Gottes‹, d.h. wie in 7,22 und 8,4 dem auf das Leben des Menschen zielenden Willen Gottes, nicht unterwirft. Gehorsam gegenüber dem Lebenswillen Gottes bedeutet aber, nicht begehren, wie Gott sein zu wollen (7,7), sondern sein Leben als Empfangender in Geschöpflichkeit zu haben – das einzige dem Geschöpf mögliche Leben. Wer ›dem Fleisch entsprechend‹ lebt, greift dagegen nach dem Geschaffenen als dem Grund seines Daseins. Aus dem Geschaffenen statt aus dem Schöpfer zu leben heißt aber: Aufstand gegen Gott den Schöpfer; heißt: in Feindschaft mit Gott leben.

Gibt es im Bereich des Sittlichen und Moralischen Stufen und Übergänge, Wachsen und Abnehmen, ein Mehr und ein Weniger – also auch in der ›Heiligung‹ des christlichen Lebens – so in der Grundbefindlichkeit des Daseins nur ein Entweder-Oder, ein so oder so. Und von solcher Grundbefindlichkeit, nicht vom sittlichen Verhalten, spricht Paulus in V. 7f.

Das *Sein* ›im Fleisch‹ bestimmt das Dasein des Menschen *vor* all seinem *Tun*. In solchem Sein *kann* der Mensch dem Willen Gottes nicht mehr folgen – ein harter Schlag gegen die pharisäische Frömmigkeit –; ›im Fleisch‹ *kann* der Mensch Gott nicht gefallen. Das *Sein* bestimmt auch den Wert des *Tuns*, nicht umgekehrt: ›Alles, was nicht aus dem Glauben kommt, ist Sünde‹ (Röm 14,23), und: ›Dem Reinen ist alles rein‹ (Tit 1,15). Das bedeutet die Verbannung des Leistungsdenkens aus dem *Zentrum* der menschlichen Existenz. Der faustische Drang dessen, der immer strebend sich bemüht, gehört in den Bereich der Sünde und des Todes, wenn es der Drang nach letzter Selbstverwirklichung, nach Heil und Erlösung ist. Der Mensch findet nicht erst in seiner Arbeit zu sich selbst; er wird nicht erst in seinen Taten konkret. Sein Tun *folgt* vielmehr aus seinem Sein.

Als Pharisäer hatte Paulus es anders gelernt. Das Tun mußte ihm zu einem Sein in der Gerechtigkeit verhelfen. Als Glaubender aber empfing er sich selbst aus der Gnade, gründete er sein Sein vor aller Leistung auf den ihm in Jesus Christus begegnenden Gott. Nun begreift er, daß auch sein bestes und sein mit bester Absicht vollbrachtes Tun das ›Gesetz Gottes‹, dessen ›Erfüllung‹ der Fromme doch erstrebte, nicht erfüllte, sondern daß er damit die Feindschaft mit Gott, die er mit seinem Tun überwinden wollte, nicht

nur zu keinem Augenblick verleugnete, sondern im Gegenteil ständig befestigte.
Auf die gegenwärtige Situation bezogen bedeutet das z. B.: Die Theologien der Politik, der Revolution, der Welt usw., sofern es sich dabei nicht in Wahrheit um *Ethiken* des Politischen und Sozialen handelt, ›können Gott nicht gefallen‹. Nicht erst schlechte politische Ziele oder ungute soziale Gesinnungen begründen im Rahmen solcher theologischen bzw. pseudotheologischen Entwürfe die ›Feindschaft gegen Gott‹. Auch die besten sozialen Absichten und die humansten Strategien, aus dem ›Trachten des Fleisches‹ gewonnen, sind ›Feindschaft gegen Gott‹. Man ist ›Gottes Gesetz‹ nicht untertan, wo man sich vornimmt, stellvertretend Gottes Werk zu tun und ganz oder approximativ das Reich Gottes zu verwirklichen. Auch wer sich mit bestem Wollen zum Stellvertreter Gottes macht – gerade er – bleibt in der Sünde gefangen. ›Im Fleisch‹ zeigen nicht zuletzt die *guten* Absichten und Gesinnungen des Menschen, daß der Mensch in Hybris für sich beansprucht, was Gott allein zukommt und was der Gehorsam des Glaubens ihm auch zukommen läßt: zu wissen, was gut und böse ist.
Nicht zufällig geht Paulus in V. 8 dazu über, vom ›Fleischesmenschen‹ zu sagen, er habe ein ›Sein im Fleisch‹, während er zuvor vom Sein ›dem Fleisch entsprechend‹ gesprochen hatte, und diese ›harte Rede‹ hält er im folgenden fest, sie auf den Geistesmenschen ausdehnend, der ›im Geist‹ ist. Diese Redeweise läßt den hellenistisch-gnostischen Hintergrund der vorliegenden paulinischen Terminologie besonders gut erkennen: der einzelne Pneumatiker ist in das Pleroma des Pneuma unverlierbar eingebunden, während der Sarkiker einen Fetzen innerhalb der nichtigen Materie bildet. Aufgrund dieses Ursprungs vermag Paulus die Wendungen ›im Fleisch‹ und ›im Geist‹ (= ›in Christus‹) als geeigneten Ausdruck dessen zu verwenden, daß ›Geist‹ und ›Fleisch‹ das Sein des Menschen jeweils total bestimmen. Ist die geschichtliche Grundentscheidung getroffen, kann der Mensch seinem dadurch bestimmten Sein auch partiell nicht mehr entkommen. Kein sittliches Tun, keine kulturelle Großtat kann die Grundentscheidung des Glaubensgehorsams und des Unglaubens korrigieren.

Vers 9-11

Ebenso deutlich, wie in V. 7-8 von den Fleischesmenschen die Rede war, wird in V. 9-11 die Wirklichkeit der Gemeinde als der Gemeinschaft des Geistes angesprochen und charakterisiert. Insofern

setzt ein neuer Ton ein, freilich kein »ganz neuer Ton innerhalb unseres Abschnittes«[85], denn V. 9-11 greifen auf V. (1-)2 zurück und schließen den Kreis, in dem Paulus 8,(1) 2-11 angelegt hat, ein Aufbau, den Bach richtig erkannt und in seiner Motette ›Jesu, meine Freude‹ nach Text und Vertonung unterstrichen hat[86]. Angesichts dessen erscheint es als wahrscheinlich, daß in V. 9-11 ursprünglich ein ›Wir‹ wie in V. 4 stand, das Paulus erst bei der Übernahme des Traktats in Röm A in das briefliche ›Ihr‹ änderte.
Im Entweder-Oder von ›Fleisch‹ und ›Geist‹ gehört die Gemeinde Jesu Christi (›Ihr aber‹) auf die Seite des Geistes, d. h. Gottes, des Lebens, der Wahrheit, des Heils. Sie hat die Todesgrenze überschritten. ›Ist jemand in Christus, so ist er neue Kreatur; das Alte ist vergangen, sehet, Neues ist geworden‹ (2Kor 5,17). Der Schritt vom alten in den neuen Äon liegt hinter den Christen (vgl. V. 2). Gott hat ihnen sein eschatologisches Heil gegeben, sie sind der Macht der Sünde entnommen und in das Reich seines Sohnes versetzt – ›wenigstens wenn der Geist Gottes in euch wohnt‹.
Den limitierenden Charakter dieses Zusatzes soll und braucht man nicht, wie manche Ausleger tun, zu bestreiten, und man kann es auch wegen des Schlußsatzes von V. 9 schwerlich. Denn der zweite Satz in V. 9 läßt einen affirmativen Sinn des ›wenigstens wenn ihr . . .‹, also ein ›da ihr ja . . .‹ kaum zu. Auch liegt dem ganzen Vers weiterhin deutlich die prädestinatianische Sprache und Vorstellung des gnostischen Dualismus zugrunde, die den konditionalen Sinn nahelegt: Den Geist Gottes kann kein Fleischesmensch jemals erwerben. Wer Fleisch ist, ist und bleibt Fleisch, und ohne daß der Geist von Ewigkeit her im Fleisch des Menschen wohnt, kann niemand zu den Pneumatikern gehören.
Daß Paulus diesen Dualismus wiederum geschichtlich versteht, bedarf freilich keiner Frage mehr. Paulus meint: Wenigstens wenn ihr durch den Glauben in die Sphäre des Geistes versetzt wurdet. Das kann im vorliegenden Zusammenhang nicht prädestinatianisch verstanden werden. Man darf die von Paulus ausgesprochene Begrenzung des einleitenden Urteils allerdings auch nicht paränetisch, gar mit ethisierendem Akzent, verstehen. Paulus will nicht sagen, daß möglicherweise einige Glieder der Gemeinde noch nicht den sittlichen Stand der ›Geistesmenschen› erreicht haben und deshalb von seinem positiven Urteil über die Gemeinde nicht getroffen werden. Ethische Fragen stehen an dieser Stelle noch nicht direkt im Blick des Apostels. Es geht noch um die Erlösung, den ›Glauben‹, die Befreiung des Menschen aus der Gewalt der Sünde, und in diesem Rahmen kann nur Gottes Tun eine Rolle spielen.
Aber Paulus kann nicht allen Gliedern der Gemeinde bzw. allen

Getauften allein aufgrund äußerer Merkmale die Zugehörigkeit zur *Heils*gemeinde zuschreiben. Schon Paulus kennt die Kirche als *corpus permixtum,* in dem Unkraut unter dem Weizen wächst (Mt 13,24ff) und jeder Christ in der Gefahr steht, zum unfruchtbaren Baum zu werden (1Kor 5,1ff; 2Kor 6,14ff). Die Volkskirche wirft ihre Schatten voraus! Das Namenschristentum zeigt sich bereits. Ob die einzelnen den Geist haben und aus der Macht der Sünde befreit wurden, das entzieht sich der Kenntnis des Apostels, das entzieht sich letzten Endes menschlichem Urteil überhaupt.
Aber es entzieht sich nicht der Kontrolle des Christen selbst! ›Prüft euch selbst, ob ihr im Glauben steht!‹ (2Kor 13,5). Darum hat die indirekte Warnung des Apostels bleibende Aktualität. »Gottes Geist ... ist und bleibt Gabe. Er wird nicht zum verfügbaren Besitz, auch nicht in der Taufe«[87]; vgl. 1Kor 10,1ff. Und wer ›Christi Geist nicht hat, der gehört nicht zu ihm‹ (V. 9). Auch für die Christen gibt es insofern kein Mehr und Weniger, kein teils-teils. ›Wachsen im Glauben‹, eine christliche Möglichkeit, ist eben Wachsen im *Glauben!* Im Augenblick – und *eigentlich* leben wir immer im Augenblick – gibt es nur Leben und Tod, Gnade oder Sünde. So begleitet den Christen in jedem Augenblick die indirekte Mahnung: › ... wenigstens wenn Gottes Geist in euch wohnt!‹

V. 10 stellt vor nicht geringe Schwierigkeiten.
Der beherrschende Gegensatz des ganzen Abschnitts ›Sünde – Geist‹ bzw. ›Tod – Leben‹ wird festgehalten, und zwar unter der bekannten Voraussetzung, daß ›Christus in uns‹ ist.
›Christus in uns‹ und ›Gerechtigkeit‹ sind gut paulinische Begriffe, die freilich die Sprache des vorliegenden Traktats im übrigen nicht kennzeichnen; ›Leib‹ wird in V. 10 deutlich anders als in 7,24 gebraucht. Diese Beobachtungen, denen die Auslegung andere beigesellen wird, legen die Vermutung nahe, daß V. 10 erst bei der Aufnahme des Traktats in Röm A von Paulus in den Gedankengang eingefügt wurde.
Über die Wendung ›Christus in uns‹, die, wie V. 9-11 zeigen, für Paulus identisch ist mit ›Christi Geist in uns‹ (V. 9), ›Gottes Geist in uns‹ (V. 9) und ›Geist in uns‹ (V. 11), und die Paulus auch reziprok ohne Sinnänderung gebraucht: ›wir in Christus‹ bzw. ›wir im Geist‹ (V. 9), wurden tiefschürfende und sehr kontroverse religionsgeschichtliche Erwägungen angestellt. Der Fehler vieler Forscher ist dabei, daß sie meinen, für die Wendung ›Christus in uns‹ (und ›wir in Christus‹) einen christlichen *Ursprung* ansetzen zu müssen. Indessen ist die Gleichung Geist = Christus *jüdischer* Provenienz und gehört in den jüdischen Zweig des orientalischen

Dualismus der Gnosis: Die Menge der in die irdischen Leiber versunkenen himmlischen Geistessplitter oder Pneumafunken wird – darin besteht ihre Erlösung – eschatologisch zur himmlischen Geistgestalt des ›Messias/Christus‹ wieder gesammelt, der schon im Alten Testament als Träger des – hier freilich geschichtlich verstandenen – Gottesgeistes gilt (s. S. 88).

Wir brauchen dem Ursprung dieser Begrifflichkeit indessen nicht weiter nachzugehen[88], denn sie hat für Paulus ihren gnostisch-dualistischen Sinn längst verloren. Paulus dürfte sie als christliche Sprache bereits kennengelernt haben[89], und man darf bei Paulus nicht einmal mehr von einer ›Christusmystik‹ oder ähnlichem sprechen, wie es die Forscher der religionsgeschichtlichen Schule, welche die vorliegende Problematik als solche erkannten, gerne taten. Der ganze in Frage stehende Formelkomplex ersetzt bei Paulus im allgemeinen einfach die zu seiner Zeit noch nicht geprägten Begriffe ›christlich‹, ›Christ‹ usw., die man deshalb an die Stelle der ›mystischen‹ Redeweise des Apostels setzen könnte, wenn dem unser abgeblaßter Sprachgebrauch von ›christlich‹ nicht widerriete. Immerhin: ›Wenn aber Christus in euch ist‹ meint einfach: Wenn ihr wirklich Christen seid.

Bemerkenswert ist nun, daß ›Geist‹ und ›Sünde‹ in V. 10 kein *direktes* Gegensatzpaar wie in V. 2 bilden, sondern daß ›Geist‹ mit ›Leib‹, ›Sünde‹ aber mit ›Gerechtigkeit‹ gegensätzlich verbunden werden. Das könnte eine unerhebliche Modifizierung sein, zumal wenn ›Leib‹ einfach = ›Fleisch‹ stehen sollte. Die meisten Forscher verstehen dementsprechend V. 10 ganz im Sinne der vorausgegangenen Argumentation als Resumee des bisher Gesagten: Der Leib der Sünde (= der alte Mensch) ist tot; der Geist (= der neue Mensch) lebt durch die Gerechtigkeit. Dann bringt V. 10 keinen Gedankenfortschritt, sondern nur mit dem Begriff ›Gerechtigkeit‹ einen neuen, der paulinischen Rechtfertigungslehre entnommenen Ausdruck, der sprachlich aus dem Rahmen der ihrem Ursprung nach dualistisch-substanzhaften Begrifflichkeit des Kontextes fällt, sachlich freilich nichts anderes sagt als die ›mystische‹ Rede von der Befreiung des Sünders durch den ›Geist des Lebens‹ (V. 2): Durch die ›Rechtfertigung‹ des Sünders versetzt Gott den Menschen in die Sphäre des Geistes, der das Leben bringt.

Indessen stellen sich diesem Verständnis Schwierigkeiten in den Weg. In V. 11 wird der Begriff ›Leib‹ wieder aufgenommen, und zwar deutlich – was freilich einige Ausleger[90] um des Ausgleichs mit V. 10 willen grundlos bestreiten – nicht im Sinne von ›alter Mensch‹, ›Fleischesmensch‹, ›sündiges Dasein‹, ›Leib des Todes‹ (7,24), sondern im Hinblick auf die Hinfälligkeit und Sterblichkeit des leiblichen Lebens. Darf man dann in V. 10 anders verstehen?

Dazu kommt, daß der ›alte Mensch‹ keineswegs *durch die Sünde* getötet wird; vielmehr ›lebt‹ er durch die Sünde. Die Sünde verursacht den Tod des ›Ich‹, des Menschen, aber nicht den Tod des ›alten Menschen‹, des Sünders. Es steht eben nicht da, der ›Leib der Sünde‹ sei tot, sondern der Leib sei tot durch die Sünde. Umschreibungen wie: Der Leib ist seit der Taufe tot »wegen der (grundsätzlichen Beseitigung der) Sündenmacht«[91] oder »im Blick auf Sünde« bzw. »sofern die Sünde in Frage steht«[92] oder »um der Sünde willen« werden dem deutlichen Text nicht gerecht, welcher der Sünde unzweifelhaft die Urheberschaft am Tode des ›Leibes‹ ebenso zuschreibt wie er in der ›Gerechtigkeit‹ den Ursprung des Lebens im Geist sieht. Lietzmanns Urteil: »Der Wortparallelismus ist strenger als der des Gedankens«[93] verschleiert nur den eindeutigen sprachlichen Befund.

Es hilft auch nichts, wenn man um der Parallelität in V. 10 willen ›durch die Gerechtigkeit‹ gleichfalls anders als im Sinne der Urheberschaft versteht. So will z. B. Käsemann[94] mit vielen anderen ›durch die Gerechtigkeit‹ analog zu Röm 6 von dem »gottwohlgefällige(n) Wandel aus dem Geist in leiblicher Dienstbarkeit« verstehen. Dann legte Paulus in V. 10b den »Nachdruck auf die ethische Seite«[95] des Seins im Geist, auf das ›neue Leben‹. ›Durch die Gerechtigkeit‹ bezeichnete dann tatsächlich nicht die Urheberschaft; denn Paulus will natürlich nicht sagen, daß dem Christen *aufgrund* seines ethischen Wandels Geist und Leben geschenkt wurden. Damit aber entsteht im zweiten Glied dieselbe Schwierigkeit wie im ersten. Darf man denn das ›durch die Gerechtigkeit‹ umschreiben mit: Der Geist gibt das Leben, das sich durch (sittliche) Gerechtigkeit als solches zu erkennen gibt, bzw.: Der Geist gibt das Leben, dessen Folge sittliche Gerechtigkeit ist? Der griechische Text läßt solche Übersetzung schwerlich zu, der Begriff ›Gerechtigkeit‹ wurde bisher im Römerbrief im zentralen paulinischen Sinn verwendet (3,21 ff), und das Problem der Ethik ist noch gar nicht das Thema im vorliegenden Traktat, wird es auch in V. 11 noch nicht. Und wer, wie z. B. Kühl[96], die angebliche ethische Wendung am Ende von V. 10 mit Hinweis auf V. 4 erklären möchte (›Forderung des Gesetzes‹), zeigt nur, daß er schon dort dem ethischen Mißverständnis der paulinischen Aussagen erlegen war.

Daß aber ›Gerechtigkeit‹ »im Zusammenhang der Antithese nicht das Rechtfertigungsurteil bezeichnen« könne, so daß nur die ethische Interpretation übrig bleibe, ist eine *petitio principii* Käsemanns[97], die außerdem voraussetzt, daß auch das ›durch die Sünde‹

im ersten Glied nicht die Urheberschaft für den Tod des ›Leibes‹ bezeichnen könne.

Indessen besteht bei genauem Zusehen kein Anlaß, ›Leib‹ in V. 10 anders als in V. 11 und ›durch Sünde‹ sowie ›durch Gerechtigkeit‹ anders als kausal zu verstehen. Paulus sagt, der Mensch sei als leiblicher, natürlicher, vorfindlicher infolge der Sünde dem Tod unterworfen; infolge des Rechtfertigungsurteils Gottes aber habe er ›als Geist‹ das Leben.

Wiederum *formuliert* Paulus weitgehend im Rahmen des hellenistisch-gnostischen Dualismus: Leib und Geist, der materielle Körper und die pneumatische Seele, das Sterbliche und das Unsterbliche am Menschen stehen sich als Tod und Leben gegenüber. Daß Paulus nicht im Rahmen dieses substanzhaften Dualismus *denkt*, machen die adverbialen Zusätze ›durch die Sünde‹ und ›durch die Gerechtigkeit‹ deutlich, die zweifellos geschichtlich gedacht sind. Der Mensch besteht für Paulus demzufolge nicht aus sterblichem Leib und ewigem Geist; er ist nicht teils irdisch-sterblich, teils göttlich-unsterblich. Der Mensch wird einheitlich und in seiner Ganzheit gesehen, so freilich, daß dieser eine Mensch entweder durch die Sünde oder durch die göttliche ›Gerechtigkeit‹, nämlich durch Gottes seinem sündigen Geschöpf in Jesus Christus erwiesene Treue, bestimmt, beherrscht bzw. (ontisch) qualifiziert wird.

Aber nun bleibt auch für den Menschen ›in Christus‹, den Träger des Geistes, die Tatsache seiner leiblichen Hinfälligkeit bestehen. Leibliches Leid, leibliche Krankheit, leiblicher Tod sind für den Glaubenden nicht abgeschafft. Die Macht der Sünde wirkt sich insofern weiter aus. Das gilt unbeschadet des Sachverhalts, daß um des Rechtfertigungsurteils Gottes willen (›durch die Gerechtigkeit‹) der Mensch ›geistlich‹ das Leben hat. ›Tot‹ meint in V. 10 also nicht einen vollendeten Zustand, sondern das drohende, unausweichliche Todesschicksal. Dibelius[98] paraphrasiert V. 10 richtig: »Wenn aber Christus so in euch wirksam ist, dann ist zwar der Leib (noch immer) dem Tode verfallen – das macht die Sünde –, aber der Geist stellt schon das göttliche Leben in euch dar – und das macht die gottgeschenkte Gerechtigkeit.« Indem Paulus diesen Sachverhalt in V. 10 feststellt, führt er den Gedanken über das in V. 2-9 Gesagte hinaus.

Auf die damit auftauchende Frage, wie man sich angesichts der kausalen Verbindung von Sünde und Tod vorstellen soll, daß die Sünde zwar überwunden ist, der leibliche Tod aber weiterhin herrscht, ist zunächst zu antworten, daß *Vorstellungen* ganz fernzuhalten sind, und zwar nicht nur die eigentlich dualistischen Vorstellungen, die den Menschen in den sterblichen Leib und die unsterbliche Seele trennen, so daß der Tod des Leibes geradezu die Vollendung der Erlösung darstellt, sondern auch die abgeschwächten, die den Leib und das von ihm ablösbare ›Innenleben‹ des Menschen unterscheiden[99]. Der ›Geist des Lebens‹ ist für Paulus eine psychologische Kategorie so wenig wie eine substanzhafte; er ist göttliche Gabe, nicht anthropologische Potenz.

Näher liegt es deshalb, V. 10 unter einem forensischen Aspekt zu erfassen. Der vorfindliche, leibliche Mensch, also der Mensch selbst, ist um der Sünde willen dem Tode unterworfen. Das Leben des Christen läßt sich insofern nicht welthaft greifen. Im Urteil Gottes dagegen gilt nicht mehr dieser Tod, sondern das im Glauben an die Rechtfertigung des Gottlosen ergriffene Leben, dessen der Glaubende durch die Wirkung des göttlichen Geistes in der Weise gewiß ist, daß er schon in dem neuen Leben wandelt (7,6); das Leben des Christen ›ist mit Christus verborgen in Gott‹ (Kol 3,3) und nur im Geist offenbar.

Bei solcher Deutung gesteht der Apostel dem Leser nicht einfach eine Verlegenheit ein, die sich angesichts der auch den Christen betreffenden leiblichen Hinfälligkeit bzw. Sterblichkeit einerseits und dem vorbehaltlosen Bekenntnis zu der schon erfolgten Überwindung von Sünde und Tod andererseits (V. 2.9) unvermeidlich einstellt. Das Miteinander von Leben und Tod ist vielmehr stärkster Ausdruck der Dialektik von ›Schon jetzt‹ und ›Noch nicht‹ des Heils und gehört so zu den konstitutiven Merkmalen des eschatologischen Heils selbst, zumal in Auseinandersetzung mit bzw. in Abgrenzung zu jenem enthusiastischen Dualismus, dessen Sprache Paulus in so starkem Maße aufgreift und der den Geist als verfügbare Habe statt als unverfügbare Gnade ansieht, das Heil also nicht bleibend ein Geschenk der Gnade Gottes sein läßt, sondern es als Sicherheit gewährenden, ungefährdeten Besitz des Pneumatikers versteht. »An sich selbst bleibt der Christ um der Sünde willen tot, nur der Geist selbst ist Leben und bringt Leben, das nie zu einem Teil des Menschen wird«[100].

In 2Kor 4,7 erklärt Paulus in diesem Sinn ausdrücklich: ›Wir haben aber diesen Schatz in irdenen Gefäßen, damit seine überschwengliche Größe von Gott sei und nicht von uns.‹ Wo dies ›von Gott‹ als unaufhebbares Kennzeichen des Heils verlorengeht, verschwindet das Heil selbst, und der Mensch findet sich im Zustand der Sünde wieder. Denn Sünde besteht ja gerade in dem Wahn des Menschen, *er* verfüge über sein Leben. Den Geist Gottes als des Menschen eigenen Geist anzusehen, ist eine der gefährlichsten Gestalten der Sünde, weil sie die tatsächliche Gottlosigkeit des Menschen verdeckt.

In diesem Sinn verstanden, bringt V. 10 also eine allezeit notwendige Bestimmung dessen, was Heil und Leben als christliche Erfahrungen sind. Wo die eigene Armut und Ohnmacht nicht mehr gegenwärtig bleiben, kann sich auch das Leben nicht gegenwärtig einstellen. Der Hinweis auf die dem Tod verfallene Leiblichkeit des Menschen wahrt also das *extra nos* des in V. 2-11 der Gemeinde gewiß zugesagten Heils und läßt so den gegenwärtigen Geist wirklich den Geist des *Lebens* sein. Beruht aber die Erfahrung des Heils auf der Erfahrung der eigenen Nichtigkeit, gibt es also das Leben nicht ohne den Tod, drückt V. 10 überhaupt keine ›Vorstellung‹, sondern die erfahrbare und unaufhebbare Wirklichkeit des Glaubens selbst aus: ›Als die Sterbenden, und siehe, wir leben‹ (2Kor 6,9). Der gewisse Tod hält den Glaubenden im wahren Leben fest.

Solche Erfahrung erlaubt es, nun mit der *Vorstellung* der Auferstehung fortzufahren (V. 11). Allerdings wäre der Anschluß von V. 11 an V. 9 – V. 9b als Parenthese betrachtet – besonders glücklich. Der *Gedanke* von V. 10 bildet im Zusammenhang von V. 2-11 kein notwendiges Glied, sondern eher einen Nebengedanken, der sich als solcher gut aus der wachsenden Zahl von Sterbefällen unter Christen erklären könnte. Und die Begrifflichkeit von V. 10 verläßt, wie wir beobachteten, den sprachlichen Duktus von V. 2-11. Solche Beobachtungen erlauben die Erwägung, ob V. 10 nicht erst bei der Übernahme des vorliegenden Traktats in Röm A von Paulus dem älteren Text hinzugefügt wurde.

Wie immer es sich damit verhalten mag: V. 11 bildet eine deutliche Klimax. Insofern, als der Mensch Leib *ist* und nicht Leib *hat*, kann der leibliche Tod *des* Menschen, der durch Gottes rechtfertigendes Urteil (›geistlich‹) lebt, nicht das letzte Wort über diesen Menschen sein. Diese Aussage bildet die Grundstruktur von V. 11: Wenn aber der Geist (Gottes) in euch wohnt, so wird Gott auch eure sterblichen Leiber wegen seines in euch wohnenden Geistes lebendigmachen. Gott gibt also sein ›neues Geschöpf‹ nicht preis; er läßt den Erlösten nicht wieder los. Wenn Gottes Geist den Menschen bestimmt, wird er ihn auch über den leiblichen Tod hinaus bestimmen.

Dieser Gedanke wird durch die wiederholte, das christliche Bekenntnis der Gemeinde aufgreifende (vgl. Röm 4,24b; 2Kor 4,14; Gal 1,1) Umschreibung Gottes als dessen, welcher ›Jesus von den Toten auferweckt hat‹, unterstrichen. Der Geist ist ja der Geist Jesu (V. 9f), d.h. der von dem auferstandenen und erhöhten Herrn kommende Geist. Wie sollte dieser dem Tod überlassen, was ihm gehört!?

Man darf es schwerlich als Zufall ansehen, daß der Abschnitt von der Sünde (7,24-25 a) und der von der Erlösung (8,11) gleichmäßig mit einem Hinweis auf den ›Leib‹ schließen. Dem Schrei nach Befreiung von ›diesem Leibe des Todes‹, d. h. nach Erlösung aus dem der Sünde verfallenen (leiblichen) Dasein, korrespondiert die Zusage, daß diese Befreiung durch die Gnadengabe des Geistes Gottes Gegenwart wurde und auch durch den leiblichen Tod nicht in Frage gestellt wird.

Der Hinweis auf die Auferstehung *Jesu* in V. 11 zeigt, daß an einer äußerlichen *Vorstellung* der Auferstehung der ›sterblichen Leiber‹ nicht viel liegen kann. Die biblischen Osterberichte schildern bekanntlich den Vorgang der Auferstehung Jesu nicht, und auch Paulus ergänzt die knappen Bekenntnisformulierungen nicht durch anschauliches Vorstellungsmaterial. ›Auferstehung‹ ist die im jüdischen Umkreis adäquate Kategorie für die eschatologische Hoffnung über den Tod hinaus. Sie ist gegenüber der griechischen Rede von der Unsterblichkeit der Seele im Recht, weil sie ausdrückt, daß der sterbliche Mensch stets auf die Schöpfermacht Gottes angewiesen bleibt, wenn er leben will. Sie darf dennoch als *Vorstellung* nicht absolut gesetzt werden; denn als solche versucht sie, das Unanschauliche zur Anschauung zu bringen und die Möglichkeiten Gottes in den begrenzten Horizont menschlicher Denkmöglichkeiten einzuordnen. Damit aber würde von ›Auferstehung‹ nicht mehr angemessen gesprochen bzw. gedacht. Paulus selbst kann deshalb auch in relativer Freiheit von der Auferstehungs*vorstellung* sagen, er habe Lust, zu sterben und bei Christus zu sein (Phil 1,23), und wenn er in V. 11 nicht den Ausdruck ›auferwekken‹, sondern ›lebendig machen‹ wählt, möchte er damit die Absicht verfolgen, den engen Vorstellungsrahmen der ›Totenauferstehung‹ zu sprengen; zumindest die ›Verwandlung‹ der hinfälligen Leiber der Christen wird durch das ›lebendig machen‹ mit abgedeckt (vgl. 1Kor 15,50).

Die Formulierung des Apostels, daß ›eure sterblichen Leiber‹ lebendig gemacht werden, darf nur im Rahmen der jüdischen Denkweise gehört werden. Demzufolge ist bei den sterblichen Leibern nicht an eine bestimmte Substanz gedacht, die zum Leben erweckt wird; denn nach jüdischem Verständnis *hat* der Mensch nicht einen Leib, sondern er *ist* Leib; ›Leib‹ meint deshalb nicht Stoff, sondern Person. Auferstehung des Leibes – zumal im Plural wie in V. 11 – bedeutet also, daß die Glaubenden *als Person* ewiges Leben empfangen. Der einzelne geht nicht unter in einem alle geschichtlichen Differenzierungen auslöschenden Meer von Pneuma. Vielmehr bleibt er in Ewigkeit *er selbst*, wie er in der Zeit als unverwechselbar einzelner zum Glauben gerufen, in der Taufe bei seinem Namen genannt und als *spezifisches* Glied am Leibe Christi der Gemeinde eingepflanzt wurde.

Man wird bei allen diesen Überlegungen allerdings beachten müssen, daß es Paulus in V. 11 noch nicht eigentlich um das Problem des ›Noch nicht‹ im Sinne der christlichen Zukunftshoffnung, des ›ewigen Lebens‹ geht. Denn in V. 12ff fährt er zunächst mit der Erörterung des ›neuen Lebens‹, der ›christlichen Ethik‹ fort, um erst danach zum Thema ›Eschatologie‹ überzugehen. Insofern hat Lietzmann[100a] mit seinem Urteil recht, daß »der Gedanke der eschatologischen Totenerweckung dem Zusammenhang fremd erscheint.« Diese Beobachtung erlaubt indessen nicht, die Gedankenführung des Paulus in V. 11 unmittelbar zu ethisieren und den Apostel von der Erweckung »zu einem Leben in Gerechtigkeit« sprechen zu lassen. Aber der Hinweis auf die leibliche Personhaftigkeit des Menschen auch über den Tod hinaus steht in V. 10.11 allerdings in einem Zusammenhang, der sich zu den Problemen des leiblichen Gehorsams und der personalen Verantwortung hin öffnet.

Diese Einsicht hat auch im Rückblick auf V. 2-11 ihre Bedeutung. Wir hatten gesehen, daß Paulus in diesem Abschnitt durchgehend die Sprache des hellenistisch-gnostischen Dualismus spricht. Daß er nicht im Gefälle dieser Sprache denkt, unterliegt wegen des Gesamtgefüges der paulinischen Theologie keinem Zweifel, und die geschichtlichen Begriffe ›Sünde‹, ›Gerechtigkeit‹, ›Trachten‹ ordnen die dualistische Sprache in diesen Duktus des paulinischen Denkens ein.

Indessen lassen es die Vv. 2-10, für sich genommen, unschwer zu, daß man die geschichtlichen Begriffe den substanzhaft-dualistischen unterordnet und deren originärem Verständnis einordnet. Dann würde in V. 2-10 der Vorgang der Befreiung des göttlichen Geistes vom widergöttlichen Fleisch, die Rettung des Pneumatischen aus den Fesseln des Leibes, in durchaus gnostischem Sinn geschildert. V. 11 aber zerstört diese Möglichkeit von Grund auf. Denn während das Streben des hellenistischen Dualisten auf die Befreiung vom Leib geht, spricht Paulus in V. 11 dezidiert von der Erlösung des Menschen *in* seiner leiblichen Existenz, und zwar auch durch den Tod hindurch.

Man kann sich kaum vorstellen, daß Paulus diese grundlegende Diskrepanz zwischen der von ihm vornehmlich gewählten dualistischen Sprache und der intendierten Aussage nicht bewußt reflektiert hat. Er dürfte also vor Augen gehabt haben, daß der Dualist von einer leiblichen Verantwortung nichts wissen wollte. Leib und

Welt sind für die konsequent dualistische Denkweise eine Schöpfung der Dämonen, um den ›Geist‹ in den Fesseln des Irdischen gefangenzuhalten. Mit der Befreiung des Geistes sinkt das Weltliche wieder in das Nichts zurück, dem es angehört.

Demgegenüber bekennt Paulus sich, indem er unter Verweis auf das christliche Bekenntnis die Auferweckung des Leibes feststellt, zu dieser Welt und zur Leiblichkeit des Menschen als zur Schöpfung Gottes. Leibliches Dasein ist Dasein aus Gottes Hand, geschaffen zum leiblichen und ewigen Lob seiner Herrlichkeit (Phil 1,20). Leibliches Dasein bedeutet darum auch: Verantwortlicher Umgang mit der Schöpfung; denn jeder muß Gott Rechenschaft geben für das, was er ›*leiblich* getan hat, es sei gut oder böse‹ (2Kor 5,10). Das christliche Bekenntnis zur Auferweckung des Leibes bzw. des Fleisches ist insofern immer auch ein antidualistisches bzw. ein antienthusiastisches Bekenntnis.

4. Die Ethik

(12) *Daraus folgt, Brüder, daß wir nicht mehr für das Fleisch und*
(13) *nicht mehr nach dem Fleisch leben dürfen. (13) Denn wenn ihr*
nach dem Fleisch lebt, müßt ihr sterben; wenn ihr aber durch
den Geist die Taten des Leibes tötet, werdet ihr leben.
(14) *Denn alle, die von Gottes Geist getrieben werden, sind Söhne*
(15) *Gottes. (15) Ihr habt nämlich nicht einen Geist empfangen,*
der euch zu Knechten macht und wiederum in die Angst führt,
sondern ihr habt den Geist der Sohnschaft empfangen, durch
(16) *den wir schreien: Abba! Vater! (16) Der Geist selbst bezeugt*
(17) *also unserm Geist, daß wir Kinder Gottes sind! (17) Wenn*
aber Kinder, dann auch Erben, und zwar Erben Gottes und
Miterben Christi, wenigstens wenn wir mit-leiden, um auch
mit-verherrlicht zu werden.

Der Abschnitt 8,12-17 enthält eine *Folgerung* aus den vorhergehenden, auf die Erlösung einschließlich der leiblichen Erlösung bezogenen Ausführungen. Er gibt an, in welcher bestimmten Weise die Christen als Christen zu leben haben. Auf den Indikativ folgt der Imperativ. Bezeichnend ist dabei die Anrede ›Brüder‹ in V. 12 und der darauf folgende Übergang zum brieflichen ›Ihr‹ in V. 13ff. Vermutlich hatte der Traktat durchgehend das ›Wir‹, das in V. 15b auch unvermittelt wieder aufgenommen wird.

Der Abschnitt leitet zugleich über zu den von V. 18 an folgenden Ausführungen über die Eschatologie: Wer weiterhin nach dem Fleisch lebt, wird sterben müssen; die wahren Kinder Gottes

werden dagegen mit Christus verherrlicht. Insofern beschreibt Paulus in V. 12-17 die Verpflichtung, unter der das wandernde Gottesvolk auf seinem Weg durch die Zeit steht.
Die paulinische Ethik begegnet also gänzlich unter dem Vorzeichen der Eschatologie wie in dem Zeichen der Erlösung.
Die Überschrift ›Ethik‹ mag, sieht man auf den Inhalt von V. 12-17, überraschen; denn die übliche ethische Paränese findet sich in diesem Abschnitt nicht. Gesetze und Gebote fehlen. Der ganze Abschnitt trägt stärker indikativischen als imperativischen Charakter. Der Zuspruch überwiegt gegenüber dem Anspruch. Das ›Du sollst‹ tritt gegenüber dem ›Du bist‹ zurück.
Nun wird man beachten müssen, daß der Begriff ›Ethik‹ heute oft in einem sehr verengten Sinn gebraucht und ganz auf die Normen des ›Du sollst‹ bezogen wird. Demgegenüber beschrieb er z.B. noch bei Schleiermacher in einem weiten Sinn den ganzen Bereich des menschlichen Weltverhältnisses: Sitte und Sittlichkeit, Kultur, Gesellschaft, Politik, Wirtschaft, Ordnungen usw. unter Einschluß des vorausgesetzten Weltverständnisses. Schleiermacher kann ›Ethik‹ als die »Wissenschaft der Prinzipien der Geschichte«[101] definieren. Fügt Paulus zwischen ›Erlösung‹ und ›Eschatologie‹ die Vv. 12-17 ein, so tritt in ihnen das gesamte Weltverhältnis des Christen auf der Grundlage eines spezifischen Weltverständnisses in den Blick. Nur in diesem umfassenden Sinn kann und soll im Blick auf unsere Verse von paulinischer Ethik gesprochen werden. Und für diese Ethik dürfte dann gerade kennzeichnend sein, daß sie sich nicht primär an Normen und Gesetzen orientiert.

Vers 12-13

Paulus folgt auch in V. 12-13 im wesentlichen weiterhin der Begrifflichkeit des hellenistisch-gnostischen Dualismus: Der Pneumatiker, der sich als solcher erkannt hat, distanziert sich von seinem Fleisch bzw. von seinem Leib. Daß Paulus in V. 13 vom sündigen Tun als von den ›Taten des Leibes‹ spricht, läßt sich nur erklären, wenn er ähnlich wie in V. 10 im Gefälle der dualistischen Sprache gefesselt ist. Denn ›Taten des Leibes‹ steht, wie der Zusammenhang lehrt, ähnlich wie in Röm 6,6.12 unzweifelhaft für ›Taten des Fleisches‹ – so liest auch eine Anzahl von Handschriften, die damit aber den Urtext korrigieren dürften. Die Gleichsetzung von Leib und Fleisch ist für den gnostischen Dualismus kennzeichnend, während Paulus im Rahmen jüdischen Denkens soeben noch in V. 11 ›Leib‹ im Sinne von ›Person‹ verwandte und von der Leben-

digmachung der Leiber sprach, freilich auch hier unter dem Vorzeichen von Sünde und Tod.
Im Sinne des Dualismus bedeutet die Distanzierung vom ›Fleisch‹ bzw. ›Leib‹ vornehmlich asketische Absage an das geschichtliche Leben, vor allem sexuelle Askese, die gelegentlich freilich in den sexuellen Libertinismus umschlagen konnte: angesichts der Nichtigkeit des dämonischen Fleisches sind die asketische und die libertinistische Absage an das fleischliche Leben gleichsinnige und nur äußerlich gegenteilige Handlungsweisen. ›Im Geist‹ wird der dualistische Pneumatiker so oder so die ›Werke des Leibes‹ töten bzw. die Nichtigkeit des Leiblichen demonstrieren.
Wie sonst *versteht* Paulus entgegen seiner dualistischen Sprache auch in unserem Abschnitt die Begriffe ›Fleisch‹ und ›Geist‹ geschichtlich. In seiner Vorrede zum Römerbrief (1522) bemerkt Luther deshalb richtig: »Fleisch und Geist mußt du hier nicht so verstehen, daß Fleisch allein sei, was die Unkeuschheit betreffe ... Sondern ›Fleisch‹ heißt Paulus, wie Christus Joh 3,6, alles, was aus Fleisch geboren ist, den ganzen Menschen mit Leib und Seele, mit Vernunft und allen Sinnen, darum, daß es alles an ihm nach dem ›Fleisch‹ trachtet.«
›Nicht für das Fleisch‹ bzw. ›nicht nach dem Fleisch‹ leben bedeutet also, das ›Fleisch‹, nämlich das eigene Können und die vorhandene und verfügbare Wirklichkeit nicht mehr zur Grundlage des Lebens zu machen; ›durch den Geist die Taten des Leibes töten‹ meint konkret-ethisch: aus der Gnade Gottes und nicht aus dem Machbaren, den eigenen Leistungen leben. Paulus argumentiert also auch da, wo er das ethische Verhalten bedenkt, im Rahmen der beiden grundlegenden Daseinsmöglichkeiten des Menschen: Fleisch – Geist; Sünde – Gerechtigkeit; Unglaube – Glaube; Tod – Leben. Geist, Gerechtigkeit, Glaube schließen das ›neue Leben‹ in sich. Darum ruft Paulus, wo es um das Weltverhältnis des Christen geht, den Christen nicht auf, dies oder jenes zu werden oder zu tun, sondern der zu sein, der er ist. Auf den Indikativ der Heilszusage folgt nicht eine Kette von Imperativen; vielmehr ruft der ethische Imperativ den Christen *konkret* in den Indikativ. Gal 5,25 ist ›klassischer‹ Ausdruck dieses theologischen Sachverhalts: ›Wenn wir im Geist leben, so müssen wir auch im Geist wandeln‹. Es besteht also keinerlei Bruch und auch keine Steigerung zwischen V. 2-11 und V. 12-13.
Man sollte darum das von Paulus Gemeinte auch nicht mit Luthers Formel *simul iustus – simul peccator* wiedergeben, die diesem paulinischen Denken jedenfalls dann nicht entspricht, wenn sie einen Zwiespalt im Erlösten beschreiben soll: »Dieser Zank währt

in uns, solang wir leben, in einem mehr, im andern weniger, darnach der Geist oder das Fleisch stärker wird, und ist doch der Mensch selbst ..., der mit sich streitet, bis er ganz gerettet werde.«[102] Aber Paulus spricht nicht von solcher wachsenden ›Heiligung‹. Seinem Denken entspricht eher die Formel *totus iustus – totus peccator:* Im Blick auf sich selbst als ›alter Mensch‹ ist der Mensch stets und ganz Sünder; im Blick auf sich als Erlöster ist der (neue) Mensch ganz Gerechter, der in diesem seinem Sein auch konkret stehen muß.

Viele Ausleger sehen es anders. Jülicher fragt im Rückblick auf V. 2-11, wo Paulus die ›Geistesmenschen‹ und die ›Fleischesmenschen‹ so deutlich *gegeneinander* setzte und die Wirklichkeit des gegenwärtigen Heils behauptete: »Hat er nicht gar zu kühn den Wunsch an die Stelle der Wirklichkeit gerückt?«[103] Übersieht er nicht, daß »die *sittliche* Erneuerung« noch keineswegs abgeschlossen ist? »Er bringt sie halb schüchtern zur Sprache, wie es sich angesichts eines noch keineswegs vollendeten Prozesses gebührt ...«[104]. Aber Jülicher mißversteht den Apostel, für den das Elend der Sünde nicht in sittlichem Verfall besteht und das Leben im Geist nicht ein Leben in sich vollendender Sittlichkeit darstellt. Paulus hält vielmehr die Entfremdung des Menschen von dem göttlichen Grund seines Daseins und damit von sich selbst für das eigentliche Elend der Welt, und das Heil liegt darin, daß der Mensch vor und durch Gott jene Freiheit von sich erlangt, in der er sich selbst als den wahren Menschen gewinnt. Offensichtlich hat Paulus die Überzeugung, daß da, wo Glaube und Geist *regieren,* die Welt auch ethisch-sittlich in Ordnung *ist* bzw. die neue Schöpfung sich gegen die Welt durchgesetzt hat und ständig neu durchsetzt.

Kuss[105] formuliert im Blick auf V. 12f: »Aus der ganz unbefangen eingeräumten faktischen Notwendigkeit, die Geistgetriebenen zu einer Verwirklichung des Geistbesitzes aufzufordern, erhellt, daß die Grenzen zwischen Geistbereich und Fleischbereich offenbar doch anders laufen, als ein erster Blick auf Vv. 1-11 zunächst zu ergeben scheint: sie laufen nicht einfach und übersichtlich zwischen den Glaubenden auf der einen und den Nichtglaubenden auf der anderen Seite, sondern sie gehen mitten durch die Glaubenden, durch jeden einzelnen Glaubenden hindurch.« Aber der *Glaubende* ist für Paulus der Macht des ›Fleisches‹ entnommen und in den Bereich des ›Geistes‹ versetzt. ›Geist‹ und ›Fleisch‹, ›Gerechtigkeit‹ und ›Sünde‹ sind die beiden einander ausschließenden Daseinsmöglichkeiten des Menschen, die nicht mit quantitativen ethischen und sittlichen Kategorien erfaßt werden können – der Pharisäer Paulus war *zugleich* ein beispielhafter Sünder und ein sittlich vorbildlicher Mensch! Es gibt für Paulus deshalb kein *Mit*einander von ›Geistbereich‹ und ›Fleischbereich‹ im Menschen und eine entsprechende Entwicklung von hier nach dort. Natürlich hat Paulus mannigfach erfahren, daß auch den Glaubenden sittliche Mängel anhaften. Aber diese Mängel zeigen kein Mehr oder Weniger an ›Geist‹ oder ›Fleisch‹ an, sondern gegebenenfalls einen akuten oder latenten Rückfall in den Bereich des Fleisches, eine konkrete Verleugnung des Glaubens, ein Nicht-mehr-im-Glauben-Stehen, eben ein Leben nach dem Fleisch und damit das Sein im Tode (V. 13). Der alte Äon, soweit er noch nicht überwunden ist, bedroht den Christen nicht mit der Verführung zu dieser oder jener Sünde, sondern *in* solcher Verführung zum Rückfall in den Unglauben, zum ›Fallen aus der Gnade‹ (Gal 5,4), zur Rückkehr in den Stand der Sünde schlechthin.

Folgen wir dem von Paulus Gemeinten, so beruht Ethik offenbar nicht auf bestimmten Folgerungen, die aus dem Geschehen der Erlösung gezogen werden, sondern auf dem Beharren der Erlösten im Stand der Erlösung. Zu dem Sein im ›Geist‹ tritt ethisch nichts hinzu. Wer im Geist lebt, weiß damit um das ethisch Angemessene und weiß es auch zu tun.

In diesem Sinn ist z. B. der sehr grundsätzliche Abschnitt Röm 12,1 f, der Anfang des Briefkorpus von Röm B (s. S. 4), zu verstehen: Wer angesichts der Barmherzigkeit Gottes nicht an sich selbst festhält, sondern in der Preisgabe an die Gnade Gottes den angemessenen Gottesdienst feiert; wer sich insofern also nicht diesem Äon der Sünde gleichstellt, sondern sich in das neue Sein des Geistes verwandeln läßt – der kennt auch den Willen Gottes und tut das Gute und Wohlgefällige und Vollkommene. Insofern liegt im Evangelium selbst das ›Gesetz‹ des neuen Lebens beschlossen.

Verhält es sich so, versteht man die Radikalität, mit der Paulus in Christus das Ende des Gesetzes gekommen sehen kann. ›Wenn ihr durch den Geist getrieben werdet, seid ihr nicht unter dem Gesetz‹ (Gal 5,18). Geist und Gesetz schließen sich auch für den Bereich der Ethik aus. Auch in Röm 6 begegnet Paulus den synagogalen Vorwürfen, die ›Gnade allein‹ führe zur Unsittlichkeit, keineswegs damit, daß er das Gesetz, sei es auch partiell oder in bestimmter Beleuchtung, für den Christen wieder in Kraft setzt. Vielmehr argumentiert er kurz und bündig aus der Mitte des Evangeliums heraus mit dem *Sein* der Christen: ›Wir sind der Sünde gestorben! Wie sollten wir noch in ihr leben!‹ (Röm 6,2). Wer wirklich *in* der Gnade lebt, sündigt nicht.

Wieso? Paulus sagt in V. 13: Weil der Geist die ›Taten des Leibes‹

tötet! Und er führt diese ›negative‹ Formulierung durch das ›positive‹ ›. . . werdet ihr leben‹ weiter. Dies Futur weist auf den eschatologischen Horizont des ganzen Abschnitts hin, läßt sich aber nicht auf ein ›dereinst‹ einschränken, wie V. 14 zeigt: Der Geist ist Angeld des zukünftigen und zugleich die Kraft des gegenwärtigen Lebens. Somit liegt in dem ›. . . werdet ihr leben‹ zugleich eine unmißverständliche Antwort auf die Frage, wieso derjenige nicht sündigt, der aus der Gnade lebt: er wird vom ›Geist getrieben‹, nicht vom Gesetz gelenkt.

Die im Blick auf die gesamte literarische Hinterlassenschaft des Paulus wesentlichste Ausführung dieses Grundprinzips erfolgt mit Hilfe des Motivs der ›Liebe‹. Der Glaubende sündigt nicht, weil der Glaube durch die Liebe ›ethisch‹ wirksam wird (Gal 5,6). Das heißt nicht, daß auf den Glauben die Liebe folgt – oder auch nicht. Vielmehr ist die Liebe die der Welt zugewandte, die ›ethische‹ Seite des Glaubens selbst. ›Er ist für alle gestorben, damit die (durch ihn) Lebenden nicht mehr sich selbst leben‹ (2Kor 5,14), sondern Christus bzw. dem Nächsten. Ist ›Sünde‹ nämlich die Bezogenheit des Menschen auf sich selbst, der auch in seinen guten Werken noch sich selbst sucht, so bedeutet ›Glaube‹ die Freiheit von der Sorge um das Eigene und *damit* die Zuwendung zum Nächsten. Deshalb gehören Glaube und Liebe unlösbar zusammen wie Feuer und Wärme, wie Licht und Schein, so daß eines mit dem anderen steht und fällt.
In solchem theologischen Denkansatz reduziert Paulus den Dekalog in Röm 13,8-10 auf das eine ›Wort‹: ›Liebe deinen Nächsten wie dich selbst.‹ Paulus will damit nicht das Gesetz im Lichte der Liebe wieder in Kraft setzen, sondern vielmehr das Gesetz in die Liebe und damit in den Glauben hinein, der durch die Liebe wirkt, *aufheben*, d.h. zugleich auflösen und in seiner Intention bewahren. Und nennt Paulus in Gal 6,2 das liebevolle Verhalten zueinander die ›Erfüllung des Gesetzes Christi‹, so will er auch mit dieser paradoxen Formulierung kein neues Gesetz aufrichten, sondern Christus selbst an die Stelle des Gesetzes rücken.

Nach dem zuletzt Gesagten muß es allerdings auffallen, daß der Begriff ›Liebe‹ in V. 12-17 nicht begegnet. Das dürfte bedeuten: Er begegnet *noch* nicht. Zur Zeit der Abfassung des vorliegenden Traktats hatte Paulus dann den Begriff ›Liebe‹ noch nicht zum zentralen Begriff christlicher Ethik erhoben. Für diese Ansicht spricht die noch durchaus positive Verwendung des Begriffs ›Gesetz (Gottes)‹ in 7,22; 8,4.7 im Sinne von ›offenbarter Wille Gottes‹. Dieser Wille Gottes umschließt natürlich auch Gottes sittliche Forderung, und dementsprechend stehen die sittlichen Gebote und Verbote der Tora zur Zeit der Abfassung des vorliegenden Traktats für Paulus anscheinend noch in unproblematischer ethischer Geltung. Erst in der späteren intensiven Auseinandersetzung des Apostels mit der pharisäisch bestimmten Synagoge hat er dann sein

Verständnis des Gesetzes radikalisiert: Ist das Gesetz nur ›zwischeneingekommen‹ und hat es mit Christus sein Ziel und Ende gefunden (Röm 10,4), so stellt sich die Frage nach einem angemessenen Äquivalent für das Sittengesetz der Tora, und dies Äquivalent findet sich im ›Wort von der Liebe‹ (Röm 13,9), das als Summe und Spitze der sittlichen Gebote das ›Gesetz‹ in sich aufhebt.
›Liebe‹ war dann auf dieser relativ frühen Stufe der paulinischen Theologie *ein* wesentliches Element ethischen Verhaltens, nicht aber dies selbst und überhaupt. Dafür sprechen auch sonstige Beobachtungen und andere Passagen der paulinischen Literatur. So charakterisiert der Begriff ›Liebe‹ bei Paulus durchweg stärker ein passives als ein aktives Verhalten: die Liebe tut dem Nächsten nichts Böses (Röm 13,10); sie betrübt den Bruder nicht (Röm 14,15); sie ist langmütig und rechnet das Böse nicht zu (1Kor 13,4-6) usw., eine Beobachtung, die freilich zugleich auf den ›apokalyptischen‹ Grundton der ganzen paulinischen ›Ethik‹ hinweist: Diese ›alte Welt‹ läßt sich ethisch nicht heilen (vgl. 1Kor 7,31). In Röm 6 fehlt der Begriff ›Liebe‹ ganz; dafür finden sich andere umfassende ethische Wendungen wie ›Gerechtigkeit‹, ›Heiligung‹, ›neues Leben‹.
Versteht man Liebe im engeren Sinn, stehen in V. 12f den ›Taten des Leibes‹ nicht einfach die ›Taten der Liebe‹ gegenüber. ›Den alten Menschen mit seinen Werken ablegen‹ (Kol 3,9) heißt nicht nur, den Eigennutz durch den Gemeinnutz ersetzen. Zu den ›Taten des Leibes‹ gehört z. B. auch die Angst (V. 15), zu dem ›Leben im Geist‹ auch das Leiden-Können (V. 17). In Gal 5,19ff nennt Paulus unter den ›Werken des Fleisches‹ unter anderem Unzucht, Ausschweifung, Zauberei, während er zu den ›Früchten des Geistes‹ neben der an erster Stelle genannten Liebe auch Freude, Geduld, Enthaltsamkeit usw. zählt. Daß der Mensch sich dem Verfügbaren ausliefert, braucht nicht immer mit aktiver Lieblosigkeit einherzugehen, sondern kann sich auch ohne unmittelbare Verletzung des Nächsten ›weltlich‹ artikulieren.

Auf allen Stufen und in allen Ausprägungen seines ethischen Denkens hält Paulus daran fest, daß ›Sein im Geist‹ und ›ethischer Wandel‹ unlösbar miteinander verbunden sind: Wer im Vertrauen zu Gott lebt, *kann nicht* Zauberei treiben; wer die irdischen Gaben mit Dank zu Gott empfängt, *kann* sie nicht ausschweifend verschwenden; wer sich mit seinem Leib in Gottes Hand weiß, *kann* nicht Unzucht treiben usw. Paulus traut im Blick auf das ethische Verhalten des Christen alles dem Evangelium, nichts dem Gesetz zu. Man bedenke in diesem Zusammenhang Luthers bekannte

Worte aus seiner Vorrede zum Römerbrief (1522): »Glaube ist ein göttlich Werk in uns, das uns wandelt und neu gebiert aus Gott (Joh 1,13) und tötet den alten Adam, macht uns ganz zu andern Menschen von Herz, Mut, Sinn und allen Kräften und bringet den heiligen Geist mit sich. O, es ist ein lebendig, schäftig, tätig, mächtig Ding um den Glauben, daß unmöglich ist, daß er nicht ohn Unterlaß sollt Guts wirken. Er fraget auch nicht, ob gute Werke zu tun sind, sondern ehe man fragt, hat er sie getan und ist immer im Tun. Wer aber nicht solch Werk tut, der ist ein glaubloser Mensch.«

Dementsprechend fehlt bei Paulus jede kasuistische Ethik, ein den möglichen Situationen entsprechender Verhaltenskodex. Kasuistik ist dort fehl am Platz, wo das *esse* (Sein) dem *operari* (Tun) vorgeht, und das trifft nach der Meinung des Paulus sowohl für den Stand in der Sünde wie für den Stand in der Gnade zu.

Nicht der Inhalt der Werke qualifiziert diese als Sünde, sondern das ›Sein‹ dessen, der sie als Sünder wirkt. Alles, was nicht aus dem Glauben geht, ist Sünde (Röm 14,23), auch die ethisch guten Werke.

Das Sein ›im Geist‹ heiligt das Tun des Menschen überhaupt:

›Gott sind die Werke gleich. Der Heilge, wenn er trinkt,
gefället ihm so wohl, als wenn er bet't und singt.‹ (Angelus Silesius)

Dabei muß natürlich bedacht werden, daß der Geist nur Werke des Lebens, nicht des Todes bewirkt. Aber es ist der Geist bzw. das Sein im Glauben, nicht ein Kodex der guten Werke, der das gute Werk ermöglicht bzw. das Tun heiligt. Für die christliche Ethik bedarf es des Gesetzes nicht. Der paulinische Satz, Christus sei das Ende des Gesetzes, gilt ohne ethische Einschränkung.

Paulus weiß natürlich, daß ethisches Verhalten nicht jeweils *ab ovo* geschieht, sondern konventionellen Normen unterliegt, Gewohnheiten folgt, gemeinschaftlich eingeübt wird und ausgeübt werden muß. Darum finden sich bei ihm auch Verhaltensregeln bzw. ausgeführte paränetische Abschnitte (z. B. Röm 12,9-21). Sie stellen ein Geländer dar, eine pädagogische Hilfe im Alltag der Welt und im Gewirr von Normen und Situationen.

Dabei folgt Paulus aber bezeichnenderweise vorgeprägten ethischen Traditionen, wie sie ähnlich auch zum paränetischen Gut der synagogalen Unterweisung gehörten. Er entwickelt keine neuartige christliche Ethik, keine neuen Gebote. Neu ist die *Stellung* des Glaubenden zur Welt und zum Mitmenschen, sein ›Sein‹: er lebt ›nach dem Geist‹ und folgt dabei *allen* Regeln und Normen sozialen Verhaltens, in denen er dem Willen Gottes gehorsam sein kann und die der Daseinsweise des ›neuen‹ Menschen entsprechen. Er weiß sich bei seinen sittlichen Entscheidungen nicht durch Gebote gesichert, sondern in der Gnade geborgen. Darum läßt sich der Christ auch nicht eindeutig durch seinen Wandel als Christ identifizieren. Gibt es auch Dinge, die er mit Sicherheit nicht tun kann, so gibt es im Bereich des sittlichen Verhaltens und Handelns doch nichts, was nur er tun könnte.

Durchaus im Geist des Paulus hat der Verfasser des Briefs an Diognet gegen Ende des 2. Jh. (oder früher?) geschrieben: ›Denn die Christen unterscheiden sich weder durch ihr Land, noch ihre Sprache, noch durch besondere Volksgebräuche von den übrigen Menschen. Sie bewohnen nicht eigne Städte, sie sprechen keine fremde Sprache, sie haben keine auffallende Lebensweise . . . Sie bewohnen, wie es jedem beschieden ist, heimische so gut wie fremde Orte. Sie fügen sich in Kleidung und Nahrung und sonstigem Leben der Landessitte. Aber bei alledem haben sie doch ihre wunderbare und anerkannt staunenswerte eigene Ordnung und Verfassung. Sie wohnen in ihrem Vaterland, aber doch wie Gäste; sie genießen ihr Bürgerrecht, bleiben aber doch Fremdlinge. Jede Fremde ist ihnen Heimat. Jede Heimat ist ihnen Fremde. Sie heiraten, wie alle anderen, sie bekommen Kinder, aber sie verstoßen sie nie. Ihr Tisch ist allen gemeinsam, aber nie gemein. Sie leben im Fleisch, leben aber nicht nach dem Fleisch. Sie weilen auf Erden und wandeln im Himmel. Sie gehorchen den bestehenden Gesetzen, doch ihr Wandel steht über den Gesetzen‹ (Diogn 5).
Auch Luther ist mit relativ großer Konsequenz Paulus gefolgt und hat darauf verzichtet, einen spezifisch christlichen Gebrauch des Gesetzes als *tertius usus* (den dritten Gebrauch neben dem bürgerlichen bzw. politischen Gebrauch zur Anleitung und Bestrafung der Übeltäter und dem theologischen Gebrauch zur Aufdeckung der Sünde) zu entfalten. Die lutherische Orthodoxie hat dann allerdings den *tertius usus in renatis* – das Gesetz für die Wiedergeborenen – in ihr System aufgenommen, den die reformierte Tradition bereits seit Calvin kennt. Seitdem droht der reformatorischen Ethik eine Gesetzlichkeit in der ›Heiligung‹, der in jüngster Zeit vor allem Karl Barth dadurch entgegenzutreten suchte, daß er die Normen der christlichen Ethik durch ein Analogieverfahren aus dem Heilswerk Christi abzuleiten suchte – ein oft gequältes und wenig befriedigendes Unterfangen (Christus als Licht → keine Geheimdiplomatie; Freiheit in Christus → gegen die Diktatur als Staatsverfassung; *eine* Taufe → Gleichheit aller vor dem Gesetz usw.).

Vers 14-17

»Der Abschnitt V. 14-17 muß als eine innere Einheit angesehen werden«[106]. Darauf weist äußerlich der Übergang zum ›Wir‹ hin, vor allem aber die teilweise wörtliche Parallele in Gal 4,4 ff:

›Als aber die Zeit voll wurde, sandte Gott seinen Sohn ... damit wir die Sohnschaft empfingen. Weil ihr aber Söhne seid, sandte Gott den Geist seines Sohnes in unsere Herzen, der Abba! Vater! schreit. So bist du nicht mehr Knecht, sondern Sohn. Wenn aber Sohn, dann auch Erbe durch Gott.‹

Wir haben es also mit einem in sich relativ fest geprägten, vielleicht von Paulus schon vorgefundenen Überlieferungszusammenhang zu tun, den Paulus für unterschiedliche Argumentationsgänge aufgreifen konnte und der auch Teil des vorliegenden Traktats bildete, falls Paulus nicht, was denkbar ist, V. 14-17 erst bei der Übernahme des Traktats in Röm A der Vorlage beigegeben hat. Die V. 14-17 beherrschende Vorstellung von Gottes Vaterschaft und der Kindschaft der Frommen entstammt jüdischer Tradition, wie Sap Sal 2,13.16-18 (vgl. Gal 3,2.6; Joh 1,12) besonders deutlich zeigt.

Unser Abschnitt enthält eine gegenüber V. 2-11 und V. 12-13 eigenartige Geistvorstellung, die nicht dem dualistischen Denken entstammt, in dessen Rahmen absolut vom Geist als dem göttlichen Geist gesprochen wird, nicht aber von einem ›Geist der Knechtschaft‹ gesprochen werden kann. Es fällt auch auf, daß in V. 14-17 der Gegenbegriff ›Fleisch‹, also der eigentliche Dualismus, fehlt. Dazu kommen die bezeichnenden Ausdrücke ›vom Geist getrieben werden‹ und ›den Geist empfangen‹, denen zufolge der ›Geist‹ nicht, wie im dualistischen Denken, der wahre Mensch selbst ist, der sich *als* Geist von dem Gefängnis des Fleisches distanziert. Vielmehr *existiert* der Mensch auch schon vor und unabhängig von seiner Begegnung mit dem Geist; er *empfängt* aber der vorliegenden Denkweise zufolge den Geist und wird dann von dem Geist getrieben, als ›Geistesmensch‹ qualifiziert.

Wir haben es also mit einer ›enthusiastischen‹ Geistvorstellung zu tun: Der Geist Gottes geht in den Menschen ein und bestimmt sein Denken und Tun. Der Mensch wird nun nicht mehr von sich selbst, sondern von Gottes Geist gelenkt und regiert. In solcher Weise empfängt z. B. der Prophet Auftrag und Dienst.

Freilich spricht Paulus in V. 14-17 nicht von Propheten oder von anderen ausgezeichneten Gottesmännern, sondern von den Christen insgesamt, die als Kinder Gottes vom Geist Gottes getrieben werden und damit als Erben Gottes ausgewiesen sind. Wir haben es, wie Gal 4,4ff besonders deutlich zeigt, mit der Vorstellung zu tun, daß die Christen, welche (durch den Glauben) als ›Söhne Gottes‹ angenommen (adoptiert) wurden, als solche (mit der Eingliederung in die Gemeinde bzw. durch die Taufe; vgl. 1Kor 6,11; Apg 2,38) den Geist Gottes empfingen, und zwar als Angeld und Unterpfand der zukünftigen Herrlichkeit, des himmlischen Erbes (vgl. V. 23; 2Kor 1,22; 5,5; Eph 1,11-14). Der schon empfangene

Geist ist also, religionsgeschichtlich gesehen, der apokalyptische Geist der End- bzw. Heilszeit, der den Gliedern der Heilsgemeinde aufgrund der alttestamentlichen Verheißungen gegeben wurde (s. S. 73ff): der pfingstliche Geist.

Dieser gottgegebene Geist ist in den vielfältigen Gaben gegenwärtig, die in der Gemeinde und ihren einzelnen Gliedern wirksam sind (vgl. Röm 12,6ff; Gal 5,22f; 1Kor 12-14). Zu diesen Gaben gehört V. 15 zufolge auch der gottesdienstliche Gebetsruf ›Abba‹ (vgl. Gal 4,6; Mk 14,36). Er wurde wie ›Maranatha‹ (1Kor 16,22) und ›Amen‹ aus der aramäisch sprechenden Gemeinde in den Gottesdienst der hellenistischen Christenheit übernommen, wird dabei aber zugleich übersetzt: ›Vater‹. Man muß sich vorstellen, daß dieser Ruf in den Versammlungen der Gemeinde ›enthusiastisch‹ ausgestoßen wurde, in spontaner Antwort auf den Heilszuspruch, in rational nicht kontrollierter Überwältigung durch das gottesdienstliche Geschehen, in existentieller Erfahrung der gnädigen Zuwendung Gottes zu seinem in diesem vergehenden Äon lebenden Geschöpf.

Mit V. 16, der an der Parallelstelle Gal 4,4ff kein Äquivalent hat, auch an unserer Stelle fehlen könnte und als zusätzliche Erläuterung erscheint, interpretiert Paulus diesen Vorgang: Indem so der Geist Gottes die Gemeinde das Bekenntnis zur Vaterschaft Gottes aussprechen läßt, bezeugt er selbst unserm Geist, daß wir Gottes Kinder sind. Ob ›unser Geist‹ der menschliche Geist ist, so daß das enthusiastische ›Abba‹ dem Glaubenden die herzliche Überzeugung von seiner Gotteskindschaft wunderbar bestätigt, oder ob Paulus damit den göttlichen Geist selbst meint, insofern er jedem einzelnen Christen gegeben wurde, läßt sich kaum entscheiden, ist aber auch nicht von großem Belang. In jedem Fall weist Paulus auf ein doppeltes Zeugnis hin, nämlich auf eine durch das geistgegebene ›Abba‹ erfolgende ›objektive‹ gottesdienstliche Bestätigung der ›subjektiven‹ Überzeugung, daß die Christen Gott ihren Vater nennen und sich selbst als Kinder Gottes verstehen dürfen.

›Nimm mich mir,
gib mich mir
dir zu eigen,
deine Treue zu erzeigen.‹

Solcher Glaube entnimmt dem Schicksal dieses vergehenden Äons und macht die Glaubenden zu Erben Gottes, d. h. zu Teilhabern an dem ›Erbteil‹ Gottes, der kommenden Herrlichkeit (V. 17).

Die biblischen Begriffe ›Erbe‹ und ›Erbteil‹ bezeichnen nicht nur das Verheißene, sondern auch den schon zugefallenen Besitz. Im

Alten Testament ist das *Land* Gottes Erbteil, das er seinem Volk aus freier Wahl übergeben hat. Im Neuen Testament gilt die ›Gottesherrschaft‹ als das dem neuen Gottesvolk, dem ›Israel nach dem Geist‹ (vgl. Röm 4,13ff; Gal 3,28) übergebene Erbteil (vgl. 1Kor 6,9ff; Gal 5,21ff; Eph 1,11ff; 5,5; Kol 1,12ff).

Schon im Alten Testament wird der Gedanke vorbereitet, daß nicht das Land, sondern Gott selbst das Erbteil der Frommen sei. So erhalten Priester und Leviten kein Land zugeteilt; denn ›der Herr ist ihr Erbteil‹ (5Mose 10,9; Hes 44,28). Nicht die irdische Gabe, der Geber selbst bedeutet Heil und Geborgenheit. ›Wenn mir auch Leib und Seele verschmachten, so bist doch du, Gott, allezeit meines Herzens Trost und mein Erbteil‹ (Ps 73,26; vgl. 16,5; 142,6).

Auch in V. 14-17 verschlingen sich Gegenwärtigkeit und Zukünftigkeit des Erbteils miteinander: die Christen haben als Söhne Anteil am ›Erbteil‹ des Vaters und warten so auf die Verherrlichung, auf das ›Erbteil der Heiligen im Licht‹ (Kol 1,12). Der Gedanke, daß Gott selbst das Erbteil der Frommen sei, begegnet nun in christologischer Vermittlung: Die Söhne sind Mit-Erben des Sohnes (V. 17), der Sohn ist der Erstgeborene vieler Brüder (V. 29). Die Bindung an den Sohn, mit dem sie schon jetzt leiden, gewährleistet dem Frommen die gewisse Hoffnung auf das Erbe bzw. die Unverlierbarkeit des Erbes, das als solches nicht näher beschrieben wird.

Nicht nur Gal 3,26-4,7, sondern auch Kol 1,12-20, Eph 1,11-14 und 1Petr 1,3-5 zeigen, daß wir bei alledem einem zentralen Topos paulinischer Theologie begegnen. V. 14-17 gehört als Traditionsstück demzufolge in einen eschatologischen Zusammenhang. Die Sohnschaft hat eschatologischen Charakter; die Söhne sind als solche zugleich die Erben (V. 17.23). Diese eschatologische Bedeutung der Bezeichnung ›Sohn Gottes‹ (= Kind Gottes) dürfte in spätjüdisch-apokalyptischer Frömmigkeit zu Hause gewesen sein; vgl. Mt 5,9.

Paulus ordnet denn auch V. 14-17 mit Hilfe entsprechender eschatologischer Verknüpfungen in den vorliegenden Zusammenhang ein. Am Anfang des Abschnittes begründet V. 14 die *futurische* Aussage von V. 13, daß leben wird, wer durch den Geist die ›Taten des Leibes‹ tötet; denn wer vom Geist Gottes getrieben wird, zeigt damit, daß er zu den Söhnen Gottes gehört (nicht: wer vom Geist Gottes getrieben wird, der *wird* dadurch Sohn Gottes!). Am Ende mündet der Abschnitt in V. 17 in die Verheißung künftiger Herrlichkeit und leitet so zu dem eschatologischen Abschnitt V. 18ff über.

Freilich darf man deshalb den Abschnitt V. 14-17 nicht primär zu den folgenden eschatologischen Ausführungen stellen. In V. 14-17 spricht Paulus von den ›Söhnen Gottes‹ als von denen, die *in dieser Zeit*, von dem Geist Gottes getrieben, zur künftigen Herrlichkeit unterwegs sind. Der Geist ist als *Angeld* des verheißenen Heils Kennzeichen des *wandernden* Gottesvolkes und insofern – wie in V. 12f – die Kraft des neuen Lebens, durch welche die ›Taten des Leibes‹ getötet werden. Der Geist bestimmt also das *ethische* Leben des Christen bzw. der christlichen Gemeinde (vgl. Eph 1,11-14).
Bezeichnenderweise zielt solche eschatologische Bestimmung des ethischen Verhaltens nicht vor allem auf eine aktive Lebensgestaltung im Zeichen der Liebe, sondern auf ein mehr passives Tun, wie es der vergehenden Welt angemessen ist und weltlich den neuen Äon demonstriert, eine Tendenz, die für die paulinische ›Ethik‹ überhaupt bestimmend ist.[107]

Freiheit von Angst

Zu diesem eschatologischen Leben im Geist gehört V. 15 zufolge die Freiheit von Angst.
Paulus hat in seiner bildhaften Sprache offensichtlich das antike ›Haus‹ vor Augen, in dem die Söhne und die unfreien Knechte miteinander leben. Das Dasein der Unfreien ist von Angst bestimmt – nicht unbedingt von konkreter Furcht, von aktuellen Befürchtungen –, weil ›Sklaven‹ ihrem Stand entsprechend der Willkür ihrer gegenwärtigen oder zukünftigen Herren ausgeliefert sind und darum im Hause zwar in den meisten Fällen eine faktische, aber keine grundsätzliche Geborgenheit besitzen. Die Söhne dagegen sind im ›Haus‹ wirklich zu Hause, frei, gesichert, geborgen – einfach weil sie Söhne und damit auch Erben sind.
Unsere Sprache macht einen Unterschied zwischen Angst und Furcht, wobei Furcht sich auf einen konkreten Gegenstand, eine bestimmte Bedrohung, einen fixierbaren Anlaß richtet, während Angst eher eine Grundstimmung bezeichnet. Akzeptiert man diese Unterscheidung, so muß man das griechische Wort *phobos* in V. 15 mit ›Angst‹ übersetzen: Wer als Kind Gottes das ›Abba‹ rufen kann, wird nicht mehr von der Angst gefangengehalten.
Angst als Grundbefindlichkeit des Daseins hat viele Gesichter: Weltangst, Daseinsangst, Gewissensangst, Lebensangst, Todesangst usw. Solche und andere Beschreibungen der Angst zeigen, daß die Angst zum Dasein selbst hinzugehört: Der Mensch findet sich in einer Welt vor, die er nicht geschaffen hat und die ihm keine eindeutige Auskunft über sich selbst und über ihn gibt. Daseins-

angst ist die Angst des Menschen, sich selbst, das eigene Dasein, zu verfehlen: ›In der Welt habt ihr Angst . . .‹ (Joh 16,33).
Insofern ist Angst unvermeidlich, ja lebensnotwendig, damit der Mensch zu der ihm nicht mitgegebenen, sondern aufgegebenen Wahrheit seines Daseins gelangen kann, welche die Angst überwindet. »Die Angst ist die Möglichkeit der Freiheit«[108].
Der gnostische Dualismus erklärte die Daseinsangst des Menschen mit der Auskunft, der eigentliche, pneumatische Mensch sei in die fremde Welt und in den Kerker des Leibes geworfen und ängstige sich in der unbewußten Empfindung, vom Leben im Licht abgeschnitten zu sein. Die Erkenntnis (Gnosis) seines unverlierbaren göttlichen Seins erlöse ihn aus der Angst.
In der modernen Existenzphilosophie gilt Angst als Ausdruck dessen, daß der Mensch in das Unheimliche, die Ungesichertheit oder das Nichts des Daseins gestoßen ist. »Das Wovor der Angst ist das In-der-Welt-Sein als solches«[109]. Der Mensch hat diese Angst durchzustehen und mit ihr und durch sie die Freiheit zu gewinnen, das Leben als endliches oder nichtiges anzunehmen.
Sozialpsychologische oder tiefenpsychologische Versuche, die Angst als angelerntes Verhalten oder als neurotische Fehlentwicklung anzusehen, erscheinen demgegenüber oberflächlich.
Kierkegaard sieht in seiner Schrift ›Der Begriff Angst‹ (1844) die Angst in der Sünde begründet: In der Selbstbehauptung des Menschen vor Gott bzw. in seiner (faktischen) Flucht vor Gott als dem Grund des menschlichen Daseins, »dergestalt, daß er selbst die Angst erzeugt«[110]. Damit deutet Kierkegaard die Angst in den Bahnen des paulinischen Denkens. Die Knechtschaft, von der Paulus in V. 15 spricht, ist in der Tat die Knechtschaft in der Sünde (vgl. Röm 6,16 ff; 7,15). Der Mensch, in dies Dasein geworfen und – mit Unverstand – nach dem Leben unterwegs, das Gute wollend und das Böse erlangend, wird von der Angst festgehalten, ohne ihren Grund zu kennen, und darum auch oft, ohne sich die Angst einzugestehen.
Dieser Zirkel der Angst erscheint ausweglos. Die Welt erzeugt die Angst, weil sie dem Menschen nicht jene Sicherheit gibt, die er zu einem zuversichtlichen Leben braucht. Greift er aber in seiner Angst nach dem, was ihm in dieser Welt Sicherheit verspricht: Ehre, Weisheit, Macht, Besitz usw., so verstrickt er sich nur noch tiefer in die Angst, weil er sich an das Nichtige klammert. So zeigt sich der Zirkel der Angst als identisch mit dem Zirkel der Sünde: Der Mensch greift nach dem Verfügbaren, um zu leben, und ergreift den Tod. Der Mensch in der Angst weiß wie bzw. als der Sünder nicht, was er tut.

Durch die Angst hindurch führt der Glaube, nämlich die Preisgabe der Selbstbehauptung, die Annahme der Kindschaft, das Leben aus der Geborgenheit in der Gnade Gottes; ›... seid getrost, ich habe die Welt besiegt‹ (Joh 16,33). Ist die Angst das ›Unheimliche‹ des Daseins in der Welt, begründet in der Heimatlosigkeit des Menschen, der sich in der Welt des Todes nicht geborgen weiß, so bedeutet ›Sohnschaft‹ die Überwindung der Angst angesichts der Entmachtung der ›Welt‹ durch ihren Schöpfer. Wer sich als Sohn angenommen weiß, ist nicht mehr heimatlos, sondern zu Hause. So führt der ›Geist der Sohnschaft‹ aus der Angst – wo immer der Mensch vom Geist Gottes getrieben wird.
Andernfalls bleibt die Angst, und sie bleibt nach christlichem Verständnis gerade dort, wo der (moderne) Mensch in Ansehung des Nichts trotzig sein Dasein als Nichtiges übernimmt, um die Angst vor dem Nichts zu vertreiben.
Auch Nietzsche hat sich – in der christlichen Tradition stehend – dieser Einsicht nicht verschließen können. Die ›Klage der Ariadne‹, die ihren Gott vertrieben hat, schließt mit den Worten:

›Davon!
Da floh er selber,
Mein letzter, einziger Genoß,
Mein großer Feind,
Mein Unbekannter,
Mein Henker-Gott! –
– Nein! Komm zurück
Mit allen deinen Martern!
Zum letzten aller Einsamen
O komm zurück!
All meine Tränen-Bäche laufen
Zu dir den Lauf!
Und meine letzte Herzensflamme –
Dir glüht sie auf!
O komm zurück,
Mein unbekannter Gott! Mein Schmerz!
Mein letztes – Glück!‹

Die Angst gehört zur Welt, wie und weil die Sünde zur Welt gehört, gleichgültig, ob die Angst latent den Menschen unbewußt bestimmt oder ob sie ihn bewußt gefangennimmt:

›... die Angst mich zu verzweifeln trieb,
daß nichts denn Sterben bei mir blieb,
zur Höllen mußt ich sinken.‹ (M. Luther)

Zur ›Ethik‹ des Christen gehört es indessen, inmitten der angstvollen und ängstigenden Welt getrost der zu sein, der er ist: Gottes

Kind, und so die Angst immer neu hinter sich zu lassen wie das Kind, das auf dunklem Weg die Hand des Vaters ergreift: ›Fürchte dich nicht; glaube nur‹ (Mk 5,36).
Solche ständige Überwindung der nicht geleugneten Daseinsangst ist weltlicher Ausdruck des Glaubens und die Grundlage auch des aktiven ethischen Weltverhältnisses; denn Angst und Verzweiflung am Dasein sind schlechte Ratgeber für den Lebensweg. Angst entmutigt, und sie ängstet auch andere.

Wo Glauben so verstanden wird, verschwindet die Scheu einer ›vaterlosen Gesellschaft‹ vor dem *väterlichen* Gottesbild. Wer mit dem Begriff ›Vater‹ die Vorstellung des bloß Autoritären verbindet, hat ein verzerrtes Vaterbild und ein gestörtes Verhältnis zum Vater. Mit ›Vaterschaft‹ und ›Kindschaft‹ verbinden sich in Wahrheit Lebenswirklichkeiten wie Schutz, Fürsorge, Geborgenheit, Vertrauen, Hilfe. Der Vater nimmt auch das ausgestoßene oder gescheiterte Kind an (vgl. Lk 15,11ff). Dem Kind hält der Vater das Erbe bereit. ›Wo gibt es unter euch einen Vater, den sein Sohn um einen Fisch bittet, und der ihm statt des Fisches eine Schlange gibt?‹ (Lk 11,11). Der autonome Mensch wird sich freilich stets an dem ›Vater im Himmel‹ ärgern, der ihm die Autonomie begrenzt und ihn aus Gnaden leben läßt. Indessen meint Paulus, der autonome Mensch sei *als solcher* der in der Knechtschaft der Angst lebende Mensch (V. 15), dem Diktat der Gesellschaft, des Augenblicks, des Schicksals, der Masse, seiner Leidenschaften unterworfen. Freie Menschlichkeit gibt es nur, wo der Mensch Gott als Vater anerkennt und sich selbst als Kind dieses Vaters bejaht.

Selig sind die Leidtragenden

Ein weiterer ethischer Aspekt wird, gleichfalls unter eschatologischem Vorzeichen, am Ende des Abschnitts sichtbar: ›. . . wenigstens wenn wir mit-leiden, um auch mit-verherrlicht zu werden.‹
Der Gedanke des Mit-leidens kann in einem umfassenden theologischen Sinn gemeint sein, analog z. B. zu 2Kor 13,4: Wer seinen ›alten Menschen‹ mit Christus in den Tod gibt, wird auch mitverherrlicht (s. S. 114ff). Bei diesem Verständnis gibt sich der Sünder *als solcher* mit Jesus und um seinetwillen in dessen Leiden und Tod. So zerschlägt das Leiden mit Christus den Stolz des selbstherrlichen Menschen (2Kor 12,9) und lehrt ihn, aus der Gnade zu leben.
Indessen legt der vorliegende Zusammenhang ein engeres, ethisches Verständnis des Mit-leidens näher, wenn auch kaum im Sinne eines »Appell(s) an die aktiven Kräfte der Angesprochenen«[111], es sei denn, man verstehe die Hinnahme von Leiden als das gemeinte aktive Handeln. Jedenfalls fordert Paulus nicht zum Leiden, sondern zum angemessenen Umgang mit dem vorhandenen und unvermeidlichen Leiden auf.

Der grundsätzliche Charakter der Ausführungen des Apostels hier wie in seinem ganzen Traktat erlaubt es dabei nicht, das anvisierte Leiden auf bestimmte Leidenserfahrungen einzugrenzen. Paulus kennt z. B. ein Berufsleiden des Apostels, das im Dienst der Glaubwürdigkeit und Wirksamkeit der apostolischen Botschaft steht (1Kor 4,9ff; 15,30ff; 2Kor 1,3ff; 4,7ff; 6,3ff; 11,23ff; Kol 1,24). Auch gibt es für die christlichen Gemeinden zur Zeit des Paulus zunehmend ein Leiden um des Glaubens willen bis hin zum Martyrium.

Sind solche spezifischen Leiden auch in V. 17 sicherlich nicht ausgeschlossen, so blickt Paulus doch in seiner Aussage auf das menschlich-irdische Leben der Christen überhaupt, die ihre Leiden insgesamt als Mit-leiden mit Christus verstehen dürfen und sich darum paradoxerweise durch ihr Leiden der zukünftigen Herrlichkeit versichern können. Leiden trennt nicht von dem Gott, der sich in dem Gekreuzigten offenbart, sondern hält in seiner Gemeinschaft fest.

Rücken so das irdische Leiden und das im christlichen Bekenntnis begegnende Leiden Jesu unlösbar zusammen, so besteht das ethische Verhalten des Christen dem Leiden gegenüber nicht primär darin, dem Leiden den Kampf anzusagen, sondern darin, das Leiden im Angesicht des Kreuzes aufzunehmen und durchzuhalten. Das Leiden ist die von Gott selbst bei seiner Menschwerdung angenommene Qualität dieser sündigen Welt (vgl. 8,3ff), die der Mensch in der Nachfolge des Gekreuzigten auch selbst anzunehmen hat. Der eschatologische Hintergrund dieser Einstellung zum Leiden ist unübersehbar; er zeigt sich darin, »daß diese Welt der alte, zu seinem Ende eilende Äon ist, der unter der Herrschaft des Todes steht, und zu dessen notwendigen Charakteren daher das Leiden gehört, in dem der immer künftige Tod als Macht der Vergänglichkeit immer gegenwärtig wirkt«[112].

Dieser eschatologische Hintergrund steht und fällt nicht mit einer zeitlichen ›Naherwartung‹ der Äonenwende. Der Tod wirft zu jeder Zeit seinen Schatten auf das Leben. Die Macht der Sünde läßt sich irdisch nicht brechen. Daher gehören Leiden und Welt zusammen, wie auch immer und solange auch immer die Welt besteht.

Jeder Versuch, das Leiden überhaupt abzuschaffen, ist Ausdruck der Sünde und muß scheitern (s. S. 52ff). Er führt im Gegenteil dazu, das Leiden zu vermehren, wie die Erfahrung zeigt. Wo die ›Guten‹ dem Leiden in der Welt den Kampf ansagen, bedarf es vorweg der ›Sündenböcke‹, die für dies Leiden verantwortlich sind. Der totale Kampf gegen das Leiden muß notwendigerweise zu dem Mittel greifen, den Bösen und Unbelehrbaren Leiden zuzufügen.

Und da das Ziel einer Welt ohne Leiden nie erreicht wird, vermehren auch die Frustrationen derer, die allem Leid wehren wollen, das Leiden. P. Gerhardts Vers: ›Wir machen unser Kreuz und Leid nur größer durch die Traurigkeit‹, gilt auch in dieser Hinsicht.
Die Annahme des Leidens versetzt den Menschen in jene heilvolle Distanz zu diesem Äon, die ihn daran hindert, das Vergängliche zum Grund seines Daseins zu machen. Die Bedrängnis führt nämlich zur Hoffnung, weshalb sich der Glaubende auch der Trübsale rühmen kann (Röm 5,3ff). Das Mit-leiden mit Christus setzt den Glaubenden nicht nur dem Gericht Gottes aus, sondern läßt ihn zugleich in der Bindung an den Gekreuzigten die Gnade Gottes und seine eigene Kindschaft erfahren: ›Wenn ich schwach bin, dann bin ich stark‹ (2Kor 12,9f).
Dem Leiden korrespondieren also ethisch nicht primär Aktivität und die damit verbundene Furcht, sondern Geduld und Trost (Röm 15,5), und wer immer in seinem Leiden mit Christus den göttlichen Trost erfährt, kann auch selbst Andere trösten (2Kor 1,5-7). Das Nicht-Annehmen des Trostes, der ›Freude in allem Leide‹, macht deshalb in gewisser Weise gerade unfähig zur Liebe, auch wenn es im Zeichen des Protestes und der liebenden Aktivität gegen das Leiden geschieht.
Das Mit-leiden mit Christus bedeutet eine durchaus aktive Einstellung dem Leiden gegenüber insofern, als das Leiden *getragen* werden will, und zwar getragen in Anerkennung des Gerichtes Gottes über den alten Äon. »Wir müssen uns zum Leiden bekennen, weil wir sonst die Herrlichkeit des Herrn in Frage stellen würden«[113]. Gehören aber Leiden und göttliches Gericht, Leiden und menschliche Schuld zusammen, bleibt eine Gleichgültigkeit dem Leiden gegenüber ausgeschlossen. Gericht Gottes ist nicht identisch mit dem Verhängnis des Schicksals, und kein Mensch kann den Richter spielen wollen. Mit-leiden ist das Gegenteil von Apathie dem Leid gegenüber. Wer immer mit Christus leidet, kann die Leiden nicht vermehren, sondern wird sie, wo möglich, lindern und abwehren. Aber dies geschieht stets unter dem eschatologischen Vorbehalt, daß dieser Äon ein Äon der Leiden sei, dem nicht die Abschaffung des Leids, sondern die Verherrlichung mit Christus gegenübertritt.
Wo dem Menschen dieser eschatologische Horizont und Vorbehalt nicht mehr erschwinglich ist, tritt an die Stelle der aktiven Annahme des Leidens entweder die passive, fatalistische und apathische Hinnahme oder der aktivistische Trotz gegen das Leid, dieser letztere meist verbunden mit der Überzeugung, daß es sich bei dem Leiden nicht um die Substanz dieser gefallenen Welt, sondern um

ein Akzidenz handelt, etwa um eine gesellschaftliche Fehlentwicklung oder die Untat einzelner Böser.
Demgegenüber bleibt die paulinische Einstellung zum Leiden stets die realistischere. Die Ursachen des Leidens – Tod, Krankheit, Ungleichheiten, Versagen, Schicksalsschläge, Scheitern usw. – sind Zu-Fall viel mehr als menschlicher Einfall, Geschick mehr als Willkür. Der Bereich des Machbaren gegen das Leid ist begrenzt und nur mit vielen Risiken abzuschreiten, wie die tiefsinnige Feststellung Gertrud von le Forts besagt, Gnade sei allein im Himmel, Gerechtigkeit in der Hölle und auf der Erde das Kreuz. Wer in solcher Einsicht den Bereich des Machbaren gegen das Leid in seiner Begrenzung belassen kann, weil er das Mit-leiden lernte, hat bessere Chancen gegen das Leid als derjenige, der das Unmögliche in Angriff nimmt.

Ausblick

Mit dem Hinweis auf das unverzichtbare Mit-leiden endet der Abschnitt V. 12-17 trotz seiner dualistischen und enthusiastischen Begrifflichkeit »bemerkenswert antienthusiastisch«[113]. Den Christen geziemt der Überschwang derer, die schon satt, reich und zur Herrschaft gekommen sind (1Kor 4,8), so wenig wie der Utopismus jener, die solches Ziel durch ihre Aktionen erreichen wollen. Noch sind die Tränen nicht von unseren Augen abgewischt; wir werden sie auch nicht selbst abwischen können. Unter diesem eschatologischen Vorbehalt steht die Ethik des Paulus.
Dabei fehlt jede apokalyptische Katastrophenstimmung. Paulus macht die Gegenwart nicht schlechter, als sie faktisch ist, um die Erlösung groß zu machen. Er bleibt Realist, indem er von dem vorhandenen Leid ausgeht, das ihm gerade darum genug Atem zur Freude beläßt (Phil 4,4), weil er die Potenz zur Überwindung des Leides nicht in dieser Welt selbst erkennt.
Das macht diese Ethik zumal für den säkularisierten Menschen unserer Zeit verdächtig, der seit der Aufklärung Fortschritt und Veränderung auf seine Fahnen geschrieben hat. Dient solche Ethik nicht der Stabilisierung des Unrechts? Man distanziert sich deshalb gerne von Paulus: Die eschatologische Begründung der Ethik bei dem Apostel sei nur von der *Nah*erwartung des Weltendes her zu verstehen, in der Paulus gelebt habe. Diese Erwartung aber habe getäuscht. Deshalb falle der eschatologische Vorbehalt, unter dem Paulus seine Ethik entwickelt habe, mehr oder weniger hin. Wer in solcher Weise urteilt, verbindet, will er in der christlichen Tradition bleiben, gerne Eschatologie und Ethik derart, daß er das eschatologische Ziel, die Gottesherrschaft, ethisch schon so weit wie möglich

im voraus verwirklicht sehen möchte. Die Gottesherrschaft ist dann nicht mehr bloß das von Gott her kommende Reich seines Friedens, sondern zugleich das durch unsere Hände zumindest annähernd zu verwirklichende Ziel unseres Handelns.
Damit wird indessen die eschatologische Differenz zwischen diesem und jenem Äon und zwischen menschlichem und göttlichem Tun verwischt, an der Paulus ganz unabhängig von seiner – von ihm nie betont herausgestellten und für den vorliegenden Traktat irrelevanten – Naherwartung alles liegt. Der eschatologische Vorbehalt ist nicht vor allem eine zeitliche Kategorie, als vielmehr eine qualitative. Er besagt nicht: es lohnt nicht mehr, sondern: wir sind Sünder. Wir bleiben es auch als Christen insofern, als wir zwar ergriffen sind, aber nicht ergriffen haben (Phil 3,12). Auch das aktive ethische Handeln des Christen sprengt nach paulinischem und nach allgemeinem urchristlichen Verständnis den Rahmen dieses Äons nicht. Vielmehr stellt die in Jesus Christus *gekommene* Herrschaft Gottes den Christen in den Dienst der Liebe, der, was immer er an ›Früchten des Geistes‹ hervorbringt, diesen Äon nicht überwindet.
Christliche Ethik muß mit dem Apostel diese Differenz festhalten, mag sie *praktisch* auch noch so gering sein. Der Versuch, das Reich Gottes, sei es auch approximativ, ethisch zu verwirklichen, verwischt den Unterschied zwischen Gott und Mensch und führt unvermeidlich – wie sublimiert auch immer – zur irdischen Inthronisation des Menschen in die Herrschaftsstellung Gottes.
Wo der Christ dagegen aus der dem Glaubenden zugesprochenen Sohnschaft handelt, von Angst um sich selbst befreit, das Leiden nicht scheuend und dem ›Fleisch‹ – sich selbst – nicht dienend, um die vergänglichen Dinge aus der Kraft der Liebe zu ordnen, wird zwar nicht der Himmel auf Erden anbrechen, wohl aber der alte Äon in all seiner Vorläufigkeit wohnlich werden.

Ist in dieser Weise der eschatologische Vorbehalt für die christliche Ethik unserer Zeit ebenso unverzichtbar wie für Paulus, so muß doch ein Unterschied zwischen ihm und uns bzw. zwischen seiner Zeit und unserer Zeit beachtet werden. Die frühe Christenheit war eine kleine Schar ohne Einfluß in öffentlichen Ämtern. Sie vermochte ihren öffentlichen Einfluß nur ›von unten‹ her auszuüben: durch das Beispiel eines überzeugenden Lebens im Glauben, durch die vorbildliche Gemeinschaft des christlichen Hauses, durch die Verbundenheit der Christen und christlichen Gemeinden untereinander.
In dieser Weise *hat* die frühe Christenheit in der Tat ethisch bzw.

sozial beispielgebend gewirkt: als das Salz der Erde und als das Licht der Welt (Mt 5,13-16). Die Gemeinde bemühte sich, im Geist bzw. nach den Regeln der Bergpredigt zu leben. Erst die Einheit von Leben und Verkündigung machte den sieghaften Charakter der Verkündigung aus.
Heute leben wir in einer christlichen bzw. nachchristlichen Welt. Auch die öffentlichen Ämter werden weitgehend von Christen oder Nicht-mehr-Christen versehen. Das bedeutet einen Wandel in der Ethik, der allerdings nicht mißverstanden oder mißbraucht werden darf. Keineswegs sind die Chancen einer christlichen Weltgestaltung in der Weise gestiegen, daß der eschatologische Vorbehalt zurücktreten und einer ›christlichen Politik‹ unter naturrechtlichem oder sozialistischem oder anarchistischem Vorzeichen Platz machen könnte. Im Gegenteil. Für den in unmittelbarer öffentlicher Verantwortung stehenden Christen bekommt dieser eschatologische Vorbehalt neues Gewicht. Der Christ weiß, daß in dieser Welt nicht alles machbar, nicht alles möglich ist – es sei denn alles Böse. Gerade der christliche Politiker wird keiner Utopie nachjagen, nicht das Reich Gottes irdisch verwirklichen wollen. Er bescheidet sich damit, ohne Angst, in der Freiheit zur Liebe und als Mit-leidender, nach einer *möglichst* guten Ordnung in *dieser* Welt zu suchen, d. h. unter den unaufhebbaren Bedingungen von Bosheit und Schuld, Leid und Tod, Sorge und Angst, Ungleichheit und Ungerechtigkeit – zusammen mit allen Menschen guten Willens, der bekanntlich ebensowenig wie die politische Vernunft ein Reservat der Christen ist.

5. *Die Eschatologie*

8, 18-30

(18) *Denn ich bin überzeugt, daß die Leiden des gegenwärtigen Zeitlaufs nicht zählen gegenüber der zukünftigen Herrlichkeit, die an uns offenbart werden soll.*

(19) *Denn mit angstvoller Sehnsucht wartet die Schöpfung darauf,*
(20) *daß die Söhne Gottes offenbar werden. (20) Die Schöpfung ist*
nämlich der Nichtigkeit unterworfen; nicht aus eigenem Wil-
len, sondern durch den, der sie unterworfen hat – auf Hoff-
(21) *nung! (21) Deshalb wird auch die Schöpfung selbst von der*
Knechtschaft an die Vergänglichkeit befreit werden zu der
(22) *herrlichen Freiheit der Kinder Gottes. (22) Denn wir wissen,*

daß die ganze Schöpfung bis zur Gegenwart miteinander
seufzt und in Wehen liegt.
(23) *Aber nicht nur das. Auch wir selbst, die wir den Geist als*
Erstlingsgabe haben, auch wir selbst seufzen untereinander in
Erwartung der Sohnschaft, nämlich der Erlösung unseres Lei-
(24) *bes. (24) Denn wir sind auf ein Hoffnungsgut hin gerettet*
worden. Ein Hoffnungsgut aber, das sichtbar ist, ist kein
Hoffnungsgut: wenn jemand etwas sieht, was braucht er es
(25) *noch zu erhoffen? (25) Wenn wir aber etwas, was wir nicht*
sehen, erhoffen, so warten wir darauf in Geduld.
Ebenso aber auch der Geist. Er steht uns in unserer Schwach-
heit bei. Denn wir wissen nicht, wie und was wir beten sollen.
Aber der Geist selbst tritt mit unaussprechlichen Seufzern für
(27) *uns ein. (27) Der aber, der die Herzen erforscht, weiß, was der*
Geist will, der ja vor Gott für Heilige eintritt.

(28) *Wir wissen aber:*
Alles dient zum Guten
denen, die Gott lieben –
denen, die auf Grund der Erwählung berufen sind.
(29) *Denn welche er zuvor erkannt hat,*
die hat er auch zuvor bestimmt, dem
Bild seines Sohnes gleichgestaltet zu
werden, so daß dieser der Erstgeborene
(30) *unter vielen Brüdern ist. (30) Welche*
er aber zuvor bestimmt hat,
die hat er auch berufen.
Und welche er berufen hat,
die hat er auch gerechtfertigt.
Und welche er gerechtfertigt hat,
die hat er auch verherrlicht.

Schon der Abschnitt über die Erlösung endete mit einem eschatologischen Ausblick (8,11). Die anschließenden Ausführungen zur Ethik standen dann zunehmend im Lichte der eschatologischen Hoffnung auf das ›Erbe‹ und im Zeichen des eschatologischen Vorbehalts allem menschlichen Tun gegenüber.

Erst mit V. 18 aber wird die Eschatologie zum selbständigen Thema. Der *Aufbau* des zusammenhängenden Abschnitts V. 18-30 ist durchsichtig und jüngst z. B. von Ernst Käsemann[115] richtig beschrieben worden: V. 18 gibt das Thema an: Die zukünftige Herrlichkeit soll an uns offenbar werden. Darauf folgen drei parallele Abschnitte, deren genaue Zuordnung zum Thema ›Eschatologie‹

noch im einzelnen bestimmt werden muß, die sich aber mit deutlichen Einleitungen und mit einer erkennbaren Klimax (Schöpfung → Christen → Geist) als kunstvolle Komposition zu erkennen geben (V. 19-22.23-25.26-27) und die offensichtlich das Thema ›Seufzen‹ variieren. V. 28 setzt neu ein und kehrt deutlich »zur Ausgangsposition V. 18 zurück«[116]. V. 28-30 schließt den ganzen Abschnitt ab.

Wie lautet das in V.18 angeschlagene Thema? Man bemerkt den neuen Einsatz (›. . . ich bin überzeugt‹) ebenso wie den Anschluß an das Vorhergehende. Waren aber in V. 17 die Leiden selbst das (ethische) Thema, so bilden sie in V. 18 das Widerlager, das der ›künftigen Herrlichkeit‹ zu ihrer überragenden Größe verhilft.

Die Leiden gehören zum ›gegenwärtigen Zeitlauf‹. Ob Paulus dabei an den alten Äon überhaupt denkt oder an die zufällige Gegenwart oder an die gegenwärtige Endzeit des alten Äons, läßt sich nicht erkennen und darf vermutlich im Sinne des Paulus bzw. dem relativ allgemeinen Charakter des vorliegenden Traktats entsprechend auch unentschieden bleiben. In jedem Fall zielt das Interesse des Apostels darauf, das Vorübergehende und Flüchtige dieser Zeit der Leiden in das Bewußtsein zu rufen, wie die Parallele 2Kor 4,17 deutlicher zeigt. Mag dies Urteil sich (freilich unausdrücklich) mit *zeitlicher* Naherwartung der Äonenwende verbinden, so ist für Paulus doch die *qualitative* Differenz von Gegenwart und künftiger Herrlichkeit entscheidend.

Indessen geht es ihm dabei nicht um diese Differenz als solche oder gar um die Feststellung, *wie groß* der Unterschied zwischen den Leiden dieser Zeit und der künftigen Herrlichkeit sei. Sonst »wären die angeschlossenen Gedankengänge funktionslos, denn zur Stützung dieser These hätten sie nichts beizutragen«[117]. Die folgenden drei Variationen zum Thema ›seufzen‹ begründen nämlich nicht den qualitativen *Unterschied* von gegenwärtigen Leiden und kommender Herrlichkeit, sondern das zukünftige Hoffnungsgut selbst und als solches. Der Vergleich in V. 18 hat also die Funktion, die Aufmerksamkeit auf die Offenbarung der künftigen Herrlichkeit zu lenken und so das neue Thema anzugeben: Wir sind auf ein Hoffnungsgut hin gerettet.

Nun hat man freilich bestritten, daß V. 18 einerseits und V. 19-22. 23-25.26-27 andererseits sich zueinander wie These und Begründung der These verhalten. Käsemann z. B. spricht von einem »unverkennbare(n) Bruch zwischen 18 und 19« und meint, in V. 19-27 eine »Gegenströmung zu 18 und 28ff erkennen zu können«[118]. Und zwar werde gegenüber einem Heilsenthusiasmus bzw. gegenüber der Selbstüberhebung des Pneumatikers, die sich in

V. 18.28-30, für sich genommen, ausdrücken könnte, im Rückgriff auf jüdische Apokalyptik das ›Noch nicht‹, also der eschatologische Vorbehalt, zur Geltung gebracht, wobei zugleich das kosmische Ausmaß der Christusherrschaft gegenüber einem individualisierten Heilsverständnis in den Blick rücke: »Gnade bezieht tiefer ins Irdische ein, weil sie die Gemeinde im ganzen wie jedes ihrer Glieder unter das Kreuz weist, wo äußerste Anfechtung und Überwindung zusammenfallen«[119].

Aber so richtig solche Gedanken für sich genommen sind: sie treffen nicht den zentralen Duktus der Argumentation des Apostels in V. 18-30. Das wird, vom vorliegenden Text zunächst einmal abgesehen, eindeutig durch seine Parallele in 2Kor 4,17ff belegt:

›(4,17) Die gegenwärtige geringfügige Trübsal erwirkt uns über alles Maß und Ziel hinaus eine ewige Fülle an Herrlichkeit, (4,18) wenn wir nicht auf das Sichtbare, sondern auf das Unsichtbare blicken; denn das Sichtbare ist vergänglich, das Unsichtbare aber ewig.
(5,1) Wir wissen nämlich: wenn unser irdisches Zelthaus abgebrochen wird, haben wir eine von Gott bereitete Wohnung, ein ewiges, nicht mit Händen gebautes Haus in den Himmeln.
(5,2) Denn in diesem seufzen wir ja, weil wir uns danach sehnen, mit unserer vom Himmel kommenden Behausung überkleidet zu werden . . .‹

Die Logik dieses Abschnitts liegt am Tage. Zuerst (4,17f) wird das relativ geringfügige Leiden der Gegenwart mit dem Übermaß der kommenden Herrlichkeit verglichen – wie in V. 18. Dann (5,1) wird der Zielpunkt dieses Vergleichs – über V. 18 hinaus – ausdrücklich angegeben: Wir haben ein ewiges Haus in den Himmeln; damit wird definitiv gesichert, daß Paulus auch in V. 18 tatsächlich das Thema ›Eschatologie‹ selbst und als solches anschlägt. Schließlich (5,2) begründet Paulus – wie in V. 19ff – das Recht auf Erwartung des himmlischen Hauses damit, daß wir in diesem irdischen Dasein ja seufzen und uns danach sehnen, daß das Sterbliche vom Leben verschlungen werde (2Kor 5,4b).

Dieser Vergleich zwischen unserem Abschnitt und 2Kor 4,17ff ergibt *formal*, daß Paulus in V. 18ff einem geläufigen, auch sonst von ihm verwendeten Argumentationsschema folgt, in dem, vom gegenwärtigen Leiden ausgehend, die kommende Herrlichkeit in den Blick gerückt und in ihrer künftigen Realität mit dem Seufzen im gegenwärtigen Leid begründet wird: eine Ringargumentation, die das Leiden seufzend als Realität ernst nimmt und die zugleich das Seufzen gegen diese Realität ins Feld führt.

Damit bestimmt dieser Vergleich außerdem definitiv den von Paulus V. 18-30 *inhaltlich* verfolgten Grundgedanken. Es geht Paulus in der Tat darum, Bürgschaften und Stützen der Vollendungsgewißheit darzulegen. Mag dies auch auf dem Hintergrund des in 8,2-11 so deutlich dokumentierten ›Schon jetzt‹ des Heils und deshalb im Blick auf eine mögliche enthusiastische Fehldeutung dieses ›Schon jetzt‹ geschehen, so sind die Ausführungen des Apostels dennoch nicht brieflich-aktuell, sondern grundsätzlich-dogmatisch. Wie er in 7,17-25a den Menschen seiner Sünde überführt, in 8,2-11 die Wirklichkeit der Erlösung, in 8,12-17 die Einheit von Erlösung und Leben im Geist darlegt, so geht es Paulus in 8,18-30 darum, lehrhaft und erbaulich aufzuzeigen und nachzuweisen, *daß* die Leiden des gegenwärtigen Zeitlaufs nicht das letzte Wort Gottes sind bzw. nicht die definitive Substanz der Wirklichkeit darstellen.

Eine andere Frage ist, ob uns die Argumentation des Paulus insgesamt oder im einzelnen überzeugt. Wie kann aus Seufzen und Sehnen das ewige Hoffnungsgut erschlossen werden?

Diese Frage stellt sich indessen nicht erst an der vorliegenden Stelle bzw. bei dem vorliegenden Thema des dogmatischen Traktats 7,17–8,39, d.h. bei der Eschatologie. Beschreibt Paulus den Menschen *überzeugend* als Sünder? *Überzeugt* seine Darstellung des Heilsgeschehens in Christus mitsamt der damit verbundenen ethischen Implikationen? Diese Fragen lassen sich offensichtlich nicht objektiv, sondern nur im Bekenntnis des durch die Worte des Paulus herausgeforderten Glaubens beantworten. Die Wahrheit der paulinischen Sätze kann nur erkennen, wer sie für sich anerkennt.

Ähnlich steht es bei dem Thema ›Eschatologie‹. Deshalb versucht Paulus von vornherein keinen ›objektiven‹ Beweis. Das Seufzen ist ein existentieller Akt. Wer nicht selbst seufzt oder nicht mit anderen seufzen kann, wird auch die mit solchem Seufzen verbundenen Erfahrungen nicht machen können.

Freilich sind Sünde und Erlösung mitsamt dem neuen Leben Erfahrungen, die gegenwärtig zu machen sind, während die künftige Herrlichkeit nur als Hoffnungsgut erfahren werden kann. So aber, nämlich als Hoffnungsgut, will Paulus die herrliche Freiheit der Kinder Gottes als erfahrbar erweisen. *Was* wir ersehnen und erbitten in unserem Seufzen, wissen wir ohnehin nicht (V. 26f). Auf das Unsichtbare blicken stets blinde Augen. Die negative Feststellung, daß die Leiden des gegenwärtigen Zeitlaufs ihr Ende finden werden, macht dem Glaubenden das ›Ganz Andere‹ der künftigen Herrlichkeit, die kein Auge gesehen hat (1Kor 2,9), noch nicht offenbar. Aber die Hoffnung gehört zum Glauben selbst hinzu, weil die Rettung eine Rettung auf ein Hoffnungsgut hin ist.

Dieser Hoffnungscharakter des Glaubens bewahrt den Glaubenden nicht nur – das ist die Funktion des eschatologischen Vorbehalts – vor Sicherheit und Schwärmerei. Er läßt ihn auch angesichts des Todes und im Tode glauben an den, der sich in Ewigkeit an seinen auserwählten Geschöpfen verherrlichen will.
Bevor der Versuch gemacht werden kann, die Logik der gesamten paulinischen Argumentation in V. 18-27 genauer zu erfassen, erscheint es als sinnvoll, zunächst das in den drei Argumentationsgängen, die V. 18 begründen, von Paulus benutzte Material näher zu analysieren.

Vers 19-22

In V. 19-22 greift Paulus auf ein Motiv zurück, das sich an 1Mose 3,17 anschließt und im Spätjudentum besonders unter apokalyptischem Vorzeichen weit verbreitet war.
In 1Mose 3,17ff heißt es, die Erde bzw. der Acker sei um des sündigen Menschen willen verflucht worden; Dornen und Disteln sollen darauf wachsen. Dies Motiv, demzufolge der Mensch mit der Mühsal gestraft wird, die ihm fruchtlose Arbeit für seinen Lebensunterhalt bereitet, wendet apokalyptisches Denken dahin, daß die ganze belebte und unbelebte, die menschliche und die außermenschliche Schöpfung um der Sünde des Menschen willen in die über den Menschen verhängte Nichtigkeit hineingezogen wurde. Vgl. 4Esra 7,10: ›. . . als Adam meine Gebote übertrat, wurde die Schöpfung gerichtet. Da sind die Wege dieses Äons schmal und traurig und mühselig geworden, elend und schlimm, voll von Gefahren und nahe an großen Nöten‹ (vgl. 4Esra 9,20). Leidet aber die Schöpfung um der Schuld des Menschen willen, so bedeutet auch die Erlösung des Menschen Heil für die Schöpfung; die Erlösten werden auf einer neuen Erde unter einem neuen Himmel wohnen (4Esra 6,16; syrBar 15,7f; 51; Offb 21,1).

›Die Welt ist vollkommen überall,
wo der Mensch nicht hinkommt mit seiner Qual‹ (Friedrich Schiller).

Diese Gedanken greift Paulus auf. Nicht durch eigene Schuld, sondern durch die Schuld des Menschen wurde die Schöpfung, die um des Menschen willen geschaffen wurde, von Gott derselben Nichtigkeit unterworfen, die das dem Gericht verfallene menschliche Dasein bestimmt. Dieser schicksalhafte Zustand bleibt bestehen, bis die Kinder Gottes, die sich jetzt in der christlichen

Heilsgemeinde versammeln, ›offenbar‹ werden und als die ›Gerechten‹ und Erben der Herrlichkeit öffentlich und für alle sichtbar das verheißene Erbe antreten; in diesem Akt empfängt mit der herrlichen Freiheit der Kinder Gottes auch die Schöpfung ihren ursprünglichen Glanz zurück und wird wieder zum paradiesisch-wohnlichen Ort.

In dieser mythischen Vorstellungsreihe äußern sich Grundwahrheiten und Grunderfahrungen des Lebens. Der Mensch ist die ›Krone‹ der Schöpfung, nicht nur ihr Teil. Die Kreatur ist um des Menschen willen da, nicht der Mensch um der Kreatur willen. Die Schöpfung ist also anthropologisch angelegt. Diese Sicht wurzelt in der alttestamentlichen Schöpfungsgeschichte; vgl. 1Mose 1,27ff; 2,16ff.

Darin tritt eine Schicksalsverbundenheit von Mensch und Schöpfung in den Blick, die allem dualistischen Weltverhältnis widerspricht. Die Schöpfung ist auf den Menschen hin geschaffen, und der Mensch bedarf der Schöpfung für sein Leben. Der Mensch kann und darf sich nicht von der Schöpfung abwenden und sich auf sich selbst zurückziehen.

Damit ist seine Verantwortung für die Schöpfung ausgesprochen. Wo der Mensch die Schöpfung zerstört, bezieht diese ihn selbst früher oder später in solche Zerstörung ein – eine Erfahrung, die der Mensch in der technischen Gesellschaft in neuer Weise zu machen beginnt.

Dabei tritt die Schöpfung in einer eigenartigen Geschichtlichkeit in den Blick: Nicht als toter Stoff, als verfügbare Materie, sondern als Kreatur, die in lebendiger Wechselbeziehung zum Menschen steht. Im modernen naturwissenschaftlichen Denken, das die ›Schöpfung‹ gänzlich objektiviert – und zwar bei dem Schutz der Umwelt ebenso wie bei der Umweltzerstörung – ging dieses Verständnis der außermenschlichen Schöpfung, diese ›menschliche‹ Sicht der Kreatur »als eine, die das, was ist, verabscheut, und nach dem verlangt, was zukünftig und darum noch nicht ist«[120], weitgehend verloren – zum Schaden der gesamten Schöpfung.

Zugleich wird die Schuldverfallenheit und Schuldverflochtenheit des Menschen stark betont, wenn die Wirkung seiner Schuld nicht nur ihn selbst betrifft, sondern die übrige Schöpfung einbezieht. Wo der Mensch sein will wie Gott und deshalb in das Nichts stürzt, liefert er auch die übrige Schöpfung der Nichtigkeit aus. Die Macht der menschlichen Sünde ist so groß, daß alles von ihr infiziert wird. Sie ist die schlechthin bestimmende geschichtliche Macht. Luther hat diesen Zusammenhang von menschlicher Schuld und kreatürlichem Elend sehr tiefsinnig beschrieben:

»Unter ›Kreatur‹ verstehen die meisten an dieser Stelle den Menschen; er hat teil an aller Kreatur. Besser jedoch versteht man unter ›Nichtigkeit‹ den Menschen, wie ja auch ausdrücklich und ganz richtig der 39. Psalm sagt: ›Jeder lebendige Mensch ist lauter Nichtigkeit‹. Es ist wohl wahr: wenn der Mensch, der alte Mensch, nicht wäre, dann gäbe es keine Nichtigkeit; denn alles, was Gott schuf, das ›war sehr gut‹ (vgl. 1Mose 1,31) und ist bis auf den heutigen Tag noch gut, wie der Apostel 1Tim 4,4 sagt: ›Alle Kreatur Gottes ist gut‹. Und Tit 1,15: ›Den Reinen ist alles rein.‹ Sie wird also ohne ihre eigene Schuld von außen her nichtig und schlecht und schuldig usw., nämlich so: Durch die Einbildung und irrtümliche Wertschätzung oder durch die Liebe und den verkehrten Genuß wird sie vom Menschen höher geachtet als es ihr in Wirklichkeit zusteht, indem der Mensch, der fähig ist, Gott zu fassen und der in Gott allein sein Genüge finden kann, was den Verstand und den Geist anbelangt, in seiner Vermessenheit glaubt, in den Dingen diese Ruhe und solches Genüge finden zu können. Dieser Nichtigkeit also ist die Kreatur unterworfen«[121].

Der Mensch zieht also die Schöpfung in sein eigenes Verderben hinein, indem er *aus* ihr lebt statt mit ihr Gott zu dienen.

Gottes gnädiges Ja zum Sünder, das in Jesus Christus definitiv gesprochen wurde, umschließt demzufolge sein Ja zur Welt. So wenig wie Sünde und Mensch identisch sind, so wenig Schöpfung und Verderben. Gibt der Mensch Gott wieder die Ehre, so wird auch die Schöpfung wieder zur Wohnung Gottes. Gott gibt seine Schöpfung nicht preis. Wo der Sünder die Kindschaft Gottes empfängt, werden zugleich Leib und Welt für ihn geheiligt. Wie die Sünde so empfängt auch das Heil eine ›kosmische Dimension‹.

Nun will Paulus in unserem Zusammenhang freilich nicht diese dogmatischen Gedanken als solche in ihrer Summe oder mit bestimmtem Schwerpunkt entfalten. Sein Thema ist auch nicht das »Regnum Christi in seinem weltweiten Anbruch«[122]. Die oft verhandelte Frage, ob Paulus nach Ausweis unseres Textes eine ›kosmische‹ Eschatologie, nicht aber eine ›individualistische‹ vertrete, geht an der paulinischen Intention vorbei. Das von Paulus aufgegriffene apokalyptische Motiv besagt zwar, die Schöpfung werde Anteil an der Erlösung der ›Kinder Gottes‹ bekommen (nicht die ›Kinder Gottes‹ Anteil an der Erlösung der Welt!), und wer will, mag in diesem Zusammenhang von ›kosmischer Eschatologie‹ sprechen. Auch wird man annehmen dürfen, daß Paulus dies Motiv als solches bejaht. Aber er greift es nicht auf, um in apokalyptischer Manier eine ›kosmische‹ Eschatologie zu verkündigen.

Auch wendet sich der Apostel nicht unmittelbar gegen ein enthusiastisches Christentum, das die Schöpfung dualistisch an das Böse preisgibt und sich in einer »radikal präsentischen Eschatologie«[123] über das Leiden der Welt erhebt. Zwar dienen die Anleihen, die

Paulus bei der Apokalyptik aufnimmt, in den paulinischen Briefen oft direkt diesem Ziel; indessen steht ein bestimmter innerchristlicher Kontrahent an unserer Stelle dem Apostel gar nicht vor Augen.

Paulus argumentiert wie im ganzen vorliegenden Traktat vielmehr in sehr grundsätzlicher Weise, und zwar im engen Anschluß an die spezifisch apokalyptische Verwendung der vorgetragenen Gedanken von Fall und Erlösung als kosmischer Ereignisse.

Dem Apokalyptiker dienten diese mythischen Gedanken nämlich zur Deutung des Weltgeschehens: Der Zustand der Welt spricht nicht gegen den Schöpfer, sondern gegen den Menschen, der diesen Zustand verschuldet hat. Die Verderbnis sitzt dabei so tief, daß sich diese Schöpfung nicht mehr reparieren läßt. Aber Gott bereitet für die Schar der Gerechten einen neuen Äon, eine neue Welt. Im Stöhnen und Klagen dieses gegenwärtigen Weltlaufs äußert sich dessen Leiden und sein bevorstehender Untergang. In Verbindung mit dem Gedanken der Wehen (vgl. 4Esra 4,40ff; 5,50ff; 16,38ff; Mk 13,8), wie er in V. 22 vorliegt, signalisiert das Seufzen, daß der Untergang des alten Äons bevorsteht und die neue Welt nun geboren wird.

Paulus kann diese dramatische Erwartung nicht ungebrochen in seine Theologie integrieren; denn für ihn hat sich die Wende der Äonen inmitten des alten Äons mit dem Kommen Christi schon ereignet, so daß der Glaubende als neue Kreatur lebt (2Kor 5,17). Aber diese Wende wurde noch nicht ›offenbar‹ (V. 19); sie ist im Glauben gegenwärtige Wirklichkeit, aber nicht ›objektiv‹ sichtbar. Die zum Tode verurteilte Welt hat ihr Leben noch nicht ausgehaucht. Erst »die Präsentation der Endgemeinde vor der Schöpfung bedeutet für diese das Ende ihres Wartens und Leidens«[124]. Jetzt liegt die Schöpfung in den Wehen. Ihr Seufzen hört man, und zwar seufzt die ganze Schöpfung ›miteinander‹ (wobei nicht zu erkennen ist, ob der schuldige Mensch in das Seufzen der um seinetwillen unschuldig der Nichtigkeit unterworfenen Kreatur mit einstimmt).

Um diesen *einen* Gedanken, die seufzende Schöpfung, geht es Paulus. An irgendwelchen Spekulationen über das ›Wie‹ oder das ›Wann‹ der befreiten Schöpfung liegt ihm nichts. Aber er will seinen Lesern das Seufzen des alten Weltlaufs hörbar machen, und in der Tat sind es nicht die gedankenlosen und unwissenden Menschen dieser Welt, welche dieses Seufzen der Schöpfung vernehmen und verstehen, sondern nur die Kinder Gottes, die bereits aus dem Tode in das Leben geschritten sind und vom Leben auf der Grenze her das Geschick der alten Welt begreifen und deuten, nämlich dahingehend deuten, daß sich in dem angstvollen Seufzen der Schöpfung das sehnsüchtige Warten auf die Offenbarung der Kinder Gottes äußert – Aufweis der kommenden Herrlichkeit.

Vers 23-25

›Aber nicht nur das!‹ Paulus verweist auf ein zweites Seufzen. Dabei verwendet er in starkem Maße vorgeprägtes Material bzw. lehrhafte Tradition, wie ein Vergleich mit 5,3-5 zeigt.

Inwiefern führen die Vv. 23-25 über V. 19-22 hinaus? Inwieweit wird von einem Seufzen geredet, das ›nicht nur‹ das Seufzen der ganzen Schöpfung (V. 22) ist?

Insoweit, als Paulus in V. 23-25 ausdrücklich von denen spricht, die den Geist als Erstlingsgabe empfangen haben: von den Glaubenden (vgl. 2Kor 5,1-5)!

Über den dabei von Paulus verwendeten Begriff des Geistes haben wir bereits gesprochen (s. S. 88ff; 118ff): Der Geist ist die Erstlingsgabe Gottes an die eschatologische Heilsgemeinde (vgl. Joel 3,1ff; 2Kor 5,5; Apg 2,1ff); er ist die heilvolle Wirklichkeit des neuen Äons im alten, und zwar keineswegs eine »vorläufige Wirklichkeit«, wie Balz[125] mißverständlich formuliert, sondern die Wirklichkeit der Rettung selbst, wenn auch der Rettung auf ein Hoffnungsgut hin.

Mit dem in V. 23 wiederholten und infolgedessen betonten ›auch wir selbst‹ hebt Paulus die Christen, die Träger des Geistes, von der ganzen Schöpfung, die ›miteinander seufzt‹, ab. Diese Schöpfung seufzt (mitsamt der unerlösten Menschheit?); aber nicht nur das, *wir selbst, die Christen,* seufzen auch! »Damit ist eine wirkungsvolle Klimax gewonnen«[126].

Selten kommt so deutlich wie in dieser Klimax zum Ausdruck, wie Paulus den Stand der Glaubenden in dieser Welt einschätzt: Sie sind aus der Macht des alten Äons befreit. Sie haben die Todesgrenze überschritten. Sie sind in den Bereich der Gerechtigkeit Gottes zurückgekehrt. Der Geist des Lebens hat sie von der Sünde und dem Tod befreit (8,2). Gott sei Dank durch Jesus Christus, unsern Herrn (7,25)!

Mit dem Wort vom Kreuz hat sich für Paulus die Wende der Äonen ereignet. ›In Christus‹ ist man neue Kreatur. Die Rechtfertigung des Gottlosen bedeutet die *restitutio ad integrum.* Im Zuspruch der Gnade Gottes liegt die Kraft des Schöpfungswortes Gottes, das eine neue Welt schafft.

Bei dem allen handelt es sich für Paulus nicht um theologische Spekulationen, sondern um die von der christlichen Gemeinde *erfahrene* Wirklichkeit der eschatologischen Zeitenwende, in der auch ein ganz neues Weltverhältnis beschlossen liegt. Die christliche Gemeinde stimmt als solche nämlich nicht in das bewußtlose Seufzen der Kreatur ein, die der Nichtigkeit unterworfen ist, ohne sich selbst in solcher Nichtigkeit zu erkennen. Sie hört, selbst der Nichtigkeit entnommen, dies Todesseufzen der Welt und vernimmt aus ihm das Urteil Gottes über eine Schöpfung, die begehrt, sein zu wollen wie der Schöpfer, und die darum stirbt (7,7-12). Die christliche Gemeinde, die sich an der Gnade genügen läßt (2Kor 12,9), begreift, was der Welt fehlt: Die Demut des Schwachen, der seine Stärke in der Macht des Ohnmächtigen sucht und findet, und die der Welt im Kreuz Christi angeboten wird. Das Wunder der Erlösung, das die Gemeinde nicht mehr aus dieser Welt leben läßt, gibt ihr die Einsicht in das Wesen dieser Welt.

Eine Gemeinde, die diese Distanz von Welt und Geist, von Tod und Leben aus dem Tod, von altem und neuem Äon, von Nichtigkeit und Sohnschaft, von Knechtschaft in der Vergänglichkeit und der herrlichen Freiheit der Kinder Gottes preisgeben würde, indem sie die Welt verherrlicht oder sich selbst verweltlicht, gäbe sich selbst preis. Die Wahrheit des Glaubens schafft Distanz zur Welt, weil der Glaube ›entweltlicht‹, d. h. die Welt als Lebensgrund entmachtet. Ein ›weltliches‹ Christentum ist insofern ein Widerspruch in sich selbst und ein Gegenstück zu einer Theologie nach dem Tode Gottes.

Freilich: Auch wir selbst seufzen! Das Seufzen der Christen kann aber nicht mit dem Seufzen der Kreatur schlechthin identisch sein. Es ist ja kein unwissendes Seufzen mehr, sondern ein wissendes. Es kommt nicht mehr aus der Tiefe der Nichtigkeit und zeugt nicht mehr von der Knechtschaft unter der Vergänglichkeit. Es sind jene Kinder Gottes, denen der Geist die Sohnschaft ohne Furcht bezeugt (V. 15f), die auch selbst untereinander seufzen! »Die Christen seufzen nicht, weil sie den Geist noch nicht ganz besitzen, sondern obgleich sie ihn haben, und die Wiederholung des ›auch wir selbst‹ dient diesem Skopos«[127]. Dabei denkt Paulus offenbar an die Gemeindeversammlungen, in denen nicht nur die befreiten Kinder Gottes das Lob des Erlösers anstimmen, sondern auch untereinander den Schrei der Hoffnung laut werden lassen.

Bildlich gesprochen: Die Christen leben auf der Grenze, die Welt und Gottesreich scheidet; sie leben in der Stunde, zu welcher die Nacht vergeht und der Tag anbricht (Röm 13,12).

Theologisch gesprochen: Die neue Wirklichkeit gibt es nur forensisch, d. h. im Urteil Gottes und dementsprechend in der Erfahrung des Glaubens. Von der Welt her gesehen gibt es sie nicht, es sei denn als Zeichen lächerlicher Anmaßung.

Mit Paulus gesprochen: ›Nicht daß ich es schon ergriffen hätte oder schon vollkommen sei; ich jage ihm aber nach, ob ich es wohl ergreifen möchte, weil ich ja von Jesus Christus ergriffen bin‹ (Phil 3,12). Das Ergriffensein, nicht das Ergreifen trägt den Christen über die Todesgrenze.
Mit noch anderen Worten: Das Dasein des Glaubenden ist paradoxes Dasein, das nur dialektisch, in Widersprüchen, beschrieben werden kann: als die Sterbenden – und siehe, wir leben; als die Traurigen – aber immerfort fröhlich (2Kor 6,9f); irdisch noch, schon himmlisch sein.

›Sie wandeln auf Erden und leben im Himmel,
sie bleiben ohnmächtig und schützen die Welt;
sie schmecken den Frieden bei allem Getümmel,
sind arm, doch sie haben, was ihnen gefällt.
Sie stehen im Leiden und bleiben in Freuden,
sie scheinen ertötet den äußeren Sinnen
und führen das Leben des Glaubens von innen‹[128].

Deshalb ist denen, die aus dieser ›Dialektik‹ christlicher Existenz herausspringen, je nach dem, ob sie das ›Schon jetzt‹ oder das ›Noch nicht‹ vergessen, entweder vorzuhalten: ›Ihr seid schon satt, ihr seid schon reich‹ (1Kor 4,8) oder: ›Siehe, jetzt ist der Tag des Heils‹ (2Kor 6,2).
Die Notwendigkeit und die Problematik solcher Dialektik wird an der Erwartung sichtbar, auf die sich das Seufzen der Christen richtet: die Sohnschaft bzw. die Erlösung des Leibes. Denn das, was V. 23 zufolge erwartet wird, war zuvor schon als gegenwärtige Gabe bezeichnet worden: Die vom Geist getrieben werden, die *sind* Gottes Söhne, hieß es in V. 14.
Einige Handschriften haben den damit gegebenen Widerspruch so stark empfunden, daß sie in V. 23 das ›der Sohnschaft, (nämlich)‹ gestrichen haben. Aber auch die Freiheit vom ›Leibe‹ hatte Paulus bereits als vollzogene Wirklichkeit behauptet (7,24f; vgl. 8,10.12f), so daß die Streichung von ›der Sohnschaft‹ den Widerspruch noch nicht auflöste, der sich überdies auch in der Wendung zeigt: ›auf ein *Hoffnungs*gut hin *gerettet*‹.
Indessen liegt gar kein echter Widerspruch vor; Paulus formuliert dialektisch. Deswegen trat schon in V. 14-17 neben das ›ihr seid Kinder‹ mit dem ›dann auch Erben‹ der eschatologische Vorbehalt und Ausblick, und die Freiheit vom ›Leibe‹ stellte Paulus schon in V. 11 unter das futurische ›. . . wird lebendig machen‹ und in V. 12f unter den geschichtlichen Auftrag, den Tod des ›Leibes‹ und das Töten der Taten des ›Leibes‹ fortwährend zu vollziehen.

Wer einen Widerspruch vermutet, wo Dialektik begegnet, mißversteht das Wesen der Erlösung überhaupt. Der Glaube erfährt »die Heilsgabe nie als unanfechtbaren Besitz«[129]. Gott zugewandt, sind wir unzweifelhaft seine Kinder; der Welt zugewandt, bedrohen uns Sünde und Tod. Der Sohn weiß sich vom Vater ergriffen, beim Vater geborgen, und muß doch immer neu den ergreifen, der ihn ergriffen hat, sich bergen in dem, der ihn birgt. Der Glaubende ist stets gefährdet; diese Gefährdung hält ihn zugleich im *Glauben* fest, auch wenn er sich nach dem ›Schauen‹ sehnt, wie sein Seufzen anzeigt. »Leidenschaftlich verlangt der Apostel nach Befreiung der Existenz aus Anfechtung und Vergänglichkeit zugunsten der Daseinsweise in einer allein Gott gehörenden Welt«[130].

Dabei greift Paulus noch einmal massiv auf dualistische Begrifflichkeit zurück, wenn er als Ziel des Seufzens die ›Erlösung des Leibes‹ bzw. die ›Erlösung vom Leibe‹ nennt (vgl. 2Kor 5,6-8). Er meint natürlich nicht die Leiblichkeit als solche, sondern den ›Leib dieses Todes‹ (7,24) bzw. den ›sterblichen Leib‹ (8,11), der den Menschen in besonders intensiver Weise mit der leidenden und seufzenden Kreatur verbindet; denn Paulus kann sich, insofern ganz in jüdischer Tradition stehend, eine leiblose Existenz, ein nacktes Ich, nicht vorstellen. Dieser ›Leib‹, d. h. die bleibende Verhaftung an die alte Welt, hält den Christen nicht nur auf der ›Grenze‹ fest, er läßt ihn auch Heil, Erlösung und Leben nur inmitten der Todesleiden der alten Welt erfahren, die gerade der wegen seines Bekenntnisses ›leidvolle‹ Christ, vorab der Apostel, bis zur Neige auskosten muß (vgl. 1Kor 4,9ff; 2Kor 1,3ff). So seufzt er nach dem neuen Leib, in dem zwar der Glaube gewiß nicht Besitz wird, sondern *Glaube* bleibt, in dem aber die ›Kinder Gottes‹ das ›Erbe‹ antreten werden, das sie dem Todesverhängnis der alten Welt definitiv entnimmt.

Die Vorstellung, daß *diese* Welt sich dahin entwickeln könnte, daß ewiger Friede statt Krieg, Glück statt Leiden, Leben statt Tod, Lachen statt Tränen sie durchaus bestimmen, liegt Paulus ganz fern. Er sieht diese Welt als in ihrem Kern verdorben an. Das Heil tritt von außen in sie ein, gebunden an den Geist, und es vollendet sich in der ›Erlösung unseres Leibes‹, wenn Gottes Geist den Menschen definitiv losreißt aus dem alten Äon mit seinen ›tausend Nöten‹.

Denn wir sind auf ein Hoffnungsgut hin gerettet worden, eben auf die ›Erlösung des Leibes‹ hin. V. 24f begründen V. 23, begründen also die Feststellung, daß *auch wir noch* seufzen.

An der Rettung besteht kein Zweifel. Wir sind gerettet. Der Geist, nicht das Fleisch bestimmt das Dasein des Christen, der sich als Kind Gottes weiß und darum auch im Leiden dieser Welt die Angst getrost durchsteht (V. 14ff). Der Glaubende läßt sich nicht mehr von seiner Vergangenheit knechten. Er ist nicht, was er aus sich gemacht hat, sondern was Gott mit ihm vorhat. Er weiß sich in der Gnade geborgen.

Aber diese Rettung umschließt ein *Hoffnungs*gut, die ›Erlösung des Leibes‹. Ein anderes Verständnis von ›Rettung‹ kommt für Paulus nicht in Frage. Hoffnungslose Rettung bzw. eine Rettung, die endgültig die Hoffnung hinter sich hat, wäre keine Rettung. Das gilt sowohl gegenüber der allgemeinen Hoffnungslosigkeit (vgl. 1Kor 15,32) wie gegenüber der enthusiastischen Heilssicherheit. Nach beiden Seiten hin bedarf der Glaube der Hoffnung, um *Glaube* zu bleiben. V. 24 definiert das Problem, ähnlich wie 2Kor 4,18. ›Sichtbar‹ und ›unsichtbar‹ charakterisieren dabei und scheiden zugleich den alten und den neuen Äon. Begriffe aus dem Umkreis griechischen Denkens helfen dazu, die im alttestamentlichen Denken wurzelnde Aussage verständlich zu machen.

Deutlich greift Paulus dabei Argumente aus dem Arsenal der antienthusiastischen Diskussionen auf. Der enthusiastische Pneumatiker ist satt und zur Herrschaft gekommen (1Kor 4,8). Er bedarf der Hoffnung nicht mehr. Paulus erkennt darin die Haltung dessen, der vergaß, daß er alles, was er hat, *empfangen* hat (1Kor 4,7). Der Enthusiast verfügt über sein Heil. Er schaut mit Verachtung auf seinen Leib und auf die Welt, von denen er sich kraft *seines* Geistes bereits gelöst hat. Der Christ lebt dagegen aus dem Geschenk der Gnade, aus dem Unsichtbaren. Sichtbar sind die Leiden dieser Zeit, die Schrecken des alten Weltlaufs, die Angst in den Gesichtern der Sünder, die Wunden, die sich die gottlosen Menschen gegenseitig zufügen. Zum Glauben gehört die Hoffnung, daß das Sichtbare verschlungen wird vom Unsichtbaren, der Tod vom Leben. Hoffnung ist also im vorliegenden Zusammenhang nicht vornehmlich ein Strukturmerkmal des Glaubens bzw. der glaubenden Existenz – als solches, nämlich als ständige Offenheit für die Zukunft Gottes und bleibendes Angewiesensein auf die göttliche Gnade, wird die Hoffnung nie aufhören (vgl. 1Kor 13,13) – sondern das konkrete Hoffnungsgut der Befreiung von der Qual dieser Welt, das die Glaubenden – auch sie – untereinander seufzen läßt.

Die christliche Einstellung diesem unsichtbaren Hoffnungsgut gegenüber ist geduldiges Warten (V. 25). Also keine wie auch immer geartete Hektik! Paulus beteiligt sich nicht an der ekstatischen Überhebung des Pneumatikers; ›wir wandeln im Glauben und nicht im Schauen‹ (2Kor 5,7). Und nichts liegt ihm so fern wie der Wahn, durch fleißige Aktivitäten das unsichtbare Reich Gottes sichtbar zu machen und aus dem Seufzen das Hoffnungsgut gleichsam herausdestillieren oder -realisieren zu können. Die Christen haben das Hoffnungsgut zu erwarten, nicht zu verantworten. Insofern ist Hoffnung stets Hoffnung gegen diese Welt und gegen uns selbst, gegen das Sichtbare und gegen das Machbare, und anders als so nicht zu haben, es sei denn als Illusion oder Utopie. Auch die sichtbarsten und am dringendsten zu erhoffenden Verbesserungen dieser Welt – die Christen sollten sich als Weltverbesserer von niemandem übertreffen lassen – sind Reparaturen des vergänglichen Äons, sind das vergehende Sichtbare selbst, nicht aber Annäherung an das unsichtbare Hoffnungsgut.

Aber Paulus verschwendet seine Gedanken auch nicht daran, das Unvorstellbare vorstellbar, das Undenkbare denkbar, das Unanschauliche anschaulich zu machen. Es sind ja nicht nur unsere physikalischen Begriffe von Raum, Zahl und Zeit, die das Hoffnungsgut ›undenkbar‹ machen. Auch die Geschichtlichkeit des menschlichen Daseins, also unsere Geschöpflichkeit und Endlichkeit schlechthin, vermögen wir nur unter den Bedingungen der Geschichte – des Sichtbaren – zu denken. Eine qualitativ andere Geschichte als diese unsere Geschichte – also das Hoffnungsgut *als* geschichtliches – läßt sich aus den geschichtlichen Voraussetzungen nicht entwickeln oder denken. Denkend kann man nur das Sichtbare erfassen. Auch wenn wir vom Sichtbaren alle Qual wegdenken – wer es kann, möge es denken – bedenken wir noch nicht das Unsichtbare, das ganz andere, das wir nur geduldig erwarten können.

Warum auch sollte der, welcher gerettet ist, das unsichtbare Hoffnungsgut anders als in Geduld erwarten? Ihm wird ja, in welcher Gestalt auch immer, nur gegeben werden, was ihm gegeben wurde: die Kindschaft Gottes, die ›Sohnschaft‹, aus der wir nie in die Autonomie der Erwachsenen entlassen werden. »Wenn Paulus sagt, daß Glaube, Hoffnung, Liebe ›bleiben‹, auch wenn das ›Vollkommene‹ gekommen ist (1Kor 13,13), so kommt zutage, daß, wenn menschliches Sein, wie es für den Glauben erschlossen ist, ein Offensein für die Zukunft bedeutet, ein abgeschlossener Heilszustand nicht vorstellbar ist; denn Glauben und Hoffen ist ja ein Gerichtetsein auf Gottes Gnade als ständig bevorstehende«[131]. »Der Gott der Gegenwart ist immer der kommende Gott, und gerade nur indem er das ist, ist er der Gott der Gegenwart, dessen Gnade den Menschen von der Gebundenheit an seine Vergangenheit befreit und für die Zukunft – für Gottes Zukunft – öffnet«[131a].

Darum kann die christliche Hoffnung »sehr schweigsam sein und hat nicht Not, viel zu erzählen, und die Tage im Geschwätz hinzubringen. Es sei denn, sie lobpreise diesen Gott, was sie ja wohl auch auf Erden schon tut«[132]. Luther hat in diesem Sinn von der *resignatio ad infernum* gesprochen. Der Christ hofft, aber das ›Was‹ seiner Hoffnung ist ihm verschlossen, *weil* er auf Gott seine Hoffnung setzt. »Wer darüber klagt, dadurch werde das Dunkel des Todes noch dunkler, der sei gefragt, ob nicht gerade das die Situation des Glaubens ist: ins Dunkle zu schreiten in der Gewißheit, daß die Finsternis nicht finster ist für Gott und darum auch nicht für den, den im Tode Gott, nichts als Gott erwartet«[133].

Vers 26-27

›Ebenso aber auch der Geist‹! Nicht nur die Schöpfung seufzt miteinander (V. 19-22); nicht nur die Christen seufzen untereinander (V. 23-25); auch der Geist selbst seufzt (V. 26-27).
Keineswegs sind V. 26-27 »nur lose angehängt«[134]. Paulus liegt vielmehr daran, drei Zeugen für das Seufzen anzuführen; denn drei ist die vollkommene Zahl mit Anfang, Mitte und Ende, und auf zwei oder drei Zeugnissen steht jede Sache (2Kor 13,1; vgl. 5Mose 19,15). V. 26f muß also insoweit in vollkommener Parallele zu V. 19-22 und V. 23-25 gesehen und von daher verstanden werden. Allgemeine Bestimmungen (»V. 26-27 schildern, wie der heilige Geist durch sein Eintreten für uns die Hoffnung stärkt und stützt«[135]) verfehlen den Skopos der ohnehin schwierigen Stelle.
Der Geist seufzt ›ebenso‹ – das muß vermutlich präzise verstanden werden: ›ebenso‹ wie die Christen seufzen. Nach der Steigerung von V. 19-22 zu V. 23-25 folgt insoweit jetzt eine Identitätsaussage: Der Geist seufzt nicht wie die Schöpfung, die im Banne der knechtenden Vergänglichkeit ihr eigenes Seufzen nicht durchschaut, sondern er seufzt mit den Glaubenden, die vom Tode zum Leben vorgedrungen sind. Die Gemeinschaft der Glaubenden selbst, auf der Grenze zum neuen Äon stehend, seufzt gleichsam im Duett mit dem Geist, der als ›Angeld‹ in ihnen die Macht des neuen Äons repräsentiert.
Dabei nimmt sich der Geist unserer Schwachheit an; ›denn wir wissen nicht, wie und was wir beten sollen‹.
Wie ist diese Feststellung zu verstehen?
Gewiß nicht in dem Sinne, daß Paulus auf eine subjektive Gebetsnot verweist, sei es eine Not, die aus einem Zweifel an dem Sinn des Betens entspringt, sei es eine Not, die aus mangelnder Schulung und Anleitung zum Beten erwächst. Es wäre angesichts dessen, was wir im ganzen Neuen Testament lesen, unerhört, wollte Paulus in diesem Sinn das Unvermögen der christlichen Gemeinde zum

Gebet konstatieren. Paulus will paradoxerweise »nicht von Zweifel und Not, sondern von einer klaren, begründeten *Gewißheit* des Betens sprechen«[136].

Was bedeutet dann aber das ›wir wissen nicht‹ (V. 26)? Die Fülle der angebotenen Auslegungen weist auf die Problematik dieses Passus hin. Wird das Gebet überhaupt und stets vom Geist gewirkt[137]? Aber Paulus spricht nicht vom Gebet überhaupt und vom Beten allgemein, sondern von den besonderen unaussprechlichen Seufzern des Geistes. Kann der Christ nicht so beten, »wie es Gott wohlgefällig ist«[138]? Aber davon ist nicht die Rede. Oder können die Glaubenden »innerhalb der Gottesferne dieser Welt und dieser Zeit von sich aus keinen Immediatverkehr mit Gott« aufnehmen[139]? Aber damit träte die vorliegende Bemerkung in einen schroffen Widerspruch zu den sonstigen Aussagen des Paulus über das Gebet, der nach dem Siegesjubel der Erlösten (7,25a; 8,2 usw.) besonders unverständlich wäre; Paulus spricht an der vorliegenden Stelle eben nicht vom geistgewirkten Gebet, sondern vom Beten des Geistes an unserer Statt. Denkt Paulus an Ausnahmesituationen, weil wir »manchmal« nicht zu beten wissen in dem Getriebe dieses Äons[140]? Er deutet nichts dergleichen an, sondern fällt ein grundsätzliches Urteil über unser Nicht-Wissen. Meint Paulus bloß, der Geist komme »mit göttlicher Kraft den irdisch Angefochtenen zur Hilfe«[141]? Aber ›Schwachheit‹ ist hier so wenig wie sonst bei Paulus die »äußere Anfechtung«, sondern das fundamentale Unvermögen des Menschen, der bzw. soweit er noch dem alten Äon verhaftet ist (Röm 6,19; 2Kor 12,9f; 13,3f u.ö.).

Luther kommt dem Sinn von V. 26f näher, wenn er in seiner Auslegung des Römerbriefs schreibt, daß »es Gottes Art ist, erst zu zerstören und zunichte zu machen, was in uns ist, bevor er seine Gaben schenkt . . . Wenn hier nun alles hoffnungslos ist und sich alles wider unser Bitten und Wünschen zu erfüllen beginnt, dann heben jene unaussprechlichen Seufzer an«[142]. Luther sieht also unsere Schwachheit darin, daß wir nicht wissen, was zu unserem Besten dient. Deshalb kann Gott unsere herzlichsten Bitten um gute Gaben damit beantworten, daß er uns noch tiefer in die Verdammnis führt; denn nur dem völlig Erniedrigten begegnet das Heil.

›Hebe an, hebe an, Zion, heb am Elend an,
an der Armut, an dem Staube,
dann ist deine Sach getan.
Habe gar nichts, aber glaube,
daß der Herr, der treue Seelenmann,
helfen kann.‹ (Nikolaus Graf von Zinzendorf)

Luthers dem theologischen Denken des Apostels kongeniale Deutung trifft allerdings schwerlich präzise den Sinn der vorliegenden Stelle, an der es Paulus nicht darum geht, an Hand des Gebets den Heilsweg Gottes mit den Menschen zu entfalten, sondern den Geist als diejenige Wirklichkeit einzuführen, die mit der Welt und mit den Christen seufzt.

Achtet man streng auf den Zusammenhang von V. 18 an, läßt sich der Sinn der paulinischen Gedankenführung in V. 26f deutlich erkennen. Der Geist seufzt *mit* der Schöpfung, die sich unwissend der eschatologischen Offenbarung der Kinder Gottes entgegenstreckt, und *wie* die Christen, welche die Sohnschaft in der Erlösung des Leibes erstreben. Das Seufzen geschieht also in Ermangelung und Erwartung des Hoffnungsgutes; es ist gänzlich eschatologisch orientiert.

Tritt in diesem Zusammenhang das Seufzen des Geistes für uns ein, weil wir in unserer Schwachheit nicht wissen, was und wie wir beten sollen, so handelt es sich bei diesem Nicht-Wissen deutlich um unser Unvermögen, das eschatologische Hoffnungsgut angemessen zu benennen. Unser Nicht-Wissen ist die *resignatio ad infernum.* Die Verlegenheit, in der Paulus die Sohnschaft (V. 23), die den Christen doch schon geschenkt wurde (V. 14ff), noch erwartet, und in der er nach ›Befreiung vom Leibe‹ seufzt (V. 23), obschon er doch die Lebendigmachung der Leiber erhofft (V. 11), ist die Verlegenheit des Glaubenden überhaupt, über das ›Ganz Andere‹ zu reden, das kein Auge gesehen und kein Ohr gehört hat (1Kor 2,9). Wie kann er reden über das, was er nicht sieht (V. 24)? Wie soll er um das *Unsichtbare* beten, auf das er hofft (V. 24)? Wie soll er betend benennen, was er nur in Geduld erwarten kann (V. 24)? Das Seufzen deckt ja gerade die Situation des Mangels auf. Die Augen des Christen sind noch die Augen des alten Äons; darin liegt die Schwachheit des Beters, die ihm verbietet, um die eschatologischen Gaben so zu beten, wie man beten muß. Denn der neue Äon ist nicht der von seinen Mängeln befreite alte, sondern die Überwindung des alten Äons; die neue Schöpfung ist nicht die erneuerte alte, sondern eine Neuschöpfung.

Eine qualitativ andere Geschichte als die geschehende läßt sich aus den geschichtlichen Voraussetzungen nicht entwickeln, ja nicht einmal denken. Darum bleiben der Tod und die apokalyptische Katastrophe als angemessene Urteile über diese geschichtliche Welt in Kraft, und das Schweigen ist ein angemessener Modus der Erwartungshaltung.

›Du aber, ein sterblicher Mensch, der im vergänglichen Äon lebt, wie kannst du das Ewige begreifen? ... Denn wie das Land dem

Walde gegeben ist, und das Meer seinen Wegen, ebenso können die Erdenbewohner nur das Irdische erkennen und nur die Himmlischen das, was in Himmelshöhen ist‹ (4Esra 4,11.21). »Nur indirekt, nur verweisend, nur in einer Sprache, die durch ihre Uneigentlichkeit eigentlich wird, ist es möglich, von dieser Zukunft zu sprechen. Mit Notwendigkeit greift hier das Neue Testament zur Sprache des Mythos, welche eben diesen indirekten, diesen Verweisungscharakter hat. Mit direkter Bezeichnungssprache könnte hier nichts ausgesagt werden[143].«

Direkt kann nur der Geist reden; weil wir, obgleich von Gott ganz erkannt, nur stückweise erkennen, tritt der Geist selbst für unsere Schwachheit ein und bittet ›von Angesicht zu Angesicht‹ (1Kor 13, 12).

Dies Eintreten für uns, die wir nicht zu beten wissen, geschieht der Aussage des Apostels zufolge ›mit unaussprechlichen Seufzern‹. Dabei stoßen wir anscheinend wieder auf ein im Ansatz dualistisch-gnostisches Motiv, das in seiner Durchführung ins Apokalyptische gewendet wird – eine Verbindung religionsgeschichtlicher Ebenen, die wir im vorliegenden Traktat wiederholt beobachten konnten. Dem dualistischen Denken zufolge hat der fleischliche bzw. leibliche Mensch keine Beziehung zu Gott und kann deshalb auch nicht in Wahrheit beten; der Geist dagegen, das göttliche Pneuma-Selbst des Menschen, seufzt nach Gott, wie Gott nach ihm ruft. Für Paulus handelt es sich freilich um den apokalyptisch gesehenen, den Christen geschenkten Geist (V. 14ff), um die Erstlingsgabe des neuen Äon (V. 23). Er tritt für ›Heilige‹ (V. 22), d.h. für die durch ihn geheiligten, aus der Nichtigkeit des alten Äons befreiten Christen ein (vgl. Röm 1,7).

Was *wir* als ›unaussprechliche Seufzer‹ hören, wird von *Gott* verstanden. Der Geist stammt ja aus jener Welt Gottes und ist ein Fremdling in diesem vergänglichen Äon. Er weiß und kennt, was Gott bereitet hat denen, die ihn lieben (1Kor 2,9), und was als das ›Ganz Andere‹ für menschliche Worte und Ohren unfaßbar bleibt. Es kann unter den Bedingungen des alten Äons nicht verstanden werden und ist deshalb für den Menschen unaussprechbar wie die Worte, die Paulus im Paradies hörte (2Kor 12,4). Also spricht der Geist in himmlischer Sprache die eschatologischen Geheimnisse aus, die irdisch unaussprechbar bleiben und als unaussprechliche Seufzer vernommen werden.

Dabei müssen wir unseren Blick offenbar ähnlich wie bei V. 15f und bei 1Kor 14 auf bestimmte, mehr oder weniger ekstatische Phänomene im urchristlichen Gottesdienst lenken, auf ersichtliche Manifestationen des Geistes in den Gemeindeversammlungen. In

1Kor 14 spricht Paulus u.a. von dem ›Zungenreden‹, einem gewöhnlich unverständlichen Sprechen geistbewegter Christen, die in Ekstase mit himmlischer Sprache (›Zunge‹) reden, so daß andere, die dazu geschickt sind, die herausgestoßenen Worte in menschlich-irdische Sprache übersetzen müssen. Paulus dämpft diesen Geist, aber er lehnt ihn nicht rundweg ab (vgl. 1 Thess 5,19). In V. 15f bezog er sich (s. S. 127) auf die geistgewirkte Akklamation, das unvermittelte Stoßgebet, das aber in verständlicher Sprache ergeht. An unserer Stelle hat er offensichtlich ähnlich wie in 1Kor 14,14f unartikulierte Gebetsseufzer im Ohr, die von Teilnehmern des Gottesdienstes unvermittelt ausgestoßen werden, aber nicht wie das Zungenreden übersetzt werden können und die keine Botschaft an die Gemeinde enthalten. Sie sind zwar zu vernehmen, aber nicht zu verstehen. Paulus deutet diese nicht ohne weiteres verständlichen Phänomene so, daß in ihnen der Geist selbst sich zum Fürsprecher der ›Heiligen‹ macht und deren Seufzen unter der Last und Qual des noch nicht erlösten Leibes vor Gott bringt, die irdisch unanschaulichen und unsagbaren Gaben der zukünftigen Herrlichkeit Gottes erbittend in der »Fürbitte für alle gebundene und vergewaltigte Schöpfung«[144]. Erneut wird ein ursprünglich gnostisch-dualistisches Phänomen apokalyptisch-geschichtlich interpretiert und damit christlich ›domestiziert‹.

Wenn Gott, der diese Seufzer versteht, dabei von Paulus in einer bekannten Wendung als derjenige beschrieben wird, ›der die Herzen erforscht‹ (Spr. 17,3; 20,37), dürfte daraus zu ersehen sein, wie sehr Paulus den Heiligen Geist schon als den Geist der Erlösten selbst ansieht (vgl. V. 16): wo der Geist seufzt, seufzt der Mensch selbst ›von Herzen‹. Auch das Gebet des Geistes, der uns in unserer Schwachheit beisteht, ist also kein willenloses Gebet, das am ›Herzen‹ des Menschen vorbei geschieht.

In alledem übt Paulus eine indirekte Kritik an dem enthusiastischen Verständnis solcher ekstatischen Phänomene. Zweifellos weisen sie wie alle Geistesgaben auf den eschatologischen Heilsstand der Gemeinde hin, in welcher der Gottesgeist, der natürlich nicht wie der in den Kerker des Leibes verbannte Geist des gnostischen Dualisten sein eigenes Geschick, sondern das der gefallenen Schöpfung beklagt, sich sichtbar und hörbar äußert. Aber indem der Geist sich mit den *seufzenden* ›Heiligen‹ identifiziert, hält er diese zugleich in dieser vergehenden Zeit fest. Eine *theologia gloriae,* die sich von der *theologia crucis* löst, wird damit abgewiesen. Das Gebet des Geistes dokumentiert nicht die Sicherheit der den Geist Besitzenden, sondern die hoffende Gewißheit derer, die ihr Leben nur im Schatten des Kreuzes haben. Es weist insofern den Glaubenden in die Gemeinschaft der Leidenden und vergänglichen Schöpfung ein, nicht um sich ihr hinzugeben, ihre Nichtigkeit zu bestreiten oder sich über sie zu erheben, sondern um sie durch die Verkündigung des Heils ihrer eigenen Ohnmacht zu überführen.

Gewißheit aus dem Seufzen

Mit einem dreifach gegliederten Argumentationsgang wollte Paulus den Satz gewiß machen, daß eine Herrlichkeit an uns offenbart werden wird, neben der die gegenwärtigen Leiden nicht zählen (V. 18): Das Seufzen der Kreatur, das Seufzen der Christen und das Seufzen des Geistes selbst begründen diese Gewißheit. Wieso?
Zum Verständnis hilft, wenn wir uns in der religiösen Umwelt des Apostels nach einem analogen Argumentationsschema umsehen. Dabei stoßen wir zuerst wieder auf die dualistisch-gnostische Frömmigkeit. In der Gnosis seufzt die Seele, weil sie vom Leben abgeschnitten und in den Kerker des Leibes geworfen wurde. Sie beklagt ihr Los, als Fremdling in der körperlichen Welt weilen zu müssen. Sie sehnt sich aus der Finsternis in das Licht in dem Wissen, daß pneumatische Substanz nicht verlorengehen kann.

›Ich bin der Sohn der Zarten (d. h. der Lichtwesen),
vermischt bin ich und Wehklagen seh ich;
führe mich heraus aus der Umklammerung des Todes‹. (Manich. Fragment M 7)

›. . . die Seele empfing der Mühsal Gesetz:
Darum umhüllt von geringer Gestalt
Quält sie sich mühvoll in Todes Gewalt.
Bald ist sie Königin und schaut das Licht,
bald in Elend verstoßen weint sie und klagt.
Sobald sie weint, freut sie sich;
sobald sie sich freut, stirbt sie‹. (Naassenerpsalm)

Trauer und Freude liegen ineinander. Aus dem Klagen entspringt die Gewißheit der Freude, weil in dem Seufzen der Seele sich *in einem* der Verlust der himmlischen Heimat wie die Bindung an das himmlische Licht zeigen: ›Du bist nicht von hier und deine Wurzel ist nicht von der Welt. Das Haus, in dem du wohntest, dieses Haus hat nicht das Leben gebaut . . .‹ (Ginza R. XV 20).
So weist das Seufzen die Seele darauf hin, daß sie hier in der Fremde weilt und ihre Heimat droben in der Lichtwelt hat. Im Seufzen meldet sich der Ursprung, das pneumatische Wesen des wahren Menschen. In solcher Weise vermittelt das Seufzen die Gewißheit des Heils.

In gnostisierenden Gestalten der christlichen Überlieferung tritt eine entsprechende Daseinshaltung wiederholt ans Licht.
›Selig sind, die da Heimweh haben; denn sie sollen nach Hause kommen.‹

›Wohl uns, daß das Tal der Tränen,
darin wir uns nach Hause sehnen,
nicht unser Vaterland schon ist.
Wohl uns, daß auf jenen Höhen,
nach dieses Pilgerlaufes Wahn,
ein ewger Friede uns umschließt.‹

In V. 19-27 tritt im einzelnen der dualistische Hintergrund von Sprache und Vorstellung zurück; nur in V. 23 zeigt er sich deutlich: Wir seufzen in Erwartung der Erlösung von dem Leibe. Umfassender tritt er in der Parallele 2Kor 5,1ff hervor: In dieser irdischen Zeltwohnung seufzen wir voller Last in Erwartung der nicht mit Händen gemachten ewigen Behausung in den Himmeln. Daß Paulus überhaupt nicht im Sinne des Dualismus *denkt,* zeigte besonders das apokalyptische Material, auf das er in V. 19-22 zurückgreift: Nicht seufzt die Seele unter der Last der Schöpfung, sondern die Schöpfung selbst seufzt unter der Schuld des Menschen und sehnt sich nach Erlösung.
Indessen kennt auch die Apokalyptik das Seufzen, nämlich das Seufzen der Frommen unter der Last des alten Äons. ›Denn was zukünftig ist, das wird herbeigewünscht, und das, was nachher kommt, darauf hoffen wir. Denn es gibt eine Zeit, die nicht vergeht‹ (syrBar 44,11); dann wird gelten: › . . . sie wurden errettet aus dieser Welt der Drangsal und werfen von sich die drückende Last ihrer Trübsale‹ (51,14). Indessen kann der Apokalyptiker nicht ohne weiteres aus seinem Seufzen bzw. aus dem Seufzen in der Welt auf ein himmlisches Hoffnungsgut bzw. auf einen neuen Äon schließen. Denn er seufzt nicht in dem Gefängnis des nichtigen Leibes, sich so seufzend seiner unverlierbaren pneumatischen Substanz versichernd, sondern er seufzt unter dem Gericht Gottes über diese Schöpfung, so daß sein Seufzen viel eher den endgültigen Untergang dieses Äons anzeigt als die Rettung aus der Nichtigkeit.
Im Seufzen des Apokalyptikers wird der *verlorene* Urstand erinnert, aber die Gewißheit eines seligen Endes des Geschichtslaufs liegt dem Seufzen der Kreatur als solchem fern. ›Ach Adam, was hast du getan! Als du sündigtest, kam dein Fall nicht nur auf dich, sondern auch auf uns, deine Nachkommen! Denn was hilft es uns, daß uns die Ewigkeit versprochen ist, wenn wir Werke des Todes getan haben‹ (4Esra 7,118f). Nur dort läßt sich aus dem gegenwär-

tigen Seufzen die kommende Herrlichkeit zwingend erschließen, wo der Grundsatz ›Das Letzte wird wie das Erste sein‹ (Barn 6,13) zum apokalyptischen Geschichtsgesetz wurde, was indessen, aufs Ganze gesehen, nicht der Fall ist.

Vom apokalyptischen Denken aus klärt sich eine bisher noch nicht ausdrücklich erörterte Frage: Was umschließt die seufzende und ihrer Freiheit entgegengehende Schöpfung in V. 19-22? Offenbar nicht ohne weiteres die gesamte Menschheit! Zwar seufzen auch die Sünder mit unter der Nichtigkeit dieses Weltlaufs, aber ihr Seufzen weist sie keineswegs auf die kommende Herrlichkeit hin, deren sie teilhaftig werden sollen. Sie sind ja *schuldig* an dem Zustand der Welt und empfangen das gerechte Gericht. Vielmehr seufzt die Schöpfung, soweit sie ohne eigene Schuld der Nichtigkeit unterworfen wurde, und sie seufzt in der (unbewußten) Erwartung dessen, daß die Kinder Gottes aus diesem verderbten Geschlecht herausgerufen und öffentlich sichtbar werden, um in einer um ihretwillen vom Fluch der Vergänglichkeit befreiten neuen Schöpfung in der Freiheit zu leben, die Gott den Auserwählten bereitet. Die Verlegenheit des Auslegers angesichts der Frage, ob Paulus in V. 19-22 auch die unerlöste Menschheit mit der Schöpfung seufzen hört, weist insofern auf die ›Verlegenheit‹ des Paulus hin, der einen aus dem substanzhaften hellenistischen Dualismus stammenden Argumentationsgang nur unvollkommen in sein im apokalyptischen Boden wurzelndes geschichtliches Denken einfügen kann. Das Seufzen der menschlichen Kreatur läßt im Rahmen der apokalyptischen Vorstellung – anders als das Seufzen des Pneuma-Ich – keineswegs mit Notwendigkeit auf die kommende Herrlichkeit schließen, sondern nur auf das verlorene Paradies. Die darüber hinausgehende Gewißheit der kommenden Herrlichkeit (V. 18) ist für Paulus nicht ohne christologische Vermittlung zu haben. Sie setzt die *glaubende Deutung* des Seufzens voraus.

Dieser übergreifende christologische Begründungszusammenhang liegt indessen bei Paulus tatsächlich vor. V. 18 erfährt nämlich nicht nur durch den dreifachen Argumentationsgang seine Begründung, sondern bleibt auch mit V. 17 verbunden: › . . . Miterben Christi, wenigstens wenn wir mit-leiden, um auch mit-verherrlicht zu werden.‹ Das ›ich bin überzeugt‹ zu Beginn von V. 18 rekurriert also auf die Überzeugung des *Glaubenden. Er* versteht das Seufzen, das in diesem Äon laut wird, als Hinweis auf die kommende Herrlichkeit derer, die als Mit-Leidende auch die Erben sind. Man darf auch nicht übersehen, daß in allen drei Argumentationsgängen in V. 19-27 der christologische Begründungszusammenhang zwar nicht expliziert wird, wohl aber implizit begegnet: Die Kreatur

wartet auf die Offenbarung der Söhne Gottes (V. 19-22); wir selbst seufzen, die wir den Geist der messianischen Heilszeit als Erstlingsgabe haben (V. 23-25); dieser Geist selbst steht unserer Schwachheit bei (V. 26-27). Nur im Bereich des Geistes bzw. in der Hoffnung auf die Söhne Gottes kann also das Seufzen, das in diesem Weltlauf laut wird, die Erwartung der kommenden Herrlichkeit begründen. Nur unter dem Kreuz Christi handelt es sich um ein Seufzen des Lebens zum Leben und nicht um ein Seufzen des Todes zum Tode (vgl. 2Kor 2,16).
Insofern bilden die Vv. 23-25, die überdies durch 5,3-5 als wichtiges Argumentationsmaterial des Paulus ausgewiesen sind, wie die formale so auch die sachliche Mitte der dreifachen Argumentation in V. 19-27, in deren Licht die beiden anderen Argumentationsgänge zu sehen sind. Denn in V. 23-25 spricht Paulus von dem Seufzen, das aus dem Munde der christlichen Gemeinde laut wird und das deshalb eine eindeutige Sprache spricht, weil nicht Menschen in illusionärem Optimismus »aus dem Mangel der Gegenwart auf die vollkommene Zukunft Gottes schließen«, sondern weil *Glaubende* den Zustand dieser Welt deuten, die *als solche* »schon den Bedingungen der Existenz in dieser Welt überlegen sind«[145]. Den *christlichen* Lesern sagt Paulus, »daß sie als Geistbegabte ihrer gegenwärtigen, geschichtlichen Existenz eigentlich schon voraus sind, so daß sie sich mit ihrer Zuständlichkeit gar nicht zufrieden geben können. Wenn sie in dieser Spannung bekümmert sind und stöhnen, dann kündet sich darin das Neue an, das jenseits der Bedingungen dieser Existenz liegt.«
Der *Glaubende* also versichert sich angesichts dieses Seufzens der künftigen Herrlichkeit. Er überhört das Seufzen nicht. Er hält diese Welt nicht für die beste der möglichen Welten, für einen harmonischen Kosmos mit leichten Dissonanzen. Er zieht sich auch nicht in stoischer Ruhe auf sich selbst zurück und begnügt sich damit, das Beste aus dem zu machen, was er doch nicht ändern kann. Er beachtet das Seufzen, das in dieser Welt hörbar wird, in lebhafter Sym-Pathie, und er erkennt und anerkennt in ihm eine Welt, die unter der Sünde des Menschen leidet, dem Gericht Gottes unterworfen ist, von der Nichtigkeit geknechtet wird. In solchem Seufzen wird der Urstand der Welt transparent, das eigentlich mit der Schöpfung Gemeinte, die ersehnte Gemeinschaft von Schöpfer und Geschöpf, Leben aus dem Quell des Lebens, die ursprüngliche Freude, die sich in das Klagen verwandelte. Das Seufzen zeigt an, daß die Welt sich durch die Schuld des Menschen selbst verfehlt hat und darum erlösungsfähig ist. Da, wo die Wirklichkeit der Welt nicht verflacht wird, sondern der Glaubende den Ruf aus der *Tiefe*

vernimmt, da muß es auch die *Höhen* jener Herrlichkeit geben, deren die Leiden dieser Zeit nicht wert sind, und die Berge, von denen Hilfe kommt.

Indem er unter dem Kreuz Christi als Mit-Leidender auf das Seufzen hört, bleibt der Glaubende zugleich davor bewahrt, die zukünftige Herrlichkeit zum Ziel seines eigenen Tuns zu machen. Er vernimmt das Seufzen der Kreatur als Schrei aus der Tiefe der Nichtigkeit und der Gebundenheit an das Vergängliche – als Schrei nach Erlösung (V. 19-22)! Er seufzt auch selbst in Erwartung eines unsichtbaren Hoffnungsgutes – und wartet darauf in Geduld (V. 23-25)! Und der Geist fleht seufzend an seiner Statt um das, was er in seiner Schwachheit nicht einmal selbst erbitten kann – wie sollte er es dann selbst verwirklichen können (26-27)! Das Seufzen erinnert den Glaubenden daran, daß auch unsere besten Werke nicht von der Knechtschaft der Vergänglichkeit lösen und in die Freiheit der Kinder Gottes führen. Das Seufzen erinnert nicht an noch nicht Verwirklichtes, sondern an die *verlorene Möglichkeit* zu verwirklichen. Es umschließt die Klage, daß auch die erfolgreichsten ethischen Bemühungen nicht aus dem alten Äon herausführen.

Eine vergleichbare Erfahrung Luthers beschreibt W. Mostert (Sinn oder Gewißheit, 1976, 120f) folgendermaßen: »Eingespannt zwischen diese beiden Pole, nämlich der Unmöglichkeit, durch Aktivität individuellen (Rechtfertigung) und kollektiven (Sinntotale) Sinn herzustellen, und ausgehend von der Erfahrung, daß es ebenso unmöglich ist, durch die Behauptung einer individuellen und kollektiven Sinntotalität das Handeln nicht ganz und gar zu zerstören, stand es für Luther objektiv als das entscheidende und das Leben des Menschen in allen Relationen umfassende Problem ›zur Erfahrung‹, wie einerseits dem menschlichen Verlangen nach Sinn Genüge getan werden kann, ohne doch andererseits diesen Sinn von der Aktivität abhängig zu machen oder ihn (revolutionär) in Aktivität umzusetzen. Dabei ist für Luther zweierlei charakteristisch: Obwohl von der Unmöglichkeit einer metaphysisch-aktivistischen Sinntotalität überzeugt, bleiben Skepsis oder Agnostizismus für ihn unmöglich, weil er in einer dem Sinntotal entgegengesetzten Sinnlosigkeit eine völlige Zerstörung der Ethik sah, und vor allem, *weil er in dem Verlangen nach Sinn ein Existential sah.*«

Der Glaubende vernimmt in allem Seufzen, das in dieser Welt hörbar wird, den Schrei nach *Erlösung:* ›Ich unglückseliger Mensch! Wer wird mich aus diesem Dasein des Todes befreien?‹ (7,24). Im Seufzen spricht sich das *verlorene* Heil aus, und wer unter dem Kreuz Christi – im Mit-Leiden – in dies Seufzen einstimmt, weiß, daß sein Schrei nach Erlösung schon Antwort gefunden hat.

In dieser Weise begründet das Seufzen der Welt als Seufzen im

Geist bzw. als Seufzen des Geistes die Hoffnung auf Gottes künftige Herrlichkeit, die an seinen Kindern offenbart werden soll.

Vers 28-30: Die Traditionen

V. 28 setzt neu ein. Die Vv. 28-30 bringen das Thema ›Eschatologie‹ zum Abschluß. Das Stichwort ›Verherrlichung‹, in V. 17 gegeben und in V. 18 zum Thema des ganzen folgenden Abschnitts erhoben, schließt in V. 30 den Abschnitt auch ab. Um diesen Abschluß innerhalb der paulinischen Gedankenführung recht verstehen und würdigen zu können, empfiehlt es sich wiederum, zunächst die von Paulus aufgenommenen Traditionen für sich zu betrachten.

In V. 28 greift Paulus auf eine verbreitete Sentenz zurück, die bei ihm anscheinend in die Gestalt eines doppelseitigen Isokolons mit (im Griechischen) prosaischem Reim gefaßt ist. Die Einführung ›Wir wissen aber‹ soll den Leser offenbar auf Bekanntes hinweisen:

›Alles dient zum Guten
denen, die Gott lieben.‹

Die in dieser Sentenz gemeinte Sache begegnet in neutestamentlicher Zeit sowohl in jüdischer wie in hellenistischer Literatur in mannigfaltigen Versionen. Man vergleiche z. B.:

›Alles, was der Allbarmherzige tut, tut er zum Guten‹ (Berakhot 60b).

›Was immer den Gerechten trifft, alles kommt ihm zur Hilfe‹ (Sprüche Achikars 167).

›Den Frommen ist alles gut, auch wenn es für die anderen das Böse ist‹ (CorpHerm 9,4).

Halte dich überzeugt, ›daß dir alles zu deinem Wohl gereicht und von den Göttern herrührt, und alles zu deinem Besten dient, was diesen gefällt‹ (Mark Aurel 10,3).

Vgl. noch Sir 39,27; Plato Resp X 612e; Plotin Enn IV 3,16; Lactantius De ira 14; Billerbeck III 255f.

Die nähere Bestimmung und Einschränkung dieser Sentenz in ihrer bei Paulus begegnenden Fassung, derzufolge denen alles zum Guten dient, *die Gott lieben,* weist darauf hin, daß Paulus diese Sentenz im Bereich der hellenistischen Synagoge aufgegriffen hat. Denn die Wendung ›die Gott lieben‹ stammt aus dem Alten Testament und begegnet im Judentum der neutestamentlichen Zeit als eine erstarrte Formel, mit der die Frommen bezeichnet werden

(vgl. PsSal 4,25; Sir 1,10; 1Kor 2,9; 8,3; Jak 2,5). Wir haben es also mit einem von Paulus übernommenen Weisheitsspruch zu tun.
Der Gedanke ist daher nicht stoisch gemeint wie bei Mark Aurel, der davon ausgeht, daß in der vernünftigen Allnatur alles in Harmonie miteinander steht, so daß es nur *ein* wirklich Schlechtes gibt: sich gegen die göttliche Natur der Dinge aufzulehnen.
›Liebe zu Gott‹ bzw. ›Gottesfurcht‹ – beide Begriffe sind im Judentum austauschbar – bedeutet vielmehr, sich dem geschichtlich wirkenden Gott auszuliefern in dem Vertrauen, daß er denjenigen nicht verläßt, der sich auf ihn verläßt.

›Gott, der uns sich hat auserwählt,
der weiß auch sehr wohl, was uns fehlt[147].‹

Er wird darum auch Gutes und Schlechtes, das dem Frommen widerfährt, seinem Heilswillen dienstbar machen. In diesem allgemeinen Sinn hat Johann Franck (1618–1677) die Sentenz aufgenommen:

›Denen, die Gott lieben,
muß auch ihr Betrüben
lauter Freude sein‹.

Und Paul Gerhardt (1607–1676) ist in zahlreichen Versen und Liedern immer wieder auf dies Thema seines eigenen Lebens zurückgekommen:

›Ihn, ihn laß tun und walten,
er ist ein weiser Fürst
und wird sich so verhalten,
daß du dich wundern wirst,
wenn er, wie ihm gebühret,
mit wunderbarem Rat
das Werk hinausgeführet,
das dich bekümmert hat.‹

In V. 29f benutzt Paulus einen vorgegebenen Kettenschluß, oft die ›Goldene Kette‹ (*catena aurea*) genannt. Das wird daraus ersichtlich, daß er eine Vorlage offenkundig erweiterte. Nicht nur sprengt die lange Erläuterung in V. 29 die strenge Form der Kette stilistisch und inhaltlich, wie auch ein Vergleich mit der Kette in Röm 5,3f zeigt. Auch sind die beiden Ausdrücke ›zuvor erkennen‹ und ›zuvor bestimmen‹ »inhaltlich kaum zu unterscheiden«[148]. »Beide meinen die tätige und liebende Hinwendung Gottes zum Menschen«, mit der Gott den Sünder zu seinem Dienst erwählt. Darum gehört auch das ›zuvor bestimmt‹ zu Beginn von V. 30 der paulinischen Erläuterung der Kette an, zumal es ohne nähere Angabe,

wozu die Bestimmung erfolgte, in der Luft hinge; es dient der Rückleitung in die Vorlage.
Dann bleibt eine Kette mit vier Gliedern in drei Schlingen übrig, die offensichtlich ein traditionelles Gut darstellt:

›Welche er zuvor erkannt hat,
  die hat er auch berufen.
  Und welche er berufen hat,
    die hat er auch gerechtfertigt.
    Und welche er gerechtfertigt hat,
      die hat er auch verherrlicht.‹

Diese Kette enthält alle Stadien des Heilswegs, auf dem Gott die Frommen führt, in zeitlicher Reihenfolge und mit deutlicher Klimax. Spezifisch christliche Gedanken sind dabei nicht zu erkennen, geschweige denn eine Taufüberlieferung, wie manche Ausleger vermuten. Daß die Kette sich am einzelnen Erwählten und an seinem Heil ausrichtet, ordnet sie in das eschatologisch bestimmte, am Individuum – nicht am Volk Israel – orientierte Denken jener jüdischen Kreise in neutestamentlicher Zeit ein, die sich der apokalyptischen Frömmigkeit zuwenden.
›Zuvor erkennen‹ kann das Voraus*wissen* Gottes bezeichnen, steht in V. 29 aber zweifellos wie in 11,2 im Sinne von ›im voraus ausersehen‹. Der Weg zum Heil beginnt also damit, daß Gott sich in freier Wahl die Menschen auserwählt, die er zum Heil führen will, nicht aber erkennt er nur im voraus diejenigen, die sich aufgrund ihres eigenen Verhaltens das Heil verdienen werden.
Damit stellt sich das Problem der Prädestination, der Gnadenwahl (vgl. Röm 11,5). Kaum eine dogmatische Frage ist in der christlichen Dogmengeschichte so umstritten wie diese. Man muß sich freilich hüten, die Fülle der Streitpunkte späterer Prädestinationslehre an die vorliegende Kette heranzutragen. Die klassischen Aussagen zur Prädestination orientieren sich weithin an der Gotteslehre oder an spekulativen Fragen wie der nach dem Ursprung des Bösen; sie versuchen, das ganze Weltgeschehen aus der Prädestination zu konstruieren, behandeln neben der Erwählung die entsprechende Verwerfung und können dabei so weit gehen, den Erwählungsratschluß Gottes vor der Erschaffung der Welt anzusetzen.
Alle derartigen Spekulationen versperren das Verständnis des ›zuvor erkennen‹ in V. 29, das von dem jetzt vorfindlichen Zustand des alten Äons ausgeht, also von der Schuldverfallenheit aller Menschen, von dem Gericht Gottes über die ungehorsame Schöp-

fung, von der faktisch vollzogenen bzw. verwirkten Verwerfung aller, von dem bevorstehenden Ende des Weltlaufs.

In dieser Situation weiß sich der Fromme wunderbarerweise der *massa perditionis,* dem allgemeinen Verhängnis entnommen. Er erfährt, daß er inmitten des Untergangs gehalten wird, daß Gott ihn bewahrt für den neuen Äon, daß er im Angesicht unendlicher Sorge von der Sorge um sich befreit wurde.

Diese wunderbare Bewahrung beruht, das weiß er gerade als *frommer* Mensch, nicht auf eigener Kraft und Fähigkeit. Der Fromme ist *von sich aus* Glied des alten Äons wie jeder andere. Der Grund, warum er aus dem Nichtigen herausgerufen und in die herrliche Freiheit eines Gotteskindes gestellt wurde, kann deshalb nur bei Gott selbst liegen: Gott hat ihn ›erkannt‹ (1Kor 13,12; 8,3), d. h. ausersehen, noch bevor er Gott erkannte; Gott hat ihn erwählt, bevor er Gott erwählte.

Das ›zuvor‹ will demzufolge keinen Zeitpunkt im Weltgeschehen angeben, sondern ›qualitativ‹ markieren, daß Gottes Entscheidung für den Menschen der Erkenntnis Gottes durch den Frommen vorausliegt, wann auch immer Gott seine erwählende Hand auf ihn legte.

In der Feststellung, Gott habe ihn ›zuvor erkannt‹, bejaht der Fromme also den Gnadenwillen Gottes über eine gottlose Welt. Derselbe Gott, der Israel aus den Völkern erwählte, um sich der Welt zu offenbaren, der erwählte sich Menschen zu seinem Dienst, weil er sein Werk nicht fahren lassen will.

Diese Menschen bilden das ›neue Israel‹, die Gemeinde der Auserwählten. Der Plural von V. 28-30 möchte darauf hinweisen, daß weniger die einzelnen Erwählten als vielmehr die aus ihnen gebildete Gemeinschaft der Glaubenden im Blick stehen.

Warum Gott diesen und nicht jenen erwählt, ist dabei angesichts der unbegreiflichen Tatsache, daß er überhaupt erwählt, keine ernsthafte Frage mehr. Die Forderung, Gott müsse, wenn er schon überhaupt Sünder erwählt, alle erwählen, stellt eine frivole Bevormundung des freien Gnadenwillens Gottes dar.

Die er zuvor – wann auch immer – erkannt hat, die hat er zur gegebenen Zeit auch *berufen.* ›Berufen‹ »meint den schöpferischen Ruf Gottes, durch den er sein erwählendes Handeln seinem Geschöpf mitteilt«[149]. Wann diese Berufung überhaupt oder im einzelnen Fall erfolgte, wird nicht gesagt, der Berufene selbst vermag darüber Auskunft zu geben; von dem berufenden Geschehen als solchem hatte Paulus in 8,3 grundsätzlich berichtet. Auch über das Wie der Berufung erfolgt keine Mitteilung; allerdings kommt für diese Berufung kaum ein anderes Mittel in Betracht als das Wort

Gottes: Lasset euch erretten aus diesem verkehrten Geschlecht (Apg 2,40; vgl. 2Kor 5,18ff; 2Thess 2,14). Mit der Berufung manifestiert sich die verborgene Wahl Gottes im Leben des Menschen. Darum spielt der Begriff ›Berufung‹ eine große Rolle in der einschlägigen religiösen Sprache.

Gott heißt ›der Berufende‹ (Röm 9,11; Gal 5,8). Sein Ruf ist ein ›heiliger Ruf‹ (2Tim 1,9). Die Frommen sind die ›berufenen Heiligen‹ (Röm 1,7; 1Kor 1,2) usw.

Daß der ›zuvor Ernannte‹ dem Ruf widerstehen könnte, wird nicht in Betracht gezogen. Er wird jedoch aufgefordert, in dem weltlichen Stand zu bleiben, in dem ihn der Ruf getroffen hat (1Kor 7,17ff), und vor allem nicht wieder aus der Freiheit der Kinder Gottes zu fallen, in die hinein die göttliche Berufung den Erwählten versetzte (Gal 5,1.13).

So wie die Erwählung die Berufung einschließt, so die Berufung die *Rechtfertigung;* in der Kette hängt ein Glied notwendig am anderen, und mit dem einen Glied sind auch die anderen gegeben.

Man darf dies dritte Glied der Kette indessen nicht mit den ganzen Problemen und Inhalten der paulinischen Rechtfertigungslehre befrachten. Die Kette als solche dürfte vorpaulinisch sein, und als Paulus sie in seinen vorliegenden Traktat aufnahm, hatte er seine charakteristische Rechtfertigungslehre vermutlich noch nicht entwickelt.

Das Wesen des alten Äons ist die Ungerechtigkeit, und zwar nicht nur im abgeleiteten Sinn der Unmoral und Gesetzlosigkeit, sondern vor allem in dem primären Sinn, daß der Mensch das rechte Verhältnis zu Gott und damit seine eigene ›Richtigkeit‹ verloren hat.

Gott gibt den von ihm berufenen und erwählten Menschen die verlorene Gerechtigkeit zurück. Er stellt ihn wieder in das richtige Verhältnis zu ihm und zu sich selbst. Er verhilft dem verlorenen Geschöpf zur Anerkennung des Schöpfers und damit zur eigenen Identität. Er lehrt das neugewonnene Kind ›Abba‹ – Vater – rufen (V. 15). Der Gerechtfertigte gibt Gott wieder recht (Lk 7,29; 18,14) und erweist sich darin als einer der Gerechten, die dazu berufen sind, ›daß ihr ohne Tadel seid und lauter und Gottes Kinder, unsträflich mitten unter dem verdorbenen und verkehrten Geschlecht, in dem ihr scheint als Lichter in der Welt‹ (Phil 2,15).

Der Rechtfertigung folgt schließlich und abschließend die *Verherrlichung,* die Aufnahme in Gottes neue Welt, die Anteilhabe am himmlischen Lichtglanz, die Erlangung des Hoffnungsgutes, die Erlösung vom ›Leibe‹, die *restitutio ad integrum.*

Das ist ein notwendiger Schluß der Kette. Es überrascht aber, daß

auch dieses letzte Glied ein schon vollendetes Geschehen beschreibt.
Der wesentlich von apokalyptischem Denken bestimmte Zusammenhang des Ganzen läßt es nicht zu, ›Verherrlichung‹ auf einen innerzeitlichen Vorgang, etwa auf eine Vergottung oder Verwandlung im Sinne der Mysterienkulte zu deuten. Da die Katene auch nichts davon andeutet, auf die Taufe bezogen zu sein, ist erst recht die weitergehende Folgerung willkürlich, im letzten Glied der Kette sei ein Zukunftsaspekt überhaupt nicht gegeben, sondern eine Deutung des Taufgeschehens vorgetragen, weil in der Taufe die »verlorene Gottesebenbildlichkeit ... zurückgegeben«[150] werde. Solche Deutung übersieht auch, daß V. 30 abschließend zu V. 17/18 zurückkehrt.
Hatte der Kettenschluß solche Glieder der Heilsgemeinde im Blick, die bereits durch den Tod hindurch verherrlicht wurden? Das ist unwahrscheinlich. Entweder hat erst Paulus ein ursprüngliches Futur in ein Perfekt umgeändert (s. S. 172), oder es schlägt sich mit anspruchsvollem Vorgriff auf die noch ausstehende Vollendung des Heilsgeschehens in dem ›er *hat* verherrlicht‹ die Gewißheit nieder, daß Gott sein Werk, eben weil es *sein* Werk ist, auch sicher zum Ziel bringen wird, so daß von ihm wie von einem bereits vollendeten Tun gesprochen werden kann. In der göttlichen Erwählung ist die definitive Verherrlichung mitgesetzt.
Da wir die ursprüngliche Funktion der Kette nicht erkennen können (Lehre? Liturgie? Doxologie? Bekenntnis?), auch nicht wissen, ob sie in einen größeren Zusammenhang gehörte, müssen manche Fragen offenbleiben, die sich auf ihren vorpaulinischen bzw. vorchristlichen (jüdischen) Sinn beziehen.

Vers 28-30: Die paulinische Interpretation

Was Paulus mit seinen Traditionen anfängt und wie er sie verstanden wissen will, läßt sich hingegen deutlich erkennen, wenn man den Zusammenhang beachtet, in den der Apostel V. 28-30 gestellt hat, und die Ergänzungen und Erläuterungen bedenkt, die er (vermutlich schon in seinem ursprünglichen Traktat) mit den Traditionen, die er aufgreift, verbindet.
Vor allem muß bedacht werden, daß V. 28-30 den Abschluß des Abschnitts über die Eschatologie bilden. Diese Verse wollen also auch selbst unter dem eschatologischen Gesichtspunkt gelesen werden.
Erinnert Paulus als Abschluß des ganzen Zusammenhangs V. 18-30 die Leser zunächst an den bekannten Glaubenssatz der Synagoge

wie der Gemeinde, daß denen, die Gott lieben, alles zum Guten dient, so denkt er bei ›alles‹ demzufolge vornehmlich an die Leiden des gegenwärtigen Zeitlaufs. Diese waren in V. 18 (ähnlich wie in 2Kor 4,17) zunächst als Bagatelle in den Blick getreten, verglichen nämlich mit der überschwenglichen Größe der künftigen Herrlichkeit. In V. 19-27 erhielten sie dann aber zugleich eine positive Funktion: Sie lassen die Kreatur und die Christen seufzen, ja selbst den Geist als ›Nothelfer‹ mitseufzen. Sie bewahren also davor, die sichtbare Wirklichkeit für das Wesen der Dinge selbst zu halten und bestenfalls ihre Verbesserung unter den Bedingungen des alten Äons anzustreben, und sie vergewissern den Glaubenden so des von Gott her kommenden Umsturzes eben dieser Bedingungen, nämlich des Endes der Sünde, der Aufhebung der Nichtigkeit, der Erlösung vom hinfälligen ›Leibe‹, der Offenbarung der noch verborgenen Freiheit der Kinder Gottes.

Begründeten die Vv. 19-27 die in V. 18 ausgedrückte Hoffnung auf die künftige Herrlichkeit, so zieht Paulus mit Hilfe der bekannten Sentenz in V. 28 das Fazit aus dem Argumentationsgang V. 19-27 hinsichtlich der Beurteilung der Leiden, die in V. 17 (mit-leiden) und V. 18 (die Leiden des gegenwärtigen Zeitlaufs) nur als Vorübergehendes in den Blick traten: sie haben auch positive Funktion; sie helfen dem Menschen auf dem Weg zur kommenden Herrlichkeit. Insofern kehrt V. 28 »zur Ausgangsposition von 18 zurück. Die Leiden der gegenwärtigen Zeit können nicht geleugnet werden. Hieß es früher, sie ständen in keinem Gewicht, verglichen mit der künftigen Herrlichkeit, wird solche Aussage jetzt noch überboten«[151].

Hätte Paulus das entsprechende, geprägte Material nicht bereits in V. 23-25 zu dem Stichwort ›seufzen‹ verwendet, hätte er im Anschluß an V. 28, die Sentenz vom positiven Ziel *aller* Dinge erläuternd, mit einem Kettenschluß wie in Röm 5,3-5 fortfahren können:

›Wir rühmen uns auch der Trübsale, wissend, daß

die Trübsal Geduld wirkt,
  die Geduld Bewährung,
    die Bewährung Hoffnung;
      die Hoffnung aber täuscht nicht,
denn die Liebe Gottes ist in unsere Herzen ausgegossen durch den Heiligen Geist, der uns gegeben ist‹.

Dieser Gedanke wird in 5,3-5 und in 8,23-25, dem Kontext entsprechend, zwar verschieden ausgeführt, ist aber an beiden Stellen im Grunde identisch: Wer Gott liebt (= den Heiligen Geist hat =

von Gott geliebt ist), dem sind seine Trübsale (sein Seufzen) Gewinn, weil sie die gewisse Hoffnung begründen und stärken können, daß der Erstlingsgabe des Geistes die volle Herrlichkeit folgt.

Indessen rundet Paulus den Argumentationsgang V. 18-30 mit einem anderen Kettenschluß ab.

V. 28b bildet die Überleitung zu diesem Kettenschluß. Vergleicht man 1Kor 8,3: ›Wenn jemand Gott liebt, der ist von ihm erkannt‹ (vgl. auch 1Kor 13,12; Phil 3,12), so dürfte diese Überleitung mehr als nur formale Funktion haben. Paulus legt zugleich Wert darauf, die Vorgänglichkeit des Handelns Gottes vor unserer Liebe zu Gott festzustellen. In diesem Sinne hätte er auch (im Anschluß an die Parallele Röm 5,5) das ›denen, die Gott lieben‹ der übernommenen Sentenz ›subjektiv‹ weiterführen können: ›nämlich denen, in deren Herzen die Liebe Gottes ausgegossen wurde‹. Er wählt jedoch um des formalen Übergangs zu V. 29f willen schon in V. 28b die ›prädestinatianischen‹ Kategorien des folgenden Kettenschlusses, ohne an einer spekulativ-prädestinatianischen Aussage interessiert zu sein. Die Intention seiner Formulierung zielt auf die Feststellung, daß nur der von Gott Geliebte Gott lieben kann. Sich Gott zuwenden bedeutet ja für Paulus nichts anderes, als aus der Gnade Gottes leben. Die Liebe zu Gott besteht darin, sich vor Gott der eigenen Schwachheit zu rühmen (2Kor 12,9f).

»Ist die *paradoxe Einheit von Freiheit und Gnade* wirklich so schwer zu verstehen? Sie hat ihre Analogie *in dem Verhältnis von Person zu Person.* Auch im Verhältnis der Freundschaft und Liebe zwischen Menschen ist es so, daß die vertrauende Hingabe an den anderen nur echt ist, wenn sie freie Tat der Entscheidung ist; und doch weiß der sich vertrauend Hingebende, daß er ganz vom anderen her ist. Er weiß, daß er seine Freundschaft, seine Liebe nicht als ein Werk zuwege bringt, vermöge dessen er die Freundschaft oder Liebe des anderen gewinnt, sondern daß der andere in der Erwiderung ebenso frei ist, wie er selbst, und daß er ihm seine Freundschaft, seine Liebe nur *schenken* kann.« (R. Bultmann, Glaube und Verstehen II, 158f).

Die folgende Katene selbst schließt den eschatologischen Abschnitt der kleinen paulinischen Dogmatik sinnvoll ab. Läuft sie doch in eine Klimax aus, in der Paulus den Begriff der zukünftigen Verherrlichung, mit dem er den ganzen Abschnitt eröffnete, noch einmal aufgreift.

Paulus ergänzt die viergliedrige Kette durch ein neues, weit ausgeführtes prosaisches Stück. Dadurch erst bekommt die übernommene Katene, ein nicht ersichtlich christlicher Text, einen deutlichen christologischen Bezug. Freilich bildet diese Christologisierung als solche nur einen Nebeneffekt des paulinischen Zusatzes, der vor

allem die Intention verfolgt, die eschatologische Klimax des Kettenschlusses zum zentralen Gedanken der Kette überhaupt zu erheben.
Darum stellt Paulus neben das überkommene ›zuvor erkannt‹ das im wesentlichen parallele ›zuvor bestimmt‹. Schon bei seiner freien Wahl hat Gott die von ihm Erwählten zu einem Ziel hin bestimmt. Die Wahl war zweckgebunden; die Erwählten wurden ausersehen, ›dem Abbild seines Sohnes gleichgestaltet zu werden, so daß dieser der Erstgeborene unter vielen Brüdern ist‹.
Die Exegeten haben viel Mühe darauf verwendet, den mehrdeutigen griechischen Begriff *eikōn* (Abbild, Bild, Urbild, Wesen) zu erklären. Indessen kann dieser Begriff im vorliegenden Zusammenhang dem Verständnis kaum ernsthafte Schwierigkeiten bereiten. Paulus konnte nicht sagen: ›seinem Sohn gleichgestaltet zu werden‹; denn damit wäre die christologische Differenz, der Unterschied des Sohnes von den Söhnen, von Erlöser und Erlöstem, von Schöpfer und Geschöpf verwischt worden, zumal angesichts der gleich folgenden egalisierenden Rede von den ›vielen Brüdern‹ des einen Sohnes. Deshalb spricht Paulus, vermutlich Mysteriensprache aufgreifend, vom ›Bild seines Sohnes‹. Damit wird die Souveränität des Sohnes auch unter den vielen Brüdern gewahrt; seine Gottheit (Urbild) wird nicht von der Menschheit (Bild) verschlungen. Der Erlöste verschmilzt nicht mit ihm, dem Urbild, sondern wird nach seinem Bild abbildhaft gestaltet.
Die im Hintergrund stehende Vorstellung, die auch an V. 23 erinnert, führt Paulus z. B. in Phil 3,20f näher aus, wo er von unserer Hoffnung auf Jesus Christus spricht, ›der unseren elenden Leib verwandeln wird, so daß er seinem herrlichen Leib gleichgestaltet sein wird‹. Diese Parallele weist zugleich unmißverständlich auf den eschatologischen Sinn des paulinischen Zusatzes in V. 29 hin: Gott erwählt sich aus dieser verlorenen Welt die Schar derer, die nicht mit dem alten Äon zugrunde gehen, sondern, mit seinem Sohn verwandelt in die Lebensmacht des neuen Äons, den verherrlichen werden, der sie in die herrliche Freiheit seiner Kinder beruft.
Umstritten ist unter den Auslegern ferner die Frage, inwiefern Jesus der ›Erstgeborene unter vielen Brüdern‹ heißen kann. Indessen kann der Sinn auch dieser Aussage nicht zweifelhaft sein, ordnet man sie in den eschatologischen Gesamtzusammenhang unserer Stelle ein. Zwar wird Jesus in Kol 1,15 der ›Erstgeborene aller Kreatur‹ genannt, durch den alles geschaffen wurde (vgl. Joh 1,1 ff); aber dieses ›protologische‹ Verständnis des Begriffs ›Erstgeborener‹ kann an unserer Stelle, wo Paulus an ein Geschehen im Erlösungsprozeß denkt, nicht im Blick stehen. Der in V. 29 vorlie-

gende Sinn muß vielmehr von Kol 1,18 her bestimmt werden, wo Jesus der ›Erstgeborene von den Toten‹ heißt, ›so daß er der Erste von allen wurde‹. Ebenso wird Jesus auch in Offb 1,5 der ›Erstgeborene der Toten‹ genannt (vgl. Hebr 1,6).

Es handelt sich also um den Anbruch der *neuen* Schöpfung. Im Hintergrund der vorliegenden Redeweise steht die vermutlich älteste, noch vor-christologische Deutung des Ostergeschehens, wie Paulus sie in 1Kor 15,20 deutlich formuliert: ›Jetzt aber ist Christus von den Toten auferstanden, nämlich als Erstling der Entschlafenen‹. Mit der Auferweckung Jesu bricht die allgemeine Totenauferstehung an (vgl. Mt 27,51ff). Jesus durchbricht als erster die Grenze des Todes und wird damit der Erste, der in den neuen Äon eingeht. Und so wie er von Gott als der Erstgeborene aus der Totenauferstehung zu seinem ›Sohn‹ eingesetzt wurde (Röm 1,4), so hat Gott diejenigen vorher ersehen und bestimmt, die dem Erstling auf diesem Wege nachfolgen und seinem Abbild gleichgestaltet werden sollen, so daß er im kommenden Äon als der Erste mit vielen Brüdern Gottes Ehre preist.

Die in dieser Weise im Neuen Testament sonst unerhörte Rede von Jesus als dem Bruder unter Brüdern – Hebr 2,11ff denkt an die Menschwerdung, bei der Jesus zum ›Menschenbruder‹ wird (vgl. Mt 25,40; 28,10; Joh 20,17) – wird aus dem eschatologischen Hintergrund verständlich: Nicht ›er der Herr und wir die Brüder‹, sondern ›er der erste unter vielen Brüdern‹, eine Aussage, die freilich völlig mißverstanden wird, wo man den ›Bruder Jesus‹ für den Exponenten der Möglichkeiten des frommen Menschen hält. Er ist vielmehr darin der Erste, daß Gott durch seine Auferweckung ›urbildlich‹ dokumentiert, daß er entgegen allem menschlichen Tun in der Sünde das Werk seiner Hände nicht fahren läßt.

An dem Sinn des paulinischen Zusatzes in V. 29 und damit an dem paulinischen Verständnis der ganzen Kette V. 29f kann also kein Zweifel sein. Käsemanns Feststellung, es gehe um »die Gegenwart des Heils«, um die in der Taufe sich vollziehende »Teilnahme an seinem Sterben«, wobei der Finalsatz in V. 29 »unmißverständlich« herausstelle, »daß das bereits in unserer irdischen Existenz geschieht«[152], stellt die paulinische Intention der so interpretierten Passage auf den Kopf. Am Ende und auf dem Höhepunkt des eschatologischen Abschnitts stellt Paulus vielmehr fest, daß die Erwählten, die sich in der eschatologischen Heilsgemeinde der auf Jesu Namen Getauften zusammenfinden, mit Jesus und wie er von ihrem ›Leibe‹ erlöst und verklärt werden sollen, so daß sie im Lichte Gottes wandeln können. Es geht dem Apostel um jenen

Sachverhalt, den Paul Gerhardt (1607-1676) mit Hilfe andersartiger paulinischer Terminologie in die bekannten Verse faßte:

›Ich hang und bleib auch hangen
an Christo als ein Glied;
wo mein Haupt durch ist gangen,
da nimmt er mich auch mit.
Er reißet durch den Tod,
durch Welt, durch Sünd, durch Not,
er reißet durch die Höll,
ich bin stets sein Gesell.‹

Natürlich bestimmt dies Hoffnungsgut als Hoffnung bereits die Gegenwart, hat also »auch den Charakter einer gegenwärtigen Wirklichkeit, an welcher man durch Partizipation konkret teilhat, aber darin liegt eine Folge, nicht das Anliegen der Aussage selbst«[153].

In dem abschließenden ›die hat er auch verherrlicht‹, dessen perfektischer Sinn in der vorpaulinischen Katene nicht sicher zu bestimmen war, kommt überdeutlich zum Ausdruck, wie wenig Paulus das ›Schon jetzt‹ und das ›Noch nicht‹ zu scheiden gedenkt. In unerhörtem Vorgriff auf die eschatologische Vollendung definiert er den gegenwärtigen Stand der Kinder Gottes als den der Verherrlichung und die zukünftige Herrlichkeit als gegenwärtige – wenn auch noch nicht öffentlich offenbarte (V. 18f) – Daseinswirklichkeit der Glaubenden. Das ist Ausdruck höchster Gewißheit in Hoffnung: »alles steht längst fest und ist erledigt, auch wenn wir's noch nicht empfinden«[154]. Bis in die gegenwärtige Wirklichkeit des Christen hinein gilt: »Gott hat längst da Heil gesetzt, wo die vom Vorläufigen geblendeten Augen nur die Leiden und Unvollkommenheiten dieser Zeit sehen«[155].

Die unbedingte Hinsicht des Glaubens auf Gottes Handeln erlaubt solche Sicht der Gegenwart. Die *Wahrheit* der christlichen Existenz besteht nicht im Seufzen, sondern inmitten des Seufzens in der herrlichen Freiheit der Kinder Gottes. Das ›hat verherrlicht‹ greift also auf 7,25a und 8,2 zurück.

Rückblick

Ein Rückblick auf den Abschnitt ›Eschatologie‹ fördert Überraschendes zutage.

Paulus benutzt wiederholt Vorstellungen und Begriffe, die im engeren oder weiteren Umfeld der Apokalyptik angesiedelt sind. Dazu gehören die durchgehende Unterscheidung von ›dieser‹ und

›jener‹ Welt bzw. Zeit (vgl. V. 18); das Urteil über die vom Menschen verursachte Nichtigkeit der Schöpfung sowie deren Seufzen und ihre Wehen (V. 15-22); die Anschauung vom Heiligen Geist als der Gabe der End- bzw. Heilszeit (V. 23-26); die prädestinatianischen Züge, besonders die Berufung der Auserwählten (V. 28-30).

Dennoch kann nicht von einem apokalyptischen Text gesprochen werden. Es fehlt jeder Gedanke an eine Endkatastrophe, erst recht entsprechende Vorstellungen. Sogar das Endgericht und die Totenauferstehung werden nicht erwähnt. Angesichts des lehrhaften Charakters des ganzen Traktats läßt sich dies Manko nur schwer mit der Auskunft erklären, Paulus verfolge eine erbaulich-tröstliche Tendenz. Vollends versagt jene Auskunft angesichts der Beobachtung, daß auch der für apokalyptisches Denken bezeichnende und durchaus *tröstliche zeitliche* Aspekt (›es währt nicht lange‹) entfällt und die Parusie bzw. Wiederkunft Christi überhaupt nicht erwähnt wird, obschon sie für die Gemeinde des Tröstlichen nicht ermangelt (›Du kommst uns ja zum Segen‹; vgl. Phil 3,20; 4,5).

Das zuletzt genannte Manko muß besonders auffallen. Auch wenn sie nicht direkt ausgeschlossen wird, geht es nicht an, die Parusieerwartung als selbstverständliche Grundlage der paulinischen Ausführungen zwischen den Zeilen mitzulesen. Wir haben es in V. 18-30 (39) vielmehr mit einem eschatologischen Entwurf zu tun, der sich an der Parusie Jesu und den entsprechenden kosmischen und irdischen Vorgängen nicht orientiert.

Die Formulierungen des Apostels halten das, *was* erwartet wird und wie es erwartet wird, in einer merkwürdigen Unbestimmtheit. Schon in V. 11 hieß es ›lebendig machen‹ statt ›auferwecken‹, in V. 12 ›ihr werdet leben‹, in V. 17 wird vom ›Erbteil‹ gesprochen. Dann wird ›Verherrlichung‹ zum beherrschenden Stichwort (17.18.21.30), in dessen Rahmen Paulus von der ›Offenbarung der Söhne Gottes‹ (V. 19) spricht, von der ›Hoffnung‹ (V. 20.24), von der ›Freiheit der Kinder Gottes‹ bzw. der ›Befreiung aus der Knechtschaft der Vergänglichkeit‹ (V. 21), der ›Erwartung der Sohnschaft‹ und der ›Erlösung des Leibes‹ (V. 23).

Die Fülle dieser Wendungen fällt ebenso auf wie der durchgehende Verzicht auf Vorstellungen, zumal bei Einbeziehung der nahen Parallelen Gal 3,29-4,7; Eph 1,11 ff; Kol 1,11 ff. Dieser Verzicht ist kein Zufall, sondern entspricht der Aussage von V. 26, daß wir das unsichtbare Hoffnungsgut nicht zu bezeichnen wissen. Die Klimax V. 31-39 verstärkt den so beschriebenen Eindruck noch, weil sie das eschatologische Hoffnungsgut einfach ›alles‹ (V. 32) oder ›die Liebe Gottes‹ (V. 39) nennt.

Nun bedarf es nach allem Gesagten keiner Frage mehr, daß wir es in 8,18-30 mit einem »Modell der paulinischen Eschatologie« bzw. »einem Höhepunkt in der paulinischen Eschatologie« zu tun haben[155a].

Balz[155b] erklärt den besonderen Charakter der vorliegenden paulinischen Ausführungen folgendermaßen: »Röm 8,18-39 ist der späteste große und in sich geschlossene eschatologische Zusammenhang, den wir von Paulus erhalten haben. Im Unterschied von vergleichbaren Abschnitten (1Thess 4,13ff; 1Kor 15,12ff; 2Kor 5,1ff) ist es zugleich der einzige derartige Text, der nicht unmittelbar durch Anfragen oder Auseinandersetzungen geprägt wurde.«

Die zweite der von Balz genannten Beobachtungen trifft zweifellos zu, wenn auch anders und prinzipieller, als Balz meint, der 8,18-39 für den Abschluß eines in Röm 1,18 beginnenden grundsätzlichen theologischen Gedankenganges hält, den Römerbrief als ›dogmatisches‹ Dokument mißverstehend. Die zuerst genannte Beobachtung muß aufgrund unserer Einsichten dahingehend modifiziert werden, daß 8,18-39 tatsächlich (mit 7,17-8,17) ein sehr *früher* paulinischer Text ist, den Paulus freilich ohne tiefgreifende Änderung in späterer Zeit – Röm A ist allerdings nicht der späteste, sondern ein relativ früher Brief des Apostels; s. S. 11f – nach Rom senden konnte. Wir haben es in 8,18-30 (39) also mit einem ›zeitlosen‹ und insofern mit einem ›grundsätzlichen‹ Modell paulinischer Eschatologie zu tun, wie auch die Parallelen Gal 3,29-4,7; Eph 1,11ff; Kol 1,11 zeigen.

Während Balz von seinem Ansatz aus offenbar damit rechnet, daß der eschatologische Abschnitt V. 18-30 (39) als ein ›reifer‹, abschließender Entwurf paulinischer Eschatologie zugleich ihr sachlicher Höhepunkt sei, der andere Aussagen des Apostels in gewisser Weise hinter sich läßt, müssen wir richtiger davon ausgehen, daß uns in V. 18-30 (39) die *Substanz* der paulinischen Eschatologie begegnet, der sich andere (und nicht immer widerspruchsfreie) Aussagen mehr oder weniger stark apokalyptischer Provenienz (z.B. in 1Kor 15; 1Thess 4,13ff), darunter auch die konkrete Parusieerwartung und die Auferstehungsvorstellung, in nicht zwingender und unlösbarer Verbindung anschließen.

Das Verständnis des Christusgeschehens als eschatologischem Heilsgeschehen und die entsprechende Deutung der Gegenwart als Anbruchszeit des Heils – also das Evangelium, wie es gerade in 8,2-17 entfaltet wird – führten zu einem grundsätzlichen Bruch mit der Apokalyptik, welche die paulinische Theologie nicht mehr konstituiert, sondern nur mit einzelnen ihrer Motive den eschatologischen Vorbehalt trägt, der zum gegenwärtigen Heil selbst konstitutiv hinzugehört. »Die präsentische Theologie mit ihrer Orientierung am Christusgeschehen ist das entscheidende Interpretament, das jedoch ohne seine traditionellen futurisch-eschatologischen Dimensionen in seiner Intentionalität beschnitten wird«[155c]. Die apokalyptische Naherwartung gehört von Anfang an zum Variablen der paulinischen Theologie; ihre vom Gang der Geschichte erzwungene Eliminierung berührt deshalb Grund und Mitte der paulinischen Theologie nicht..

Begrifflichkeit wie Gedankenführung des vorliegenden Traktats lassen erkennen, daß jene ›Zertrümmerung‹ der Apokalyptik, von der die paulinische Theologie bestimmt wird, nicht ohne Begegnung mit dualistisch-enthusiastischer Religiosität erfolgte. Die aus solcher Begegnung erwachsene christliche Theologie ist freilich kein synkretistisches Produkt aus jüdischer Gnosis und jüdischer Apokalyptik, wie sie sich vordergründigem Urteil darstellen mag, sondern eine durchaus eigenständige und originale Deutung von Welt und Geschichte.

Eine gewisse Nähe zur johanneischen Theologie, die sich schon zu 8,3 (Sendung des Sohnes) dem Betrachter aufdrängte, läßt sich nicht verkennen; der in V. 18-30 (39) vorliegende eschatologische Entwurf ist weder kosmologisch noch auch im engeren Sinn eschatologisch, sondern stärker individualisierend. Dem kann man die Beobachtung hinzufügen, daß auch sonstige ekklesiologische Motive wie z. B. Taufe und Abendmahl – analog zum Johannesevangelium – in der ganzen vorliegenden ›Dogmatik des Paulus‹ nicht ausdrücklich in den Blick treten. Die Verwandtschaft im ›Dualismus‹ liegt ohnehin am Tage. Die Parusieerwartung fehlt hier wie dort. Angesichts dessen, daß der Grundzug der johanneischen Theologie schon vor der Bekehrung des Paulus ausgeprägt war und jene Gemeinde (mit)prägte, der sich Paulus anschloß[155d], weisen auch diese Beobachtungen den Traktat 7,17-8,39 in eine relativ frühe Periode paulinischen Denkens.

6. Klimax

8,31-39

(31) *Was wollen wir nun dazu sagen?*

(32) *Wenn Gott für uns ist, wer könnte dann gegen uns sein? (32) Wie sollte er, der seinen eigenen Sohn nicht verschonte, sondern ihn für uns alle dahingab, uns mit ihm nicht alles schenken?*

(33) *Wer will gegen die Auserwählten Gottes Anklage erheben?*
Gott spricht gerecht!
(34) *Wer will sie verurteilen? Christus Jesus ist gestorben, mehr: er*
ist auferweckt, sitzt zur Rechten Gottes und tritt für uns ein!
(35) *Wer will uns von der Liebe Christi scheiden? Not oder*
Bedrängnis oder Verfolgung oder Hunger oder Nacktheit oder
(36) *Lebensgefahr oder Hinrichtung – (36) entsprechend dem*
Schriftwort (Ps 44,23): ›Um deinetwillen werden wir den
ganzen Tag in den Tod gegeben; wir werden wie Schlacht-
(37) *schafe behandelt‹? (37) Aber über das alles behalten wir den*
vollen Sieg durch den, der uns geliebt hat!

(38) *Denn ich bin ganz gewiß: Weder Tod noch Leben, weder*
Engel noch Mächte, weder Gegenwärtiges noch Zukünftiges,
(39) *keine Gewalten: (39) weder Höhe noch Tiefe noch irgendeine*
andere Kreatur, kann uns von der Liebe Gottes scheiden, die
er uns in unserem Herrn Christus Jesus erzeigt hat.

›Was wollen wir nun dazu sagen‹ (V. 31 a) zeigt den Neuansatz des Gedankens an (vgl. 3,5; 4,1; 6,1.15; 7,7; 9,14.30). Diese Übergangswendung stammt aus den Lehrvorträgen der Popularphilosophen.

Worauf aber bezieht sich das ›dazu‹? Nicht auf alles bisher im Römerbrief Gesagte[156]; denn 8,31-39 steht in keinem wesentlichen Bezug zu dem zentralen Thema des Briefes Röm A, wie es nach der Themenangabe 1,16f in 1,18-7,16 entfaltet wird: Die Universalität des Heils, die Gleichheit von Juden und Heiden angesichts der Sünde und angesichts der Glaubensgerechtigkeit. Auch nicht auf das seit 5,1 oder 5,12 Gesagte, wie viele Ausleger[157] meinen; denn diese Abgrenzung innerhalb des Römerbriefes ist willkürlich; 5,1 stellt nur scheinbar, 5,12 in keiner Weise einen thematisch neuen Ansatz dar (s. S. 12). Erst recht ist es willkürlich, V. 31-39 einerseits 8,1-30 resümieren, andererseits Kap. 5-8 abschließen zu lassen[158]; denn weder in 5,1 noch in 8,1 beginnt ein bis 8,39 reichender Abschnitt des Römerbriefes.

Mit der Formel ›Was wollen wir nun (dazu) sagen‹ rekurriert Paulus an den meisten anderen Stellen des Römerbriefs auf einen Einwand seiner Gesprächspartner gegen zuletzt Gesagtes. In 3,5; 6,1.15; 7,7.(13); 9,14.19 wird dieser Einwand direkt ausgesprochen; in 4,1 läßt er sich leicht erschließen. Setzt man an unserer Stelle ein ähnliches Argumentationsverfahren voraus, bezöge sich die Frage in V. 31 a unmittelbar auf die voranstehenden ›prädestinatianischen‹ Aussagen zurück. Wir müßten dann aus der Antwort des Paulus in V. 31 b-32 den unausgesprochenen Einwand erschließen: Ist Gott frei und willkürlich in seiner Berufung, dann gibt es keine Heilsgewißheit mehr (vgl. 9,14.19); wer weiß, ob er uns nicht morgen verwirft?! Diesem Einwand hatte Paulus schon mit dem proleptisch-perfektischen ›. . . die hat er auch verherrlicht‹ am Ende von V. 30 vorgebeugt. In V. 31 f weist er ihn auch argumentierend zurück: Gott hat sich in seiner Freiheit selbst uns gegenüber gebunden; gibt er Jesus für uns hin, wie sollte er uns mit ihm nicht *alles* schenken? Gott hat uns in Jesus Christus und damit ein für allemal berufen.

Freilich wird jener Einwand nicht ausgesprochen. Darum dürfte das ›Was sollen wir nun dazu sagen‹ zumindest gleichgewichtig den deutlichen Abschluß bzw. die Klimax des ganzen dogmatischen Traktats 7,17-8,39 bilden, der mit dem Thema ›Eschatologie‹ in 8,18-30 ersichtlich zu seinem Ziel gekommen war und der um jene zentrale christologische Bekenntnisaussage kreiste, die sich bereits in V. 3 fand und die nun in V. 32 wieder aufgenommen wird. Insofern bezieht sich das ›dazu‹ auf den ganzen Traktat zurück.

War bisher der Heilsweg in einzelnen Etappen entfaltet worden, so wird nun in abschließender Klimax der Stand im Heil beschrieben. Was ist mit dem bisher Gesagten im Blick auf das ›Heute‹ des Christen gesagt? Wie stellt sich unsere Situation hier und jetzt da? Was gilt an unserem Ort zu unserer Zeit?

Dogmatik ist für Paulus keine Rede über Sachverhalte, die man zur Kenntnis nehmen kann, sondern Orts- und Zeitangabe für den Menschen. Dogmatik weist den Menschen in die Wahrheit seines Daseins ein. Dogmatik lädt ein, im eigentlichen Sinn des Wortes ›Stellung‹ zu beziehen.

Die Argumentation in V. 31-39 wird zeigen, inwiefern Paulus den gegenwärtigen Ort des Christen in Frage stehen sieht. Noch stehen die letzte Anklage und das letzte Urteil aus. Noch sind wir in den Anfechtungen des alten Äons unterwegs. Kann der Christ angesichts dessen seines gegenwärtigen Standes gewiß sein? Werden das ›gerechtfertigt‹ und das ›verherrlicht‹ unter allen Umständen Bestand haben? Schließt das gegenwärtige Heil das zukünftige in sich ein, oder ist es nur Hinweis auf künftig *mögliches* Heil? Ist das Heilsgeschehen, in dem die Christen stehen, Verheißungsgeschehen mit ungewissem Ausgang, oder ist es das unwiderrufliche Geschehen des Heils selbst? An dem gegenwärtigen Stand der Gemeinde im Heil besteht kein Zweifel: Gott ist für uns (V. 31 b)! Aber handelt es sich dabei um den augenblicklichen Stand in einem flüchtigen Heil oder um das eschatologische Heil selbst? Ist die

Zeit des Glaubens eine Zeit der gelassenen Gewißheit oder der ungesicherten Hektik?
Das sind die Fragen, die Paulus abschließend stellt, um dogmatisch zu antworten: Wenn Gott für uns ist, kann niemand und nichts mehr gegen uns sein.

Die ›Form‹ von V. 31-39

Über die Form der Verse 31-39 wird bis heute viel gerätselt. »Inhaltlich haben wir ein schwer zu gliederndes Gebilde vor uns«[159]. Daß Paulus in starkem Maße auf Traditionen zurückgreift, wird die Auslegung im einzelnen zeigen: Bekenntnissätze, Kataloge der Leiden und Mächte, alttestamentliche Zitate und Anspielungen. Wie aber ordnet er diese Traditionen an, ein und einander zu? Wie läuft der Gedankengang? Wie sind V. 31-39 zu gliedern? Welche Form hat das Stück, das Ziel und Höhepunkt der ganzen ›kleinen Dogmatik‹ 7,17-8,39 darstellt?
Man hat V. 31-39 oft als Hymnus oder als »hymnisches Ganze«[160], aber auch als ›Doxologie‹[161] bezeichnet. Dagegen wurde mit Recht Einspruch erhoben. Zwar liegen »gewiß hymnisierender Stil und Anlehnung an Bekenntnisformulierungen« vor, aber »das Spiel von Frage und Antwort, Einwänden und deren Abweisung beweist, daß wieder christliche Diatribe . . . geboten wird«[162]. In der Tat haben wir es mit einem Text zu tun, der stärker argumentativ als lobpreisend vorgeht. Dabei greift Paulus aber nicht nur im einzelnen – z. B. in dem Schema von rhetorischer Frage und Antwort – auf den Stil der kynisch-stoischen Diatribe zurück. Er baut auch den ganzen Abschnitt nach einem in der Diatribe geläufigen Muster auf[163].
In diesem Schema stellt der Redner zunächst eine These, eine Behauptung auf, den *Basissatz,* der durchweg der Tradition entnommen wird. Dieser Basissatz wird dann expliziert, diskutiert und im Feuer von Einwänden gehärtet (*Diskussion,* Explikation), so daß er am Ende noch einmal, nun aber neu begründet und als Totalitätsaussage gefaßt (›alles‹, ›nichts‹), wiederholt wird (Fazit, *Resümee).*
Ein Beispiel aus der Diatribe mag das Schema erläutern:

Basissatz:	Wer ist also der Unüberwindliche? Der, den keine Dinge, die außerhalb seines Wollens liegen, außer sich bringen können!
Diskussion:	Wie ich einen Athleten beobachte, so will ich hinfort jeden der Umstände genau beobachten. ›Dieser hat sich

	beim erstenmal tapfer gehalten. Wie wird er sich beim zweitenmal halten? Wie bei großer Hitze? Wie in Olympia?‹ Ebenso frage ich auch sonst: Wirfst du jemand ein Silberstück hin, so wird er es verachten. Wie aber verhält er sich bei einem netten Mädchen? Wie im Dunkeln? Wenn ihm Ehre winkt? Wenn er gelästert wird? Wenn man ihn lobt? Wenn ihm der Tod naht?
Resümee:	Dies alles vermag er zu überwinden! Was macht *ihm* Hitze aus, d.h. Trunkenheit? Was Melancholie? Was Schlaf? Dieser Mensch ist für mich der unbesiegbare Athlet. (Epiktet Diss I 18,21-23; vgl. III 20,4-6; IV 3,1-3)

Paulus schließt sich diesem bei Epiktet ganz geläufigen Schema mehrmals deutlich an, z.B. in 1Kor 3,18-23; 8,4-6; Gal 3,26-28. Man vergleiche insbesondere 1Kor 9,19-22 (vgl. Röm 7,17-20):

Basissatz:	Als Freier habe ich mich allen in allem zum Knecht gemacht, um möglichst viele zu gewinnen.
Diskussion:	Ich bin den Juden ein Jude geworden, um Juden zu gewinnen; denen unter dem Gesetz einer unter dem Gesetz (obschon selbst nicht unter dem Gesetz), um die unter dem Gesetz zu gewinnen; denen ohne Gesetz einer ohne Gesetz (obschon nicht ohne Gottes Gesetz, sondern unter dem Gesetz Christi), um die ohne Gesetz zu gewinnen. Den Schwachen gegenüber wurde ich schwach, um die Schwachen zu gewinnen.
Resümee:	Allen bin ich alles geworden, um auf alle Weise welche zu gewinnen.

Auch in V. 31-39 liegt dieses Argumentationsmuster zugrunde.
Nach der diatribenhaften Einleitung V. 31 a folgt der aus der Tradition genommene Basissatz in doppelter Gestalt (V. 31 b-32). Daran schließen sich im für die Diatribe typischen Stil von Frage und Antwort drei Einwände an, jeweils mit ›Wer will . . .‹ eingeleitet, die diskutiert werden und den Basissatz explizieren (V. 33.34. 35-37). V. 38-39 schließlich resümiert die Diskussion, den Basissatz wieder aufnehmend, und zwar mit der für das Resümee bezeichnenden Steigerung ›*nichts* kann uns scheiden . . .‹.
Daß dabei schon V. 35-37 einzelne Motive enthält, die das abschließende Resümee vorbereiten, stellt diesen Aufbau nicht in Frage, sondern unterstreicht die in dieser diatribischen Form angelegte Klimax.
Die Einsicht in diesen vorgeprägten Aufbau des ganzen Abschnitts, verbunden mit der Erkenntnis, daß Paulus bei der Gestaltung des Argumentationsschemas in freiem Zugriff auf verschiedenartiges

traditionelles Gut zurückgreift, erledigt andere Versuche der Gliederung. Oft teilt man vier Strophen ab (31b-32; 33-34; 35-36; 37-39), eine sowohl vom Aufbau wie vom Inhalt her künstliche Gliederung. Auch die Abtrennung von zwei Strophen (31b-34; 35-39)[164] wird dem Text nicht gerecht. Erst recht ist der phantasievolle und willkürliche Versuch abzuweisen, aus V. 31-39 ein vierteiliges katechetisches Formular zu rekonstruieren, das von Paulus aufgenommen und bearbeitet worden sei[165]; er hat weder form- noch traditionsgeschichtliche Gründe für sich.

Der Basissatz V. 31b-32

Bei dem grundlegenden thetischen Satz V. 31b handelt es sich natürlich um eine *rhetorische* Frage. Wenn Gott für uns ist, kann niemand gegen uns sein! Dabei räumt das ›Wenn ...‹ keine Möglichkeit ein, sondern konstatiert eine dem Christen gewisse Wirklichkeit, wie die Erläuterung der These V. 32 zeigt: Gott *ist für uns*, denn er hat seinen eigenen Sohn nicht verschont, sondern ihn für uns alle dahingegeben.

Die Begründung V. 32 erinnert an die Geschichte von der Opferung Isaaks, besonders an 1Mose 22,16, und es ist nicht ausgeschlossen – freilich auch nicht ausgemacht – daß diese alttestamentliche Erzählung Paulus mit vor Augen steht. Man sollte sich allerdings hüten, psychologische Kategorien, die sich bei der Abraham-Erzählung einstellen mögen, ohne weiteres auf die paulinische Erörterung in V. 32 zu übertragen: »Der Schmerz der Vaterliebe offenbart die Größe des Opfers«[166]. Das spricht Paulus zumindest nicht aus, und es bleibt zweifelhaft, ob er derartige Gedanken mit dem in V. 32 verwendeten traditionellen christologischen Material assoziiert, zumal eine in dieser Weise psychologisierende Auslegung sich der entsprechenden psychologischen Frage stellen müßte, wie groß denn der Schmerz des Vaters sein kann, wenn er doch den Sohn in der Auferstehung sofort wieder aus dem Tode zurückholt.

So empfiehlt es sich, das in V. 32 beschriebene Heilsgeschehen stärker objektivierend zu betrachten.

›Sohn‹ ist dann primär Titel, der eine *funktionale* Beziehung zum Vater aussagt, nicht aber eine Verwandtschaftsbezeichnung, die emotionale Empfindungen weckt (vgl. V. 3). ›Sohn Gottes‹ heißen z. B. im Alten Testament die Könige, die Gottes Volk regieren (vgl. Ps 2,7); von Gott Beauftragte und von seinem Geist getriebene Männer gelten auch im Hellenismus als ›Söhne Gottes‹; vielleicht

bezeichnete das Judentum auch den kommenden Messias als ›Sohn Gottes‹; die römischen Kaiser lassen sich seit der neutestamentlichen Zeit, orientalischer Übung folgend, zunehmend als ›Sohn Gottes‹ verehren.
Der Titel ›Sohn Gottes‹ weist also vornehmlich auf die *Funktion* dessen hin, der diesen Titel trägt; vgl. Mk 9,7: ›Dies ist mein geliebter Sohn; auf ihn sollt ihr hören.‹ Es handelt sich um die Funktion des Offenbarers. ›Niemand hat Gott jemals gesehen; der einzige Sohn, der in dem Schoß des Vaters ist, der hat uns Kunde gebracht‹ (Joh 1,18). Dabei hat die häufige Beifügung: eingeborener, einziger, geliebter, einziggeliebter, ›eigener‹ (V. 32) Sohn den Sinn, die Exklusivität dieser offenbarenden Selbst-Kundgebung Gottes auszudrücken. Jesus gehört nicht in die Reihe vieler ›Söhne Gottes‹; er ist vielmehr *der* Sohn, d. h. der einzige Ort der Offenbarung Gottes bzw. der Ort seiner definitiven Offenbarung. Die törichte Frage, ob Gott auch mehrere Söhne haben könnte, muß deshalb verneint werden; Gott kann nicht in Widerspruch zu sich selbst bzw. zu seiner Offenbarung treten.
Der Vorgang der Offenbarung vollzog sich V. 32 zufolge in der Weise, daß Gott seinen Sohn nicht verschonte, sondern ihn für uns alle dahingab. Wie stark auch immer bei dieser Aussage die Anklänge an den Septuaginta-Text von Isaaks Opferung 1Mose 22,16 sein mögen: die Formulierung des Paulus wird *beherrscht* von der christologischen Dahingabe-Formel. Von der ›Dahingabe für uns‹ redete bereits das Gottesknechtslied Jes. 53,6.12. Aufgrund dieser jesaianischen Stelle, die im frühen Christentum als messianische Weissagung verstanden wurde, deutete die urchristliche Theologie das Christusgeschehen als ›Dahingabe für uns‹.
Die entsprechenden Formeln sind insofern stereotyp, wenn sie im übrigen auch eine große Mannigfaltigkeit aufweisen: Gott liefert Jesus aus (Röm 4,25; 8,32); Jesus liefert sich selbst aus (Gal 1,4; 2,20; Eph 5,2); die Menschen liefern Jesus aus (Judas: Mk 14,42; Pilatus: Mk 15,15). Jesus wird ausgeliefert in die Hände der Sünder (Mk 14,41), an das Kreuz (Mk 15,15), für unsere Sünden (Röm 4,25), für uns (Röm 8,32; Eph 5,2), für mich (Gal 2,20).
Die Vielfalt der näheren Bestimmungen der geläufigen Dahingabeformel warnt einerseits davor, eine *genaue* Vorlage des Paulus rekonstruieren zu wollen, andererseits davor, die formelhafte Wendung in V. 32 mit zuviel spezifischen Vorstellungen zu füllen. Paulus meint zweifellos mit ›Dahingabe‹ nichts anderes, als er in 8,3 mit Hilfe der Sendungsformel ausdrückte, so daß das dort Gesagte im Prinzip auch für unsere Stelle gültig bleibt: Gott selbst erniedrigt sich in Jesus Christus und liefert sich – für uns – der tiefsten

menschlichen Verlorenheit aus. Gott gibt nicht dies oder jenes – er gibt sich selbst. Er stellt sich selbst ganz auf die Seite des Sünders. Mehr kann er nicht geben, mehr nicht tun. In der Hingabe des Sohnes zeigt Gott, daß er nicht gegen, sondern für uns ist. Es gibt keine menschliche Höhe und Tiefe, in die Gott sich nicht hineinbegeben hätte, so daß niemand ohne Gott – d. h. im Tode – bleiben muß: ›Gott liebt die Welt so sehr, daß er seinen einzigen Sohn gab, damit jeder an ihn glauben kann und nicht verlorengeht‹ (Joh 3,16). Wer glaubt, erkennt die ›Dahingabe‹ des Sohnes als für ihn geschehen an und bekennt damit Gott als den Grund und Ursprung seines Lebens. Wer glaubt, läßt Gott seinen Gott sein, weil er begreift, daß Gott in Jesus Christus sich selbst für uns hingegeben hat und also für den ist, gegen den er sein müßte.

Das Geheimnis dieser Soteriologie liegt nicht in einer wie auch immer zu konstruierenden Sühnetheorie, sondern in dem *pro nobis* (für uns) der Verkündigung Jesu Christi. Das Geheimnis der Heilstat Gottes in Christus ist insofern nicht metaphysischer, sondern existentieller Art. Die *Wahrheit* der ›Dahingabe‹ des Sohnes erschließt sich nicht der Logik, sondern dem Gehorsam des Glaubens. Wer das ›für dich‹ Gottes so hört, daß er darin sich selbst empfängt, versteht ›ohne weiteres‹ das Geheimnis der Erlösung. Die existentiell erfahrene *Wahrheit* des ›für uns‹ trägt die *Wirklichkeit* und die *Möglichkeit* des Erlösungshandelns Gottes bei sich – nicht umgekehrt.

Gibt Gott sich aber selbst hin, was sollte er uns dann vorenthalten? Schenkt er sich uns selbst in seinem Sohn, wie sollte er uns mit ihm nicht alles schenken? Ist Gott für uns, wer könnte dann noch gegen uns sein? Das Heil in Christus ist eschatologisches Heil!

In dem griechischen Wort für ›schenken‹ klingt in einer für die deutsche Sprache unnachahmlichen Weise der für Paulus so wichtige Begriff ›Gnade‹ mit (*charis* = Gnade; *charizein* = schenken; *charisma* = Gnadengabe). Darauf liegt im vorliegenden Zusammenhang zwar nicht der Ton, aber man darf auch nicht überhören, daß Paulus aus seiner ganzen Dogmatik kein anderes Fazit ziehen kann als ein in der Gnade begründetes. Gott gibt alles – als Geschenk, aus Gnade. Der Stand des Glaubenden ist ein Stand in der Gnade und darum ein für alle Zukunft gewisser Stand.

Denn dieser Stand in der Gnade, den Paulus in V. 31f beschreibt, kennt kein Wenn und Aber: Gott ist für uns – nichts ist mehr gegen uns. *Das* haben wir ›dazu‹ zu sagen, nämlich zu dem, was über die ›Erwählung‹ des Sünders, d. h. über die Sünde, über die Erlösung, über die Ethik und über die Eschatologie von Paulus dargelegt wurde. Was jetzt zählt, sind nicht mehr die langen Schatten der

Vergangenheit, in der nicht ich handelte, sondern die in mir wohnende Sünde; ist nicht die Frage, was *wir* von der Freiheit von Sünde und Tod schon ergriffen haben; hängt nicht davon ab, wie weit ich meine Schuldigkeit tue und nicht ›nach dem Fleisch‹ lebe; wird nicht aus den Seufzern hörbar, die angesichts der Leiden dieser Zeit das ›Noch nicht‹ ansagen. Weder das eigene Herz noch die widrigen Umstände bestimmen den Stand der Christen in der Welt – dann wäre dieser Stand sehr unsicher –, sondern das Urteil Gottes, der sich in freier Gnade für uns erklärt hat. Nicht die Last der Vergangenheit, nicht die Nöte der Gegenwart, nicht die Sorge um die Zukunft, auf diesen Augenblick konzentriert, bestimmen den Augenblick, sondern das Ja Gottes zu uns inmitten aller bedrängenden Mächte.

Was von dem, das gegen uns ist, könnte dann noch gegen uns sein? »Darum wenn Gott für uns kämpft, so zittern wir vor keinem Angriff«[167]. Nicht das Gewesene: das Gelungene und das Mißlungene, das Ehrenvolle und das Beschämende, das Erreichte und das Versäumte; auch nicht das Kommende: das Erhoffte und das Befürchtete, das zu Besorgende und das zu Vermeidende, das Glück und das Unglück; und nicht das uns gegenwärtig Verfügbare, ob es uns bedrängt oder befreit – nichts von alledem markiert letztlich Ort und Zeit unseres Daseins als Christen und bestellt definitiv das Haus, in dem wir wohnen.

Nur daß Gott mit uns ist, wo wir uns auch befinden mögen, führt uns zu uns selbst. Was *wir* sind, ist in *Gottes für uns* beschlossen. ›Ich lebe, aber nicht mehr ich, Christus lebt in mir. Was ich jetzt im Fleisch lebe, lebe ich im Glauben an den Sohn Gottes, der mich geliebt hat und sich für mich dahingab‹ (Gal 2,20). Ich bin, weil ich das bin, was ich nicht bin. Dies meint das perfektische ›gerechtfertigt‹ von V. 30: Ich darf mich annehmen und ansehen als den, der von Gott angesehen und angenommen ist. »Der alte Äon ist rebellisch, drohend und pervertiert noch vorhanden, so daß die Christen die Angefochtenen sind. Umgekehrt vermag keine Kreatur etwas gegen ihren Herrn und die sich zu ihm Haltenden, von ihm Gehaltenen«[168].

Die Diskussion V. 33-37

Mit V. 33 beginnen im typischen Stil der Diatribe die in Fragen gekleideten Selbsteinwände, die mitsamt der jeweiligen Antwort zur Vergewisserung der in V. 31b-32 ausgesprochenen These dienen. Dabei tritt der schon genannte Aspekt deutlich hervor: Werden in der Zukunft nicht Mächte und Wirklichkeiten auftreten, die das jetzt gegebene Heil in Frage stellen können?

Die beiden ersten Stücke (V. 33 und V. 34) hängen formal und inhaltlich relativ eng zusammen und unterscheiden sich dadurch deutlich von dem umfangreicheren dritten Stück V. 35-37. Das dürfte u. a. darauf zurückzuführen sein, daß sich in Jes 50,8f eine gewisse Vorlage für V. 33f findet. Dort spricht der Gottesknecht, der ›sein Angesicht nicht vor Schmach und Speichel verbarg‹, unter anderem:

›Nahe ist, der mich gerecht gesprochen hat; wer will mich verurteilen?
...
Siehe, der Herr hilft mir; wer will mir Böses tun?‹

Paulus unterscheidet offenbar überlegt zwischen der *Anklage* gegen die ›Auserwählten Gottes‹ – er greift auf Begrifflichkeit und Vorstellungswelt von V. 28b-30 zurück – und ihrer *Verurteilung*. Die Tatsache, daß in dem Rechtsverfahren Christus Jesus als Fürsprecher auftritt (V. 34), läßt erkennen, daß der Apostel in V. 33f an die Anklage vor dem himmlischen Gerichtshof und an das eschatologische Urteil denkt (vgl. 2Kor 5,10), beides in mythologischer Anschaulichkeit vorgestellt. Der Gedanke ist: Gibt es selbst vor dem Gericht Gottes keine erfolgreiche Anklage und keine wirksame Verurteilung, so gibt es überhaupt keine Verdammnis für die, welche in Christus Jesus sind (vgl. 8,1):

›Strick ist entzwei,
und wir sind frei;
des Herrn Name steht uns bei,
des Gotts Himmels und der Erden.‹ *(Martin Luther)*

V. 33: Die Anklage

Steht es so, dann liegt es nahe und ist sinnvoll, sich den Satan selbst als Ankläger vorzustellen. Als solcher fungiert er im Judentum der neutestamentlichen Zeit (vgl. schon Hiob 1,9ff; 2,1ff; Sach 3,1ff). In *seiner* Anklage steht nicht dies oder jenes von unserem Tun zur Entscheidung an. Der Satan klagt uns selbst an, und damit klagt die personifizierte Sünde ein, was sie für sich (durch das Gesetz) gewonnen hat (7,17-20.21-23). Der Satan reklamiert für sich, was ihm gehört. Muß *er* auf sein Recht verzichten, gibt es trotz Gesetz, Sünde und Tod keinen Ankläger mehr.
Er aber *muß* auf sein Recht verzichten. Nicht deshalb, weil seine Anklage auf Sand gebaut wäre: der Sünder gehört in der Tat nicht mehr sich selbst, sondern dem Vater der Sünde (7,17-20)! Der Mensch kann dieser Anklage also nicht unrecht geben. Aber der Satan klagt vor dem Gott an, der rechtfertigt! Er bringt seine Anklage vor den Richter, der *für* den Menschen – den Sünder – ist

und sein Geschöpf nicht in der Hand des Satans ließ, sondern, in Christus die Sünde verurteilend (8,3), den Menschen gerecht spricht. Darum verfängt eine Anklage gegen die Kinder Gottes nicht, mag sie auch gegen diejenigen Menschen allzumal zum Ziel führen, die recht behalten, sich aber nicht rechtfertigen lassen wollen. Der Auserwählte (V. 29f)

›. . . darf kein Gerichte scheuen,
wie sonst ein Sünder tut.‹ *(Paul Gerhardt)*

Dabei ist bemerkenswert, daß der Begriff ›rechtfertigen‹ (ähnlich wie in V. 30) rein forensisch gebraucht wird. Das hängt nicht nur mit der Aufnahme von Jes 50,8 zusammen, sondern weist darauf hin, daß der Gedanke von V. 33 die systematische Ausgestaltung der paulinischen Rechtfertigungslehre noch nicht voraussetzt. Das bestätigt die Vermutung, der vorliegende dogmatische Traktat sei relativ frühen Ursprungs.

V. 34: Der Richter

Aber noch mehr! ›Wer will verurteilen‹! Der Satan klagt an – Gott wird urteilen. Kann der Apostel dem Urteil Gottes vorgreifen? Behält Gott nicht die Freiheit, lebendig zu machen und zu töten? Bleibt er nicht der verborgene, rätselhafte, richtende Gott? Paulus wagt zu antworten: Nein! Er appelliert Gott dem Richter gegenüber an – Gott, nämlich an Gottes verbindliche Heilstat. In Jesus Christus hat Gott sich selbst gebunden. Das Handeln des sich eschatologisch offenbarenden Gottes kann gegen alle Gottesbilder ins Feld geführt werden, mögen sie noch so richtig sein: Christus Jesus ist gestorben! Dahinter kann auch Gott nicht zurück, weil er nicht dahinter zurück will.

Paulus spricht die Sprache der frühchristlichen Bekenntnisse in der knappest möglichen Form (vgl. V. 3; 1Kor 15,3). »Den Reichthum dessen, was der Glaube an Christo hatte, in bestimmte Formeln zusammenzufassen, war seinen Anhängern schon früh Bedürfniß«, beobachtete bereits David Friedrich Strauß[169]. Soteriologische Theorien über die Wirkungsweise des Todes Jesu anzustellen ist in diesem Zusammenhang nicht nötig und nicht möglich (s. S. 93ff). Schon die Erwägung, daß Gott den Sünder nicht mehr verurteilen kann, weil er Jesus Christus für uns verurteilt hat (stellvertretende Hingabe), geht vermutlich über das von Paulus an der vorliegenden Stelle konkret Gedachte hinaus. Das kurze Bekenntniszitat ruft einen urchristlichen Konsensus in Erinnerung: Das Kreuz Jesu, wie auch immer im einzelnen gedeutet, bedeutet Gottes ›Ja‹ zu dem mit Recht angeklagten Sünder, und dieses ›Ja‹ ist unwiderruflich.

Das ›mehr: er ist auferweckt‹ gibt dieser Unwiderruflichkeit Ausdruck. Paulus meint natürlich nicht, daß die Auferweckung Jesu, soteriologisch gesehen, mehr sei als sein Tod. Tod und Auferweckung bilden als Heilsgeschehen eine Einheit. Karfreitag wäre ohne Ostern unverständlich, Ostern wäre ohne Karfreitag leer. Das ›mehr‹ weist aber auf eine bestimmte *Dimension* dieses Heilsgeschehens hin: Der Gekreuzigte sitzt als Auferstandener ›zur Rechten Gottes‹ und tritt dort für uns ein. Das Geschehen des Kreuzes wird also nicht überholt, revoziert, vergessen.

Wiederum greift Paulus auf formelhafte Wendungen der urchristlichen Bekenntnistradition und zugleich auf mythologische Vorstellung zurück. Das ›Sitzen zur Rechten Gottes‹ stammt aus Ps 110,1. Diese Vorstellung diente der Urchristenheit als wesentliches Interpretament des Ostergeschehens, wie z. B. Mk 14,62; 16,19; Kol 3,1; 1Petr 3,22; Eph 1,22; Apg 7,55 zeigen, und weist wie auch der Titel ›Sohn Gottes‹ selbst auf die Funktion des Gekreuzigten hin: *Er* ist Gottes rechte Hand, das der Welt zugewandte Angesicht Gottes. Gott regiert sein Volk durch den Gekreuzigten. Wer nach Gott fragt, erhält die Antwort im Angesicht Jesu Christi; wer Jesus Christus sieht, begegnet Gott.

Im vorliegenden Zusammenhang verbindet Paulus mit dieser grundsätzlichen Aussage des Bekenntnisses die spezifische Vorstellung vom Fürsprecher vor Gottes Angesicht, und um diese Vorstellung geht es ihm vornehmlich.

Der Fürsprecher ist nicht der Anwalt des Unschuldigen, sondern der Helfer des Schuldigen, wie die verwandten Aussagen 1Joh 2,1 und Hebr 7,25 zeigen. Der Glaubende hat vor dem Gericht Gottes einen Fürsprecher, dem auch Gott nicht widersprechen kann; denn er bringt Gottes eigenes Tun vor Gottes Angesicht. Er appelliert an den Gott, der ihn in den Tod dahingab, weil er für den Menschen war; wie sollte er nun gegen diesen sein, ihn verurteilen können. Der Fürsprecher spricht also mit Gottes eigenen Worten. Er braucht darum Gott nicht mehr zu bestimmen, sein Verdammungsurteil zu unterlassen. Er ist selbst dies unterlassene Urteil in Person, und wer an ihn glaubt – die ›Auserwählten Gottes‹ –, weiß darum bestimmt, daß niemand ihn verurteilen kann. Denn wer will verurteilen, den Gott freigesprochen hat?

›Nichts, nichts kann mich verdammen,
nichts nimmt mir meinen Mut:
die Höll und ihre Flammen
löscht meines Heilands Blut.
Kein Urteil mich erschrecket,
kein Unheil mich betrübt,

weil mich mit Flügeln decket
mein Heiland, der mich liebt.‹ *(Paul Gerhardt)*

Das ›Nichts, nichts‹ umschließt – ›mehr: er ist auferweckt‹ – ein ›Nie, nie‹.

V. 35-37: Die Anfechtung

V. 35a treibt die rhetorischen Einwände gegen die These von V. 31b-32 (›Basissatz‹), derzufolge nichts mehr gegen uns sei, auf die Spitze. Die Anklage des Satans wird nicht verfangen; denn Gott spricht uns gerecht (V. 33). Ein Urteil Gottes schreckt nicht mehr; denn Christus tritt für uns ein (V. 34). Aber es bleibt die Frage, ob wir dieser *Liebe Christi* für alle Zukunft gewiß sein können.
Einige sehr gute alte Handschriften schreiben in V. 35a statt ›Liebe Christi‹: ›Liebe Gottes (, die in Christus Jesus ist)‹; dann ergäbe sich eine Frage, die erst zu Ende von V. 39 ihre direkte Antwort erhielte: nichts kann uns von der Liebe Gottes scheiden. V. 35b-37 hätten dann einen gewissen retardierenden Charakter; V. 38f knüpfte dagegen unmittelbar an V. 35a an. Damit stünde die Frage von V. 35a nicht mehr in Parallele zu den beiden vorangehenden, entsprechend eingeleiteten Fragen zu Anfang von V. 33 und V. 34, sondern nähme direkt die rhetorische Frage bzw. die These von V. 31b auf.
Aber V. 35b argumentiert nicht rhetorisch, sondern nennt echte und gefährliche Bedrängnisse. Auch die Frage V. 35a hat also mehr als nur rhetorischen Sinn und eine den Fragen von V. 33a und V. 34a entsprechende reale Bedeutung. Die Lesart ›Liebe Gottes‹ stellt deshalb zweifellos eine sekundäre Angleichung an V. 39b dar. Liest man aber in V. 35a ›Liebe Christi‹, so darf man nicht, wie viele Exegeten tun, V. 35-39 zu einer Einheit verschmelzen, sondern muß V. 35-37 in weitgehender Parallele zu V. 33 und zu V. 34 verstehen; Paulus macht *drei* Einwände. Daß der dritte dieser Einwände eine formale Eigenständigkeit aufweist, hängt u.a. mit der zum Ausdruck kommenden Sache zusammen. Denn die Deklamation: ›Wer will uns von der Liebe Christi scheiden‹, hat einen etwas anderen Charakter als die beiden vorhergehenden Fragen. Der Ankläger und der Richter sind ja bekannt; ihrem unzweifelhaften Recht und ihrer großen Macht gegenüber wird der gegenwärtige Christus als die letzte und entscheidende Instanz ins Feld geführt. Damit sind die Einwände abgetan. Denn es gibt nichts, was gegen diese letzte Instanz auftreten könnte. Christus hat das letzte, das entscheidende Wort. Das ist unbestreitbar.
Aber es könnte etwas *zwischen* ihn und uns treten! Es möchte das,

was zusammengehört, geschieden werden, so daß die Liebe Christi ihr Gegenüber verliert und die Geliebten auf sich selbst zurückgeworfen werden. Dabei könnte es sich freilich nur um eine geschichtlich wirksame Macht handeln, die den Christen von der Liebe Christi scheidet; denn diese Liebe selbst wurde ein für allemal und unwiderruflich in der Hingabe des Sohnes manifestiert. Sie kann so wenig rückgängig gemacht werden wie das in ihr implizierte Urteil über uns, daß wir Sünder sind und der Liebe Christi bedürfen. Ankläger und Richter selbst sind gebunden; Christus ist und bleibt *für uns*.

Aber bleiben wir bei ihm? Was könnte indessen zwischen die Gemeinde und Christus treten? Wer könnte die ›Heiligen‹ vom Heil abschneiden? Welche Anfechtung könnte den Glaubenden dazu bewegen, gegen den zu sein, der für ihn ist? Die Frage des Paulus hat natürlich eine bestimmte Anfechtung im Blick, von der er eine prinzipielle Gefährdung des gegenwärtigen Heils erwartet. Brauchte er in den ersten beiden Wer?-Fragen zu Anfang von V. 33 und V. 34 den Ankläger und den Richter nicht bei Namen zu nennen, so muß Paulus bei der analogen dritten Frage den Leser über die anfechtende Macht ausdrücklich informieren: Not, Bedrängnis, Verfolgung, Hunger, Nacktheit, Lebensgefahr, Hinrichtung (V. 35 b).

Damit blickt er nicht auf die allgemeinen Leiden dieses vergehenden Äons, denen Christen und Heiden, geheilte und heillose Menschen gleicherweise unterworfen sind. Sie haben dem Glaubenden den Weg zum Heil, Gott den Akt der Erwählung nicht verbaut;wie sollten sie nun zwischen Christus und den Christen treten können? Zwar sind die ersten beiden Ausdrücke – ›Not‹ und ›Bedrängnis‹ – sehr allgemein und stereotyp (vgl. Röm 2,9; 2Kor 6,4; 5Mose 28,53; Jes 8,22); aber sie werden durch die folgenden fünf Bezeichnungen, die man mit: ›nämlich Verfolgung . . .‹ einleiten könnte, erläutert und näher bestimmt. Einige Handschriften lassen wohl aus diesem Grund das ›oder‹ vor ›Verfolgung‹ weg, wodurch die Anordnung 2:5 in der bezeichnenden Siebenzahl der Leiden unterstrichen wird.

Paulus denkt also an die spezifischen Leiden des Glaubenden, vorab an die gesellschaftlichen Sanktionen, die über die Glieder der Gemeinde verhängt werden und denen man entgehen könnte, wenn man die Heilsgemeinde wieder verläßt. Die Leiden, welche die Welt über die Gemeinde verhängt, bedeuten eine Anfechtung des Glaubenden, der in der Gefahr steht, um des augenblicklichen Wohlergehens willen das bleibende Heil preiszugeben. ›Verfolgung‹ und ›Hinrichtung‹ sind insofern die bezeichnendsten Angaben des Leidenskatalogs V. 35b, und es ist geboten, diesen konkreten Angaben die anderen Leiden unmittelbar beizuordnen; denn die Verfolgung der Christen führt durch vielfältige Nöte und Bedrängnisse, durch Gefängnis und Hunger und Nacktheit, durch ständige Lebensgefahr schließlich zum Martyrium als Höhepunkt und Vollendung des Leidensweges, wie das Geschick des Paulus selbst zeigt.

Allerdings legen parallele Peristasenkataloge bei Paulus (2Kor 4, 7ff; 6,4ff; 11,23-33) nahe, auch die sonstigen spezifischen Berufsleiden des Christen, insonderheit des Missionars, zum Verständnis von V. 35b nicht ganz außer acht zu lassen, zumal Paulus nicht nur im Blick auf seine Person, sondern angesichts der allgemeinen missionarischen Aktivität der frühen Christenheit auch im Blick auf die Gemeinden überhaupt zwischen den Leiden, die den Glaubenden nur wegen seines Glaubens treffen, und denen, die er wegen der Ausbreitung des Glaubens zu tragen hat, schwerlich unterscheiden kann.

Darin zeigt sich: Die christliche Botschaft bedeutet Angriff auf die Welt und ruft darum den Widerstand der Welt, die Anfechtung durch die Welt, hervor. Jede Verbrüderung bleibt ausgeschlossen. Denn weil es das Wesen der Welt ist, aus sich selbst zu leben, die Gemeinde Gottes aber der Welt aus der Gnade zu leben heißt; weil die Welt die Vollendung ihrer Reiche mit dem Reich Gottes gleichsetzt; und weil die Welt ihre Weisheit nicht gefangen geben will unter die Torheit des Kreuzes: Darum kann es keinen Frieden geben zwischen ihr und den Kindern Gottes. »Die Solidarität der Glaubenden mit der Welt ist mehr als bloß Verständnis und Bereitschaft für den Mitmenschen, weil sie an das Kreuz gebunden bleibt«[170]; solche Solidarität aber stößt auf Widerstand.

Es ist die Gefahr einer (für Paulus noch unvorstellbaren) volkskirchlichen Situation, daß eine ›christliche Welt‹ entsteht und mit der Verfolgung auch die Differenz von Welt und Gemeinde Jesu Christi, von irdischem Wohl und göttlichem Heil, von diesem und jenem Äon verlorengeht. Der Weg der im Protest gegen diese Entwicklung entstehenden Sekten bedeutet eine ständige Mahnung an die Großkirche, angesichts des Fortfalls äußerer Anfechtung durch die Welt nicht ihre Botschaft an, für und gegen die Welt zu vergessen und sich statt dessen einer ›christlichen Welt‹ gleichzustellen, wenn auch in dem Wahn, das Weltliche – die politische, moralisch-sittliche Vollendung der Welt – besser als die Welt selbst vertreten zu können. Aber eine in dieser Weise verchristlichte Welt setzt immer eine verweltlichte Kirche voraus.

Selten kann sich jemand die Situation aussuchen, in der er als Christ lebt. Aber so gewiß sich der Christ von jeder Martyriumssucht freihalten muß, so gewiß ist die Situation der äußeren Anfechtung des Glaubenden durch die Welt die adäquate Situation der Gemeinde, in der die Fronten klar sind und die Chance einer siegreichen Überwindung der Welt unmittelbar besteht. ›Selig sind, die um Gerechtigkeit willen verfolgt werden; denn ihrer ist die Gottesherrschaft‹ (Mt 5,10).

Der Gewinn, daß der Anfechtung nicht erliegen kann, wer ihr nicht ausgesetzt ist, trägt demgegenüber für den nichts ein, der des Sieges über die Anfechtung gewiß ist ›durch den, der uns geliebt hat‹ (V. 37).

Das an den Leidenskatalog (V. 35b) in V. 36 angehängte, im Parallelismus membrorum gestaltete Psalmwort (Ps 44,23) unterstreicht und bestätigt, daß Paulus an jene Leiden denkt, die der Christ um seines Glaubens willen zu ertragen hat: ›Um *deinetwillen* werden wir in den Tod gegeben‹! Schon die jüdischen Lehrer haben in neutestamentlicher Zeit diese Psalmstelle auf das Martyrium der Frommen gedeutet (vgl. 2Makk 7)[171]. Paulus übernimmt dieses Verständnis, das es ausschließt, in V. 35 allgemeine Menschenleiden aufgezählt zu sehen.

Die alternative Frage, ob Paulus bei ›um deinetwillen‹ an Gott oder an Jesus denkt, ist dabei als solche kaum sinnvoll; denn der Christ leidet um des Glaubens willen, zu dem Gott ihn durch Christus berufen hat. Paulus denkt ja nicht wie in V. 17 allgemein an das ›Mitleiden mit Christus‹, wenn und sofern dort gemeint war, daß wir uns mit allem Leid, das uns trifft, unter das Kreuz Christi stellen sollen, um es mit ihm zu tragen; denn in V. 35f geht es um die spezifischen Leiden, die der Christ als Christ von der Welt her zu ertragen hat und denen er bei Preisgabe des Glaubens entgehen könnte.

V. 37 rundet den kleinen Gedankengang ab, zu dem sich der dritte Einwand V. 35a entfaltete. Dabei zeigt V. 37, daß auch die Frage von V. 35a in der Sache ähnlich gemeint war wie die beiden vorangehenden: der Ausgang der Anfechtung kann nicht zweifelhaft sein. Freilich: Trat dem Ankläger der rechtfertigende Gott entgegen, dem Richter der gekreuzigte und erhöhte Christus als Fürsprecher, so den Anfechtungen durch die Welt der Glaubende selbst, der freilich nicht in seiner eigenen Kraft den Sieg über die Anfechtung behält, sondern in der Kraft dessen, ›der uns geliebt hat‹ (vgl. 1Kor 15,57). Indessen setzt die Zuversicht, daß wir in der Anfechtung den Sieg behalten, den *Einsatz des Glaubens* voraus. Demzufolge tritt in V. 35-37 das subjektive Element neben das Objektive von V. 33f, die *fides qua creditur* neben die *fides quae creditur.* Damit wird zugleich das ›*Ich* bin gewiß‹ von V. 38f vorbereitet.

Das ›Wir‹ von V. 37 bindet zwar den einzelnen in die Gemeinschaft der Glaubenden ein, läßt der Anfechtung durch die Welt als einem gemeinsamen Widerfahrnis der Gemeinde begegnen und den Sieg vereint erringen, macht aber nicht zu einem kollektiven Akt, was auch in der Gemeinschaft der Heiligen persönlich bestanden werden muß, wie V. 38 zeigt: *Ich* bin gewiß . . .

Die in V. 37 ausgedrückte Gewißheit des Sieges über die anfechtende Macht der angegriffen angreifenden Welt ist darum die ungesicherte Gewißheit des Glaubenden, der solche Gewißheit, *weil* er glaubt, nicht auf sich und seinen Glauben selbst stützt, sondern auf ›den, der uns geliebt hat‹. Es kennzeichnet ja die Subjektivität des Glaubenden, daß er ganz außerhalb des eigenen Ich gründet und darum auch nicht ohne die Gemeinschaft der Glaubenden besteht; denn die Liebe Christi gilt seiner *Gemeinde* und nur so den einzelnen, die als Glieder dieser Gemeinde erwählt sind.

Deshalb gehören die subjektive Gewißheit von V. 37 und die objektive von V. 32.33 b.34 b unlösbar zusammen wie zwei Seiten derselben Münze, wie denn ja auch *fides qua* und *fides quae creditur* nicht geschieden werden dürfen. Wer sagt: ›Gott spricht gerecht‹ (V. 33) besiegt mit solchem Bekenntnis selbst die Mächte des Todes, und wer den vollen Sieg behält, siegt durch den, der uns geliebt hat, d. h. im glaubenden Festhalten an dem, was Gott in Christus für ihn getan hat.

Das Resümee V. 38-39

Haben wir V. 35-37 richtig als Parallele zu V. 33 und V. 34 verstanden, so wiederholen V. 38f nicht den Gedanken von V. 35-37, wie z. B. Jülicher z. St. meint, sondern bilden den »hymnischen Abschluß« des ganzen Abschnitts[172], und zwar so, daß nach den drei mehr oder weniger rhetorischen Einsprüchen nun das Fazit gezogen und, dem zugrunde gelegten Schema entsprechend, die These des Anfangs (V. 31 b-32) als unangreifbar und umfassend gültig wiederholt wird.

Waren in V. 35 sieben den Christen bedrohende Gefahren genannt, so zählt Paulus in V. 38f zehn aktuelle Gefährdungen bzw. tödliche Gewalten auf. Beides sind bedeutungsvolle ›runde‹ Zahlen, die nicht eine zufällige Zusammenstellung bieten, sondern die bedrohlichen Mächte als *umfassende* Gegenmacht beschreiben wollen. Zugleich erhalten wir einen weiteren Hinweis auf die sorgfältige rhetorische Gestaltung des ganzen Abschnitts.

Auch die Steigerung von sieben auf zehn dürfte dabei beabsichtigt sein. Denn in V. 35b ging es um die Bedrängnisse, welche die irdisch herrschenden Mächte gegen die Christen aufbieten können: Die Mittel der Verfolgung bis hin zum Martyrium. In V. 38f werden dagegen darüber hinaus die metaphysischen Mächte insgesamt genannt, denen sich die irdischen Gewalten als Teile der ›anderen Kreatur‹ einordnen. Paulus drückt solche sachlich bedingte Klimax also auch in den Zahlen aus, wobei er für die Bedrohungen ›um deinetwillen‹ die heilige Siebenzahl wählt, für die Gefährdung überhaupt die neutralere Zehnzahl.

Der Aufbau der Zehnergruppe ist nicht eindeutig erkennbar und erscheint formal nicht geglückt, wenn man die Maßstäbe der äußeren Symmetrie anlegt. Neben deutlich faßbare Begriffspaare treten Einzelbegriffe, so daß sich der Aufbau 2:2:2:1:2:1 ergibt, möglicherweise aber auch 2:2:2:1:3. Als besonderes Problem stellt sich die Frage, wieweit die Paare antithetisch zu verstehen sind.

Es empfiehlt sich, bei der Analyse der Zehnergruppe von den sicher erkennbaren traditionsgeschichtlichen Einsichten auszugehen. Ein Vergleich mit 1Kor 3,21ff spielt dabei um so mehr die wichtigste Rolle, als die vergleichbaren Aufstellungen in beiden Fällen das gleiche aus der Diatribe stammende Argumentationsschema abschließen:

Basissatz: (21b)	› . . . denn alles gehört euch;
Diskussion: (22)	es sei Paulus oder Apollos, es sei Kephas oder die Welt, es sei Leben oder Tod, es sei Gegenwärtiges oder Zukünftiges;
Resümee: (22b.23)	alles gehört euch, ihr aber gehört Christus, Christus aber Gott.‹

Die Paare ›Leben – Tod‹ und ›Gegenwärtiges – Zukünftiges‹ bilden offensichtlich den traditionellen Grundbestand, der jeweils aus der besonderen Argumentationshinsicht ergänzt wird. Der Sinn dieser grundlegenden Paare kann dabei nicht zweifelhaft sein: Sie decken das in 1Kor 3,21ff wiederholt betonte ›Alles‹ ab, das in V. 38f sinngemäß als ›Nichts‹ begegnet.

›Leben und Tod‹ sind nicht nur die »beiden allgemeinen Zustände, in welchen der Mensch sein kann«[173], sondern auch die beiden einander ausschließenden Zustände, in deren einem der Mensch sich stets befindet.

Ähnlich umfaßt ›Gegenwärtiges und Zukünftiges‹ das, was dem Menschen zu allen Zeiten, in denen er sich befindet, widerfährt. Die Frage, ob dann nicht auch die gegenwärtige Macht des Vergangenen hätte genannt werden müssen, beantwortet sich weniger mit Hinweis auf die Tatsache, daß die formalen Gründe nur ein Begriffs*paar* zuließen, erst recht nicht mit der Erwägung, daß Vergangenes eben vergangen und also nicht mehr ›da‹ sei – was wäre mächtiger als die Vergangenheit! –, sondern mit der Erkenntnis, daß Paulus an ›Gegenwärtiges und Zukünftiges‹ im Rahmen des umfassenden Zwei-Äonen-Schemas denkt. So spricht die verwandte Stelle Eph 1,21 von allen Mächten ›nicht allein in diesem Äon sondern auch in dem zukünftigen‹. In diesem Sinne eines stärker qualitativ als nur quantitativ gedachten Zeitbegriffs umfaßt also ›Gegenwärtiges und Zukünftiges‹ in der Tat jede für den Menschen bestimmte Zeit, und zwar weniger im Blick auf »die zeitliche und räumliche Erstreckung«, wie Käsemann[174] versteht, als vielmehr auf die geschichtliche Universalität der geschaffenen Wirklichkeit; denn Paulus versteht Gegenwart und Zukunft nicht »als Räume, in denen das Schicksal als Heil oder Unheil wirkend erfahren oder illusionär erträumt wird«[175], sondern als selbst schicksalhafte Mächte.

Geht es in diesen beiden Gegensatzpaaren um das *Umfassende*, alle geschichtlichen Situationen einschließende, so sind sie nicht primär antithetisch gedacht – so wenig wie ›Paulus oder Apollos‹ und ›Kephas oder die Welt‹ –, und die beiden gegenübergestellten Begriffe enthalten nicht jeweils eine einander entgegenstehende Wertung. Weder verhalten sich Tod und Leben wie Gutes und Böses zueinander noch sind beide hinsichtlich ihrer bösen Mächtigkeit in den Blick genommen, so daß es daneben ungenannte gute Mächte gibt. Leben und Tod, Gegenwärtiges und Zukünftiges bezeichnen vor jeder Wertung das Ganze der den Menschen abgesehen von der Liebe Gottes in Christus Jesus angehenden Wirklichkeit.

Nichts von dieser Wirklichkeit kann den Menschen von der Liebe Gottes trennen. Das Leben nicht, ob wir es als Gelungenes oder Mißlungenes, als Geliebtes oder Gehaßtes, als Gestaltetes oder Erlittenes, als Durchschautes oder Unbegreifliches ansehen; der Tod nicht, ob wir ihn fürchten oder als Freund begrüßen, als Naturereignis oder als Gericht Gottes erfahren; das Gegenwärtige nicht, sei es unser Tun oder Erleiden, unsere Gefangenschaft oder Freiheit, unsere Hoffnung oder Enttäuschung; das Zukünftige nicht, ob wir ihm mit Angst oder mit Zuversicht entgegensehen, ob wir es kämpfend erringen oder gelassen erwarten wollen.

Natürlich nennt der Apostel diese gesamte Wirklichkeit, Erfreuliches und Unerfreuliches, Begrüßtes und Befürchtetes in V. 38f unter der negativen Fragestellung, ob uns etwa etwas davon oder ob gar alles Genannte uns von der Liebe Gottes scheiden könnte. Dieser negative Akzent drückt sich möglicherweise auch darin aus, daß Paulus die Reihe mit dem Tod, der größten widergöttlichen Macht (vgl. V. 36), eröffnet – in 1Kor 3,22 lautet die Reihenfolge ›Leben – Tod‹! Aber die negative Fähigkeit, den Glaubenden von der Liebe Gottes zu scheiden, eignet potentiell *allem* Wirklichen und wird zugleich *allem* Wirklichen bestritten. In der Tat! Schon das Sprichwort sagt: Not lehrt beten. Warum sollte das Glück weniger zwischen Gott und den Menschen treten können als das Unglück, die Zufriedenheit weniger als die Unzufriedenheit, die Macht weniger als die Ohnmacht, der Mut und Übermut weniger als die Angst, der Erfolg weniger als das Versagen?

›Weder Engel noch Mächte‹ muß dann nach Analogie der beiden sie umgebenden Begriffspaare verstanden werden, also als umfassende Beschreibung der universalen Mächte. Dies Begriffspaar findet sich sonst bei Paulus nicht (vgl. aber 1Petr 3,22). Meist stehen ›Mächte‹ *(archai)* und ›Herrschaften‹ *(exousiai)* beieinander (1Kor 15,24; Eph 1,21; 3,10; 6,12; Kol 1,16; 2,10.15; vgl. Lk 12,11; 20,20; Tit 3,1), und zwar im allgemeinen als die Gottes Herrschaft widerstreitenden Gewalten. Eine Anzahl von Handschriften erweitert, solcher Gewohnheit folgend, auch in V. 38 das Begriffspaar zu der Trias ›Engel und Mächte und Herrschaften‹. Aber damit wird die polare Struktur der ursprünglichen Formulierung nicht nur formal, sondern auch sachlich gestört. Denn ›Engel‹ sind bei Paulus im allgemeinen Diener Gottes (1Kor 4,9; 13,1; 2Kor 11,14; Gal 1,8; 4,14). Sprengt Paulus die traditionelle Paarung ›Mächte und Herrschaften‹ auf und bildet er das neue Paar ›Engel und Mächte‹, so umfassen ›Engel und Mächte‹ offensichtlich die *Gesamtheit* der kosmischen Gewalten, Gottes Boten *und* seine Widersacher. Keine der den Kosmos durchwaltenden und gestaltenden Mächte, keine der hintergründig treibenden Kräfte, die in der anschaubaren Welt und ihrem Wollen und Denken vordergründig sichtbar werden, und auch ihre Summe nicht, vermögen etwas gegen die Liebe Gottes.

Wenn Paulus die geschichtlich begegnenden Wirklichkeiten ›Tod und Leben‹ sowie ›Gegenwärtiges und Zukünftiges‹ durch die gleichzeitige Nennung von dämonischen und engelischen Mächten in metaphysischen Rang erhebt, so entspricht das dem weltanschaulichen Denken der Antike, das Paulus auch dort festhält, wo er die Zwischenmächte durch den Herrn Christus entmachtet oder seiner Macht dienstbar gemacht sieht (vgl. 1Kor 8,4ff; 10,19ff; 15,24ff).

Die Wahrheit dieses Denkens wird nicht dort bewahrt, wo die

weltanschauliche Metaphysik bzw. Mythologie der Antike als solche festgehalten, in den Aberglauben verdrängt oder als Parapsychologie verwissenschaftlicht wird. Dies Denken hat und behält seine Wahrheit vorwiegend dort, wo die gesellschaftlichen, psychologischen und biologischen Phänomene des Kosmos zugleich geschichtliche Mächtigkeit beanspruchen. Die Welt ist nicht nur Ort des Lebens, sondern auch verführerische Macht. Wenn der Mensch die Wahrheit Gottes in Lüge verkehrt und dem Geschöpf statt des Schöpfers dient (vgl. Röm 1,25), dann zeigt er, in welchem Maße er selbst das Geschaffene metaphysisch überhöht, ob er es nun, sich selbst eingeschlossen, vergöttlicht oder dämonisiert. Leben und Tod, Gegenwart und Zukunft sind mit all ihren Gehalten eben nie nur neutrale Mächte, sondern geschichtliche Mächtigkeiten, die sich in allerlei Weise zwischen Gott und den Menschen schieben und den Menschen von der Liebe Gottes abschneiden können.

Sind die ersten sechs Begriffe, in drei analoge Begriffspaare geordnet, in sich formal und inhaltlich überzeugend bestimmbar, so machen die folgenden vier Begriffe zumindest erhebliche *formale* Schwierigkeiten. Offenbar standen Paulus einschlägig vorformulierte Begriffspaare nicht mehr zur Verfügung (vgl. aber Kol 1,16!), so daß er, um die gewünschte Zehnzahl zu erreichen, relativ freie Begriffswahl hatte und sich bei der Auswahl und Formulierung von sachlichen mehr als von formalen Gesichtspunkten leiten lassen konnte.

Von ›Gewalten‹ ist im Zusammenhang mit ›Mächten und Herrschaften‹ auch in 1Kor 15,24 und Eph 1,21 die Rede. Manche Forscher haben deshalb vermutet, ›Gewalten‹ habe im ursprünglichen Text des Paulus unmittelbar neben ›weder Engel noch Mächte‹ gestanden, sei von einem frühen Abschreiber versehentlich vergessen und unpassend nachgetragen worden. Aber damit würde die wohlüberlegte polare Struktur von ›weder Engel noch Mächte‹ zerstört und die sachliche Intention des Paulus verfehlt.

Man muß vielmehr, umgekehrt vorgehend, diese sachliche Intention auch für die letzten vier Begriffe voraussetzen und von daher ihre formale Anordnung bestimmen. Geht es aber Paulus auch am Ende seiner Zehnerreihe darum, *alles* zu nennen, was den Christen von der Liebe Gottes scheiden könnte, also alles Geschaffene zwischen Schöpfer und Mensch, so liegt es nahe, ›Höhe‹, ›Tiefe‹ und ›andere Kreatur‹ als nähere Bestimmung zu ›Gewalten‹ aufzufassen. Dann entnimmt Paulus den Begriff ›Gewalten‹ den genannten Katalogen, die er schon in V. 38 relativ frei benutzte und die ›Gewalten‹ neben ›Mächte‹, ›Herrschaften‹ usw. enthielten, und

umschreibt abschließend die Gewalten näher als Gewalten in der Höhe und in der Tiefe und in Gestalt anderer Kreaturen.
Das ›andere‹ läßt dabei erkennen, daß Paulus auch ›Höhe‹ und ›Tiefe‹ als Gewalten, nicht als Ortsangabe, und zwar als kreatürliche Gewalten verstanden wissen will, so daß bei den ›anderen Kreaturen‹ vor allem die irdischen Geschöpfe gemeint sein müssen; keinesfalls ist also das letzte Glied »auf sich selbst gestellt«[176]. Im Hintergrund steht das antike Weltbild, das die Erde mit ihren Kreaturen zwischen dem oberen Himmelsraum und der ›Unterwelt‹ anordnet, von der aus die Gestirne ihren Lauf antreten.
Wir haben also wieder eine universale Formulierung vor uns, wie es dem vorliegenden Zusammenhang, dem Resümee des verwendeten Argumentationsschemas und zugleich einer traditionellen Weise der Vorstellung und der Rede entspricht; denn daß z. B. Phil 2,10 zufolge ›in dem Namen Jesu *jedes* Knie sich beugen soll *im Himmel und auf Erden und unter der Erde*‹, besagt nur mit anderen Worten, daß *nichts* uns von der Liebe Christi scheiden kann. Vgl. auch IgnTrall 9,1: Jesus wurde gekreuzigt und starb, ›während die himmlischen und irdischen und unterirdischen Mächte zuschauten‹, d. h. angesichts *aller* Gewalten.
So wird die Zehnerreihe wirkungsvoll abgeschlossen, und es erübrigt sich zugleich die Frage, welcher Art die genannten Gewalten samt den anderen Kreaturen sind. Denn sind *alle* Gewalten gemeint, kann nichts Geschaffenes ausgeschlossen werden, auch wenn gerade um der Universalität der geschichtlich begegnenden Gewalten willen die beherrschenden Geistermächte der Höhe und Tiefe, welche miteinander um die menschliche Kreatur ringen, zuerst in den Blick traten.
Nur bedingt wird man nach dem Gesagten Ernst Käsemann Recht geben können, wenn er die richtige Feststellung, daß dem Apostel der Kosmos des Wirklichen überhaupt vor Augen stehe, mit der Definition präzisiert: » . . . jedoch als der gegenwärtige Äon, der von einer Vielzahl sich gegenseitig befehdender Mächte beherrscht wird und so zum Chaos gesunken ist«[176a]. Der Christ sieht keinem kosmischen Streit sich bekämpfender Mächte zu, sondern wägt die vereinte Macht des Kosmos mit ihren Bedrohungen und Verlokkungen gegen die Liebe Gottes ab und bekennt, daß die erstere ihn nicht von der Liebe Gottes scheiden wird.
Rückblickend ist festzustellen: Paulus ordnet traditionelles Material verschiedener Herkunft zu einer sachlich geschlossenen, für den vorliegenden Zusammenhang konzipierten Reihe, die dem hymnisch gestalteten Abschluß des Argumentationsganges V. 31-39 dient, der seinerseits die ›kleine Dogmatik‹ des Paulus 7,

17-8,39 wirkungsvoll abschließt. Weder liegt in V. 38f ein älteres Lied vor[177] noch liegt ein solches V. 38f ersichtlich zugrunde.

In V. 35-37 hatte Paulus den Begriff der ›Liebe Christi‹ eingeführt. In V. 38f wird dies Motiv fortgeführt und zu der ›Liebe Gottes, die er uns in unserem Herrn Christus Jesus erzeigt hat‹, erweitert. Es läßt sich beobachten (vorausgesetzt, man legt die notwendige literarkritische Rekonstruktion der ursprünglich paulinischen Briefe zugrunde), daß Paulus den Begriff ›Liebe‹ *(agape)* gerne für den Abschluß bzw. den Höhepunkt des Briefes reserviert; vgl. z. B. Röm 5,5.8; 1Kor 13; 2Kor 5,14; 13,11.13; Gal 5,22.
In V. 39 nimmt Paulus mit dem Begriff der ›Liebe‹ die Bekenntnisformulierungen des Basissatzes V. 31b-32 auf. »Das objektive Heilsgeschehen ›für uns‹ wird also durch den Begriff der ›Liebe‹ ausgelegt«, schreibt Michel[178] mit Recht. ›Liebe‹ bezeichnet demzufolge bei Paulus keine göttliche Gesinnung, keine subjektive Empfindung, aus der sich das objektive Heilsgeschehen ergibt, so daß Gott als ein ›lieber Gott‹ etwa im Unterschied zu einem zornigen Gott vorgestellt wird. Mit ›Liebe‹ wird vielmehr eine *Tat* Gottes bezeichnet, das *Ereignis* der Liebe, eben die ›objektive‹ Hingabe des Sohnes für uns (V. 32), wie Johannes ausdrücklich definiert: ›Darin ist die Liebe Gottes unter uns erschienen, daß Gott seinen eingeborenen Sohn in die Welt gesandt hat . . .‹ (1Joh 4,9). Mit solcher Tat der Liebe verträgt sich durchaus das konkrete Gericht des Zornes Gottes, wie denn am Kreuz Christi Liebe und Zorn Gottes ineinander angeschaut werden können.
Der Begriff ›Liebe‹ deutet also das Christusgeschehen im Lichte des Glaubens. Gott wendet sich den Menschen zu und ruft sie in den Bereich seines Heils und seiner Herrschaft zurück. Da Gott dabei der in freier Gnade Handelnde ist, ist die Tat seiner Liebe identisch mit dem Akt seiner Erwählung (V. 28-30). Liebe ist freilich der bedeutungsreichere, heilvollere Begriff; darum steht er auch in unserem Fall am Ende der Argumentation. Ein inhaltlicher Fortschritt über den Basissatz des Eingangs V. 31b-32 ist damit aber nicht gegeben – wie sollte jene Eingangsthese auch inhaltlich übertroffen werden können. Die Steigerung wird durch die gewählte Begrifflichkeit erzielt.
Diese Klimax wird dadurch verstärkt, daß in V. 38f neben die Feststellung, *niemand* könne gegen uns sein (V. 31b) und mit Christus sei uns *alles* geschenkt (V. 32), die Versicherung tritt, *nichts* könne uns mehr von der Liebe Gottes *scheiden*. Dabei greift Paulus auf die Diskussion in V. 33-37 und speziell auf Begriffe aus V. 35-37 zurück, erweitert aber den Hinweis auf die Liebe Christi

(V. 35) durch die Nennung der auch das Handeln Christi bestimmenden Liebe Gottes. Die abschließende Aussage ist also von einer alles umfassenden Universalität und Totalität.

Man kann es schwerlich für Zufall ansehen, daß Paulus diese umfassende Aussage mit einem ›*Ich* bin ganz gewiß‹ einleitet (V. 38). Wenn diese persönliche Gewißheit die Gemeinde der Glaubenden sofort wieder einschließt, insofern sie sich darauf bezieht, daß *uns* nichts von der Liebe Christi scheiden kann, wird deutlich, wie wenig Paulus einem Individualismus das Wort reden will, der den Glaubenden nur zufällig der Gemeinde beiordnet. Aber der Glaube selbst bzw. das Zum-Glauben-Kommen ist kein kollektiver Akt der Gemeinde, sondern ein je persönliches Ereignis in der Gemeinde, weshalb auch der Weg in die Gemeinde durch die enge Pforte der eigensten Übernahme des Todes Christi in der Taufe führt (Röm 6). Gottes Heil widerfährt durch und in und mit der Gemeinschaft des Volkes Gottes, aber in diesem Volk wird jeder bei seinem Namen gerufen. Hier – nur hier – benötigt die christliche Gemeinde das Nadelöhr des Individualismus. Hält die Gewißheit aller den einzelnen im Glauben fest, so wird die Gewißheit aller zugleich von dem gewissen Glauben der einzelnen getragen.

Daß die Gewißheit, die Paulus in V. 38f ausspricht, nicht in der Weise objektiviert werden kann, daß nur Dummheit solche Gewißheit entbehren ließe, bedarf keiner Frage. Auch die Sätze des Bekenntnisses sind ja nur scheinbar ›objektiv‹. In Wahrheit verkündigen sie die ›Torheit des Kreuzes‹, die sich erst *im* Glauben, d. h. in der existentiellen Gewißheit und im Einsatz des eigenen Daseins, also ›subjektiv‹, als ›Weisheit Gottes‹ erweist (1Kor 1,22ff). Darauf macht im vorliegenden Zusammenhang das plötzliche ›Ich‹ des Paulus in V. 38 aufmerksam. Das Wagnis des Glaubens bleibt auch in der Gemeinschaft der Glaubenden der eigentliche Akt jedes einzelnen.

So aber setzt der Glaubende die Gewißheit der Liebe Gottes gegen und über alle sonstigen Wirklichkeiten, die mit all ihrer Macht und in ihrer Summe, ihrer Universalität und Totalität in den Schatten jenes Lichtes rücken, das den Weg der Glaubenden erhellt.

Von V. 38f wird der Sinn bzw. die Funktion des ganzen Argumentationsgangs V. 31-39 besonders deutlich.

Die dogmatische Abhandlung 7,17-8,30 könnte dahingehend mißverstanden werden, als sei der Christ *einmal* von der Sünde über die Erlösung und den neuen Gehorsam zur eschatologischen Vollendung unterwegs, so daß er *vor* dieser Vollendung – unbefriedigt jeden Augenblick – nur das Manko der Gegenwart empfinden und dem vollen Heilsbesitz zustreben müsse, seufzend, aber nicht lobend.

Schon das V. 30 abschließende ›er hat verherrlicht‹ wehrte diesem Mißverständnis, das es nicht mehr erlaubte, schon die Gegenwart als Zeit des Heils anzusehen (2Kor 6,2). Kann uns aber nichts mehr von der Liebe Gottes scheiden, die er den Seinen in Christus Jesus erzeigt hat, so darf jeder Tag im Lichte dieser Liebe ›ausgelebt‹ werden, die inmitten des alten Weltlaufs den neuen Äon aufrichtet. Angst um sich selbst gibt es in der Liebe Gottes nicht mehr. Das Leben hat ›in Wahrheit‹ begonnen. »Mitten im Weltgeist weht der Heilige Geist in seinem Anwesen, der durch ihn erbauten Kirche. Er hat die Dimension Gottes und Jesu Christi aufgetan, die wir im Glauben betreten. Neues ist geschehen, und wir ›dienen im neuen Wesen des Geistes‹ (vgl. Röm 7,6). Die Metamorphose hat begonnen. Das, was noch aussteht, dringt im Geist herein«[179]. Der Kampf mit der Welt steht im Zeichen des Sieges über die Welt und erfolgt unter dem Lob Gottes.

Dem Glaubenden ist deshalb auch die vergehende Zeit der Welt wiedergegeben. Er darf jeden Augenblick als Gottes Zeit erleben. Dies nicht, weil er sich wie der Stoiker in gelassenem Mut über das Schicksal erhebt, dem er doch nicht entkommen kann, ihm so im eigenen Bewußtsein seine Macht raubend. »Wo wäre nun noch Zeit, sich zu fürchten? Wo wäre nun noch Zeit zum Zorn? ... denn außerhalb unseres freien Wollens liegt nichts, weder Gutes noch Böses«[179a]. Solche – objektive – Hybris liegt Paulus fern.

Wenn Paulus ähnlich *spricht*, so doch nur deshalb, weil er sich in der Liebe Gottes geborgen weiß, ›die er uns in unserem Herrn Christus Jesus erzeigt hat‹. Darum kann auch die dunkelste Vergangenheit dem Glaubenden nicht die Freiheit nehmen, im Lichte zu wandeln, und die Zukunft, wie verborgen sie auch sein mag, reißt ihn nicht vom Lobe des Gottes los, der in seiner Liebe jeden Tag auf ihn wartet, den Schwachen und Scheiternden zu tragen.

So meint es Pascal, wenn er die Wege des Unglaubens kritisiert:

»Niemals halten wir uns an die Gegenwart. Wir nehmen die Zukunft vorweg, als käme sie zu langsam, als wollten wir ihren Gang beschleunigen, oder wir erinnern uns der Vergangenheit, um sie aufzuhalten, da sie zu rasch entschwindet: Torheit, in den Zeiten umherzuirren, die nicht unsere sind, und die einzige zu vergessen, die uns gehört, und Eitelkeit, denen nachzusinnen, die nichts sind, und die einzige zu verlieren, die besteht, nämlich weil es die Gegenwart ist, die uns gewöhnlich verletzt. Wir verbergen sie vor uns, weil sie uns bekümmert; und wenn sie uns freundlich ist, bedauern wir, sie entschwinden zu sehen. Wir versuchen, sie für die

Zukunft zu erhalten, und sind gesonnen, über Dinge, die nicht in unserer Macht sind, an einem Zeitpunkt zu verfügen, von dem wir keine Gewähr haben, daß wir ihn erleben.
Wer seine Gedanken prüft, wird sie alle mit der Vergangenheit und der Zukunft beschäftigt finden. Kaum denken wir je an die Gegenwart, und denken wir an sie, so nur, um hier das Licht anzuzünden, über das wir in der Zukunft verfügen wollen. Niemals ist die Gegenwart Ziel, Vergangenheit und Gegenwart sind Mittel, die Zukunft allein ist unser Ziel. So leben wir nie, sondern hoffen zu leben, und so ist es unvermeidlich, daß wir in der Bereitschaft, glücklich zu sein, es niemals sind.«[180]

Demgegenüber gibt dem Glaubenden die Gewißheit der unwiderruflichen Liebe Gottes das verlorene Paradies zurück. Weil er weiß, daß er immer nur dahin kommen kann, wo Gott in seiner Liebe auf ihn wartet, wird er auf diese Liebe nicht warten, sondern in ihr und aus ihr *leben.* »So wird der Schluß, der nachdrücklich am Ende von V. 39 nochmals in liturgischer Christusprädikation das wahre Heil benennt, als Zusammenfassung der vorangegangenen Kapitel zugleich zur Summe paulinischer Theologie[181]«.
Gedanklich Schwieriges und Vielschichtiges – theologische Lehre – mündet so in existentiell Einfaches, die Dogmatik des Paulus in die Unmittelbarkeit persönlicher Betroffenheit. Theologie wird anthropologisch konkret.

›Weiß nicht, woher ich bin gekommen,
Weiß nicht, wohin ich werd genommen.
Doch weiß ich fest, daß ob mir ist
Eine Liebe, die mich nie vergißt.
Es ist nur einer ewig und an allen Enden,
Und wir in seinen Händen.‹

Anmerkungen

1 Vgl. W. Schmithals, Der Römerbrief als historisches Problem, 1975, 180ff.
2 Ebd. 8
3 Ebd. 108ff.
4 Ebd. 125ff.
5 Ebd. 138ff.
6 Ebd. 152ff.
7 Ernst Käsemann, An die Römer, 1973, Vorwort.
8 (Anm. 1), 162ff.
9 Die Gründe für die Tätigkeit des Redaktors sind erörtert bei W. Schmithals, Zur Abfassung und ältesten Sammlung der paulinischen Hauptbriefe, in: Paulus und die Gnostiker, 1965, 185ff; vgl. auch (Anm. 1), 190ff.
10 (Anm. 1), 190ff.
11 Ebd. 154ff.
12 Ebd. 10-52.
13 Ebd. 52-94.
14 Ebd. 180ff.
15 Ebd. 182f.
16 Ebd. 197ff.
17 b.B.m. 59b; Übersetzung nach N. Oswald, ›Urmensch‹ und ›Erster Mensch‹, Diss. Berlin, 1970, 38f.
18 Ernst Käsemann (Anm. 7), 177.
19 Ebd. 177.
20 Billerbeck, III 232.234.
21 S. Lyonnet, ›Tu ne convoiteras pas‹ (Rom 7,7), in Suppl. Nov. Test. 6, Festschrift O. Cullmann, 1962, 157-165, hier 162.
22 Werner Georg Kümmel, Römer 7 und die Bekehrung des Paulus, 1929, 10.
23 Rudolf Bultmann, Theologie des Neuen Testaments, [5]1965, 192.
24 Hermann Friedrich Kohlbrügge, Das siebente Kapitel des Briefes Pauli an die Römer, [5]1930, 86f.
25 Ellwein, 259.
26 Heinrich Schlier, Der Römerbrief, 1977, 232.
27 Walter Schmithals, Zur Herkunft der gnostischen Elemente in der Sprache des Paulus, in: Gnosis, Festschrift für Hans Jonas, 1978, 385-414.
28 Phaedrus p. 246 Aff.
29 Cyropädie VI 1,41.
30 Video meliora proboque, deteriora sequor, Metam. VII 19f. Weiteres antikes Material bei H. Hommel, Das 7. Kapitel des Römerbriefes im Licht antiker Überlieferung, Theol. viat. VIII, 1961/62, 90-116, bes. 106ff.
31 Ellwein 258. Vgl. Gal 5,17.
32 Ebd. 257.
33 Ebd. 255.
34 II 26,4
35 II 26,1-4, vgl. Seneca Ep 52; tranqu. 1.

36 Rudolf Bultmann, Römer 7 und die Anthropologie des Paulus, in: Imago Dei. Gustav Krüger zum 70. Geburtstag, 1932, 53-62, hier 56.
37 Hans Jonas, Philosophische Meditation über Paulus Römerbrief, Kapitel 7, in: Zeit und Geschichte, Dankesgabe an Rudolf Bultmann zum 80. Geburtstag, 1964, 557-570, hier 561.
38 Ebd. 567.
39 Das sogenannte Gute, 1971, 43f, 60f.
40 Alexander Schwan, Manuskript.
41 Helmut Gollwitzer, Und führen, wohin du nicht willst. Ausgabe Siebenstern, 1956, 48.
42 Der Römerbrief, ^{1}1919, 370.
43 Brief an Myconius, 1544.
44 William Wrede, Paulus, ^{2}1907, 83.
44a Luther zu Röm 3,5; Ellwein 105.107.
45 Zahme Xenien, 3. Buch.
46 Adolf Jülicher, Der Brief an die Römer, SNT Bd. 2, 1908, 272.
47 Ebd. 273.
48 Ebd. 272.
49 Goethe, Faust, Prolog im Himmel.
50 (Anm. 7), 195.
50a Vgl. Walter Schmithals, Die Apokalyptik, 1973, 36ff.
51 (Anm. 7), 195.
52 Ernst Fuchs, Existentiale Interpretation von Römer 7,7-12 und 21-25, ZThK 59, 1962, 285-314, hier 302f.
52a (Anm. 75), 239.
53 Rudolf Bultmann, Glaube und Verstehen I, 321.
54 Ebd. 15.
55 Ellwein 256.
56 (Anm. 7), 199f.
57 Cur Deus homo 21.
58 Goethe, Faust, 2. Teil, 5. Akt, Zeile 896f.
59 Ernst Fuchs, Die Freiheit des Glaubens, 1949, 80.
59a (Anm. 75), 248.
60 Pist Soph 32.
61 Manichäisches Turfanfragment M.7; nach Reitzenstein, Das iranische Erlösungsmysterium, 1921, 3.
62 Ginza L. 25. Stück.
63 (Anm. 59), 60ff.
64 J. L. K. Allendorf.
65 (Anm. 59), 80.
66 (Anm. 7), 199.
67 Philosophische Brocken, 1. Kap., Bb.
68 Pascal, Pensées 548.
69 (Anm. 7), 200.
70 Karl Barth, Der Römerbrief, ^{2}1922, 252.
71 Vgl. Rudolf Bultmann, Exegetica, 1967, 279.
72 (Anm. 7), 202.
73 Martin Luther, Vorrede zum Römerbrief, 1522.
74 (Anm. 46), 275.
75 Ernst Kühl, Der Brief des Paulus an die Römer, 1913, 277.
76 (Anm. 7), 207.
77 Ebd. 207.
78 (Anm. 46), 274.

79 Kaspar Friedrich Nachtenhöfer, 1684.
80 (Anm. 7), 208.
81 (Anm. 46), 274.
82 Hans Lietzmann, An die Römer, [4]1933, 79.
83 (Anm. 59), 90.
84 Ebd. 91; vgl. (Anm. 7), 208.
85 Otto Michel, Der Brief an die Römer, [12]1963, 192.
86 Vgl. Friedrich Smend, Bach-Studien, 1969, 46ff.
87 (Anm. 59), 96.
88 Vgl. Walter Schmithals, Die Gnosis in Korinth, [3]1969, 58ff.
89 Vgl. Gnosis. Festschrift für Hans Jonas, 1978, 396ff.
90 (Anm. 82), 80; Hans Grass, Ostergeschehen und Osterberichte, [2]1962, 165.
91 Otto Kuss, Der Römerbrief, [2]1963, 503.
92 (Anm. 7), 204.214.
93 (Anm. 82), 80.
94 (Anm. 7), 214.
95 (Anm. 82), 80.
96 (Anm. 75), 274.
97 (Anm. 7), 214.
98 Martin Dibelius, Botschaft und Geschichte, II, 1956, 131f.
99 Z. B. Theodor Zahn, Der Brief des Paulus an die Römer, 1910, 390.
100 Peter Siber, Mit Christus leben, 1971, 85.
100a (Anm. 82), 80.
101 Kurze Darstellung des theologischen Studiums, 1830, § 29.
102 Vorrede zum Römerbrief, 1522.
103 (Anm. 46), 276.
104 Ebd.
105 (Anm. 91), 596f.
106 (Anm. 85), 196.
107 Antonius Gunneweg und Walter Schmithals, Leistung, 1978, 128ff.
108 Der Begriff Angst, Düsseldorf 1958, 161.
109 Martin Heidegger, Sein und Zeit, 1927, 186.
110 (Anm. 108), 161.
111 (Anm. 91), 607.
112 (Anm. 23), 350.
113 (Anm. 59), 107.
114 (Anm. 7), 219.
115 Ebd. 220f.
116 Ebd. 232.
117 Horst R. Balz, Heilsvertrauen und Welterfahrung, 1971, 101.
118 (Anm. 7), 221.
119 Ebd.
120 Martin Luther, Ellwein 301.
121 Ebd. 302f.
122 (Anm. 7), 226.
123 Ebd. 221 u.ö.
124 (Anm. 117), 50.
125 Ebd. 56.
126 Ebd. 55.
127 (Anm. 7), 227.
128 Christian Friedrich Richter (1676-1711).
129 (Anm. 7), 227.

130 Ebd.
131 Rudolf Bultmann, Das Urchristentum im Rahmen der antiken Religionen, 1949, 208.
131a GuV 3, 1960, 90.
132 Friedrich Karl Schumann, Die christliche Hoffnung . . ., 1954, 59.
133 Gerhard Ebeling, Wort und Glaube, 1960, 460.
134 (Anm. 59), 111.
135 (Anm. 85), 201.
136 Walter Herrenbrück, Wir wissen nicht, was wir beten sollen, 1973, 1.
137 (Anm. 82), 87.
138 (Anm. 85), 207.
139 (Anm. 117), 73.
140 (Anm. 46), 278.
141 (Anm. 7), 229.
142 Ellwein 306f.
143 (Anm. 132), 39f.
144 (Anm. 7), 231.
145 (Anm. 117), 106.
146 Ebd. 60.
147 Georg Neumark (1621-1681).
148 (Anm. 117), 108.
149 Ulrich Luz, Das Geschichtsverständnis des Paulus, 1968, 253.
150 (Anm. 7), 234.
151 Ebd. 232.
152 Ebd. 234.
153 (Anm. 117), 110.
154 (Anm. 82), 87.
155 (Anm. 117), 108.
155a (Anm. 117), 128f.
155b Ebd. 126.
155c Jörg Baumgarten, Paulus und die Apokalyptik 1975, 243.
155d (Anm. 27), passim.
156 (Anm. 117), 116.
157 Z. B. Ernst Käsemann (Anm. 7), 236.
158 Peter von der Osten-Sacken, Römer 8 als Beispiel paulinischer Soteriologie, 1975, 309.
159 (Anm. 117), 116.
160 (Anm. 85), 213.
161 (Anm. 117), 116.
162 (Anm. 7), 235.
163 Diese Einsicht verdanke ich einer noch ungedruckten Arbeit von Pfarrer Dieter Schart.
164 (Anm. 117), 117f.
165 (Anm. 158), 25.
166 (Anm. 85), 214.
167 Calvin z. St.
168 (Anm. 7), 236.
169 Das Leben Jesu II, 1836, 692.
170 (Anm. 7), 238.
171 Vgl. Billerbeck III 258f.
172 (Anm. 46), 281.
173 Bernhard Weiss, Des Paulus Brief an die Römer, 1886, z. St.
174 (Anm. 7), 240.
175 Ebd.
176 (Anm. 85), 219.
176a (Anm. 7), 240.
177 So Gottfried Schille in ZNW 59, 1968, 230ff.
178 (Anm. 85), 220.
179 Heinrich Schlier, in: Erfahrung und Theologie des Heiligen Geistes, hrsg. von C. Heitmann und H. Mühlen, 1974, 130.
179a Diss. III 10,17.
180 Pens. 172.
181 (Anm. 7), 241.